高增长之后

房地产行业变局与可持续发展

秦虹 王艳飞 ◎ 著

中信出版集团 | 北京

图书在版编目（CIP）数据

高增长之后：房地产行业变局与可持续发展 / 秦虹，王艳飞著 . -- 北京：中信出版社，2024.4
ISBN 978-7-5217-6273-0

Ⅰ.①高… Ⅱ.①秦…②王… Ⅲ.①房地产业 - 经济发展 - 研究 - 中国 Ⅳ.① F299.233

中国国家版本馆 CIP 数据核字（2023）第 248403 号

高增长之后：房地产行业变局与可持续发展
著者： 秦虹 王艳飞
出版发行：中信出版集团股份有限公司
（北京市朝阳区东三环北路 27 号嘉铭中心 邮编 100020）
承印者： 三河市中晟雅豪印务有限公司

开本：787mm×1092mm 1/16 印张：23.25 字数：320 千字
版次：2024 年 4 月第 1 版 印次：2024 年 4 月第 1 次印刷
书号：ISBN 978-7-5217-6273-0
定价：79.00 元

版权所有·侵权必究
如有印刷、装订问题，本公司负责调换。
服务热线：400-600-8099
投稿邮箱：author@citicpub.com

目 录

前 言 / I

上篇 房地产行业变局

第一章 房地产行业变局与反思：2021—2023 年 / 001

一、行业变局从规模房企密集违约开始 / 001

（一）市场：2021 年上半年达到顶峰后由热转冷 / 002

（二）政策：抑制四大冲动以控制房价上涨 / 005

（三）问题：政策调控叠加新冠疫情使房企信用风险集中释放 / 011

二、房企违约的成因分析与反思 / 016

（一）房企经营模式蕴含流动性危机 / 016

（二）房企经营模式没有跟上监管政策的转变 / 021

（三）房企现金流受到政策叠加效应和市场下行的影响 / 023

三、行业变局及后市展望 / 025

（一）行业变局 / 025

（二）后市展望 / 031

第二章　房地产行业波动回顾：2008年和2014年　/036

一、2008年房地产行业震荡　/036
　　（一）国际形势和国内调控综合作用的结果　/037
　　（二）三大政策从供需两端积极救市　/040
　　（三）宽松政策下市场快速复苏　/041

二、2014年房地产行业库存危机　/042
　　（一）经济下行中需求回落与供给增长的失衡　/042
　　（二）三大政策刺激需求的释放　/044
　　（三）去库存效果显著的同时房价高企　/047

三、比较与启示　/048
　　（一）三轮周期的因果均不相同　/048
　　（二）目前房地产市场环境发生根本性转变　/050
　　（三）环境的转变带来房企经营逻辑的转变　/058

第三章　房地产市场调控政策回顾　/060

一、房地产市场调控历史周期与评析　/060
　　（一）服务经济社会发展大局相机决策　/061
　　（二）三大政策奠定了当前的市场基础　/077
　　（三）行政政策是过去调控的发力点　/084

二、房地产市场调控与"长效机制"的提出　/090
　　（一）健全土地供应机制　/092
　　（二）健全财税支持政策　/094
　　（三）发挥金融政策的作用　/096
　　（四）发挥住房保障政策作用　/097
　　（五）发挥市场监管政策作用　/099

三、房地产市场调控与"因城施策"的实施　/100

（一）"因城施策"的调控内涵 /100
（二）热门城市落实"因城施策" /102
（三）非热门城市落实"因城施策" /111

下篇　房地产行业可持续发展

第四章　房地产行业可持续发展与变革方向　/115

一、房地产行业可持续发展之国际比较 /115
（一）美国房地产行业的发展与变革 /116
（二）日本房地产行业的发展与变革 /126
（三）比较与借鉴 /131

二、经济社会发展与房地产行业定位 /132
（一）我国房地产行业定位演变 /132
（二）房地产行业健康发展对经济社会的重要意义 /134

三、可持续发展变革方向展望 /138
（一）土地供给模式变革方向 /138
（二）住房供给模式变革方向 /142
（三）房地产金融模式变革方向 /147
（四）房地产企业经营模式变革方向 /149

第五章　房地产行业可持续发展之投资布局　/155

一、房地产投资区域布局调整 /155
（一）房地产开发投资布局评估 /155
（二）房地产投资布局趋势 /162

二、房地产投资业态选择 /172
（一）优化商品房开发业务 /173

（二）拓展专业化运营业务　/ 178
　　（三）增加管理服务业务　/ 181
　　（四）拓展产业地产　/ 185
　　（五）进入城市更新领域　/ 191
三、拿地模式与动态　/ 193
　　（一）房企拿地策略调整　/ 193
　　（二）房企拿地模式类型　/ 194
　　（三）房企拿地动态　/ 198
四、开发运营模式　/ 201
　　（一）开发—销售模式优化　/ 202
　　（二）专业化运营服务模式不断拓展　/ 205

第六章　房地产行业可持续发展之融资模式　/ 214

一、"三条红线"实施近况及评析　/ 215
　　（一）"三条红线"政策及实施近况　/ 215
　　（二）"三条红线"实施评析　/ 216
二、房地产贷款集中度管理实施近况及评析　/ 223
　　（一）贷款集中度管理内容及实施　/ 223
　　（二）贷款集中度实施评析　/ 227
三、房地产企业融资模式之国际比较　/ 230
　　（一）美国房地产企业融资模式　/ 231
　　（二）德国房地产企业融资模式　/ 234
　　（三）日本房地产企业融资模式　/ 235
　　（四）新加坡房地产企业融资模式　/ 238
四、房地产企业融资模式变革重点　/ 240
　　（一）优化银行贷款融资结构　/ 240

（二）拓展房地产投资股权融资　/245
　　（三）推动资产证券化　/249
　　（四）积极试点推动房地产行业绿色金融　/255
　　（五）规范房地产企业发债和信托等融资　/256

第七章　房地产行业可持续发展之住房品质　/261
　一、我国住房品质显著改善但仍需提升　/261
　　（一）十年间住房品质持续改善　/261
　　（二）住有宜居仍需持续提升住房品质　/266
　二、住房品质需求驱动房地产高质量发展　/269
　　（一）人口结构变化推动改善性需求增加　/269
　　（二）住房品质需求从房屋到社区内外延伸　/270
　三、住房品质的绿色、装配和智慧变革　/274
　　（一）绿色住宅：人与自然和谐共处新模式　/275
　　（二）装配式住宅：标准化生产更加高效与环保　/281
　　（三）智慧住宅：让生活更加便捷舒适　/285
　四、物业管理服务构筑住房品质软实力　/287
　　（一）物业管理模式分类及其特征　/287
　　（二）物业变革方向：数字化、智能化、精细化、
　　　　多元化　/289

第八章　房地产行业可持续发展之新型业态　/294
　一、租赁住房政策"黄金十年"　/294
　　（一）住房租赁市场发展基本态势　/295
　　（二）大城市住房租赁市场需求规模大　/299
　　（三）保障性租赁住房建设补齐供给短板　/301

二、城市更新模式升级　/ 307
　　（一）城市更新的新发展阶段　/ 307
　　（二）片区统筹城市更新战略　/ 316
三、养老地产发展前景　/ 321
　　（一）养老地产市场机遇　/ 321
　　（二）养老地产发展模式　/ 325
　　（三）养老地产代表案例　/ 330
　　（四）养老地产面临的挑战　/ 334

第九章　房地产行业可持续发展之精细管理　/ 337

一、进入管理红利时代　/ 338
　　（一）挖掘内部管理红利　/ 339
　　（二）坚守长期主义，赢得稳健发展　/ 341
二、重视战略引领　/ 342
　　（一）制定"新战略"　/ 342
　　（二）"新战略"落地　/ 344
三、强化组织和标准化保障　/ 346
四、实施数字化赋能　/ 350
五、新型绩效文化　/ 353

参考文献　/ 355

前　言

房地产是城市运行发展的载体，房地产行业可持续发展是稳定国民经济和社会发展大局的重要支撑。从 1998 年城镇住房制度改革以来，我国房地产市场经历了几次周期性波动。2021 年，新冠疫情全球蔓延，我国发展外部环境受压，房企负债"三条红线"和房企贷款"两条红线"深度调控，在多重因素影响下，规模型房企出现债务违约，下半年以来房地产市场成交及预期急转而下，行业加速调整。从表象来看，房企受到房地产严监管政策的冲击，出现融资端收紧、销售端承压以及流动性危机。深层次原因则是自 2015 年去库存政策实施以来，房地产市场供需量价透支，面对房地产行业供需关系的重大变化和急速的房地产去杠杆政策，依赖房价上涨支撑的"高负债、高杠杆、高周转"开发模式难以持续。本书依据房地产行业可持续发展需求，探索房地产行业变局及其可持续发展的应对措施，主要包括四方面的内容：一是比较 2008 年和 2014 年两次大的波动，分析其与 2021—2023 年房地产行业变局有何不同；二是阐释未来房地产行业可持续发展与变革的方向是什么；三是分析调控政策、投资布局、融资模式、住房品质与新型业态等如何响应行业变局；四是论述进入房地产深度调整转型发展阶段，房地产企业怎样积极应对。

我国房地产市场过去高速增长，依托于四大红利：一是停止福利分房带来的释放市场需求的政策红利；二是人口和城镇化快速增长的红利；三是流动性充裕的货币红利；四是经济高速增长的红利。经过20多年的发展，到2020年我国城镇人均住房建筑面积已达38.6平方米，户均约1.1套，已不低于经济发展水平。过去房地产市场也经历过如2008年、2014年等年份商品房销售面积和销售额的负增长，但那时只要放松调控政策，市场马上反弹。本次市场下行，即自2021年10月以来，金融、限购、限贷、限售政策放松的效果远不及之前。房地产市场从政府调控的逻辑、人口红利、货币政策、经济发展阶段以及市场需求规模、结构和空间格局等方面已经发生了根本性变化，如城镇新增常住人口从2018年之前的年均超过2 000万人下降到2022年的646万人，房地产行业旧的发展模式已难以适应目前以及未来的环境，转型发展势在必行。2022年，全年商品房销售面积和销售额同比增速分别为−24.3%和−26.7%，土地购置面积和房屋新开工面积同比增速分别为−53.4%和−39.4%。我国房地产行业如同中国经济一样，要实现高质量发展，房地产行业可持续发展必须适应行业从成长期向成熟期转变的要求，适应城市发展从外向型向提升型转变的要求，适应宏观经济从规模型到质量型转变的要求。

房地产行业健康发展离不开住房制度和调控政策的干预与引导。在20世纪90年代与21世纪初的住房商品化改革过程中，建立了以预售为基础的房地产金融支持体系，实施了"价高者得"的国有土地有偿使用制度，住房供给体系与住房保障定位出现了转向，这三大政策构成了当前房地产行业的制度基础。过去20多年，房地产行业发展要服从经济发展与社会稳定的大局，所以既要发挥房地产对经济的拉动作用，又要抑制房价过快上涨，房地产市场调控政策在"稳增长、保经济"与"控房价、保民生"目标间周期性调整，而上一轮调控后果又不可避免地成为下一轮调控的任务。在当前人口和城镇化增速放缓、房地产市场结构性差异凸显、住房补欠账任务已完成、房地产供求关系发生重大变化的新形势下，原有的房地产市场调控政策失灵。推动实现房地产行业可持续发展，要做好新的制度设计，促进房地产行业供给侧结构性改革，实现与需求相匹配的高质量供给是关键。

具体而言，需要从房地产供地模式、住房供给模式、房地产金融模式和房企经营模式等多个方面进行变革。首先，从"唯一"变为"之一"，推动房地产用地多元化供给模式改革，构建城乡统一的建设用地市场，通过市场化机制盘活城市存量建设用地，尊重城市群、都市圈发展规律，建立"以人定供"的市场化土地交易机制，创新出台土地使用权到期后的接续政策，土地供给改革的核心是趋利避害，推动形成多元化供给渠道。其次，以"可支付性"为核心推动住房多元供给模式改革，住房市场管理的重点需要从需求侧转向供给侧，充分考虑住房需求的地区性、结构性差异，切实解决住房供给重售轻租、重市场轻保障、重新轻旧、重预售轻优建的"四重四轻"问题，规范推进住房租赁发展，加大产权式住房保障力度，支持住房升级改善，改革现行商品房预售制，创新存量住房更新模式，推动住房多元供给，实现"租购并举可支付"。再次，以"金融帮扶"并"股债多元"推动房地产金融模式改革，在需求端，应发挥住房公积金在住房保障中的支柱作用，在供给端，应推动大宗物业公募 REITs（不动产投资信托基金）运作，畅通资本市场融资渠道，大力发展私募股权基金，严格房企融资监管。最后，以盈利多元化推动房企经营模式改革，我国的房地产行业将从成长期向成熟期过渡，房地产企业经营模式变革主要体现在盈利模式从以单一销售为主向销售、运营、服务的来源多元化转型，房企的开发模式从"高负债、高杠杆、高周转"向轻重并举转型，房企的融资模式从高负债向多元股权转型，房企的目标模式从追求规模扩张和高速增长向品牌与品质提升转型。

外部环境变迁与政策牵引改变了行业的发展逻辑，房企需要从粗放式扩张向精细化运营转变，从依赖外部红利转向通过精细化管理提升竞争优势来获取红利，改变房地产企业盈利收入结构。一是挖掘内部管理红利。未来，房企的投资将更加收敛与聚焦，销售更加精准与高效，设计更加人性化与低成本，工程更加可控与优良，物业管理更加智慧与多元。二是重视战略引领。房地产行业在从高速增长向高质量发展转变时，房企需要从"合理增速、利润导向、风险控制"出发制定企业发展新战略。三是强化组织和标准化保障。房企需要建立起与战略动态调整和发展模式转变相匹配的新能力。围绕建设高效组织，组织职能的变化需要从控制转向支持，从监督转向激励，从命令转向赋能。在机制层面，建立保障组织朝着既定目标高效运转的薪酬绩效激励配套体系。运营效率从"规范化、制度化、标准化"转变为"弹性化、敏捷化、精益化"。四是实施数字化赋能房企发展。智能化的应用可以帮助房企优化组织管理和业务流程管理，提升客户服务品质，实现产业升级和价值链重构。五是构建新型绩效文化。绩效管理的关注点需要从企业的规模转向质量，包括投资和融资的质量、产品及服务的质量、经营的质量。

本书的形成是基于中国人民大学国家发展与战略研究院城市更新研究中心和平安银行地产金融事业部合作课题的成果。中国人民大学秦虹研究员、中国农业大学王艳飞副教授、南京审计大学陈金至博士、中国社会科学院钱璞博士及其团队研究生颜琳悦和黄乐、博志成总经理黄老邪等参与了课题研究。平安银行地产金融事业部朱鬼、刘勇、贾蕾等参与了课题的策划和部分资料整理。秦虹、王艳飞在课题研究框架的基础上重新撰写和修改，形成了本书。在本书出版之际，十分感谢中国人民大学国家发展与战略研究院的大力支持以及中信出版社各位编辑的辛苦付出。

秦 虹

上篇
房地产行业变局

第一章

房地产行业变局与反思：2021—2023 年

2021 年我国房地产行业发展迎来变局。随着"三条红线"等调控政策集中出台，部分规模房企的信用风险集中爆发。从表象原因来看，房企受到房地产严监管政策的冲击，融资端收紧、销售端承压，出现了流动性危机。深层次原因则是部分房企对房地产市场调控的大趋势和基本的商业逻辑认识不足，一直在逆势加大杠杆，追求规模上的扩张，从而埋下了风险隐患的种子，政策的收紧只是加速了这一风险的暴露。本轮房企的集中"爆雷"也显示了依赖高房价上涨支撑的"三高"（即高房价、高负债、高周转）开发模式再难以持续的事实。我国房地产市场在此变局的驱动下，正在加速进入深度调整转型发展阶段，行业逻辑已发生根本改变，加之未来人口和城镇化增速减缓，房地产市场面临新规则的重塑，并来到了历史性拐点。

一、行业变局从规模房企密集违约开始

2020 年 8 月—2021 年 2 月，中央集中出台了多项房地产相关政

策，从融资端、销售端、拿地端全面对房地产行业加强监管。受制于融资端收紧、信贷环境趋严、偿债高峰的到来，以及销售端的遇冷，过去以规模扩张为主的房企纷纷陷入流动性危机，最终迎来信用风险的集中爆发。在过往的房地产企业违约事件中，违约主体整体规模偏小、评级偏低；而从2021年以来的房地产企业违约现象来看，以规模房企为主，其中不乏龙头企业。

（一）市场：2021年上半年达到顶峰后由热转冷

1. 首次出现市场供需两端同时增速下行

2021年7月是房地产市场的转折点，上半年在全国房地产市场主要指标（房企到位资金额、开发投资额、房屋新开工面积、商品房销售面积及销售额）均达到了历史同期最高值之后，市场快速下行。房地产市场的前端开发指标与末端销售指标同时持续下行长达24个月，这在我国房地产市场发展史上从未出现过。自2021年10月起，各地陆续开始放松房地产调控政策，但直至2023年6月，市场仍在底部调整，市场下行幅度之大、持续时间之长史无前例。

自1998年房改启动中国房地产市场以来，市场也曾经历几次下跌，如2008年和2014年，但这两次市场前端（即开发端）均是在末端（即销售端）下行调整6个月左右才开始出现下行的，如2008年4月，月度商品房销售面积和销售额分别出现了-12%和-7.8%的负增速，负增速一直持续到2008年12月，但4月房地产开发投资增速仍在31.7%的高位，直到8个月后的2009年2月才下降到1.03%的低位。再如，2014年2月单月全国商品房销售面积和销售额出现负增长，但月度房地产开发投资到6个月后的2014年8月才出现增速下降。

2. 市场物理量指标下行幅度远远超过价值量指标

在房地产市场指标里面，凡是用平方米计量的指标均可称为"物理量指标"，其下调幅度远远超过以"元"计量的价值量指标的下调幅度（见图1-1）。2022年1—12月，物理量指标（除商品房销售面积）回调幅度均在10年以上，如竣工面积回落到11年以来的新低，新开工面积回落到12年以来的新低，土地购置面积是1998年有统计24年以来的新低；价值量指标，如房企到位资金、土地成交价款、商品房销售额等均是5年以来的新低，开发投资额仅仅是2年以来的新低。这说明房地产行业这次下行的调整，不仅对行业自身影响巨大，而且对上下游产业的影响，远远超过行业自身。也就是说无论是上游的建筑、建材等行业还是下游的家电、家居等行业，均与开工、竣工、成交面积有关，而与房地产价值量指标关系不大。因此，不能低估这次房地产市场的下行幅度产生的负面影响。客观来看，2022年家具类、建筑及装潢材料类零售额分别增长-7.5%和-6.2%，是拖累消费增长的两个最大项。

3. 市场供给端指标下行幅度远远超过需求端

本轮市场调整，房地产行业前端（即开发端、企业端、供给端）的收缩程度远远大于末端（即销售端）。2022年，新开工面积、土地购置面积、竣工面积等指标均回落到10年以来新低，而销售额和销售面积只回落到5~6年以来的新低。这说明这次市场下行是由房企引发的，供给端遇到的问题远远超过需求端。由于房企融资性现金流的急剧收缩，烂尾楼出现，影响了购房需求的释放。最典型的表现就是2022年全年新建商品住宅销售面积增长-26.8%，但全年现房销售一直是正增长。这一情况与2008年和2014年房地产市场下行的时候截然不同。2008年和2014年全年商品房销售面积出现负增长，期房和现房销

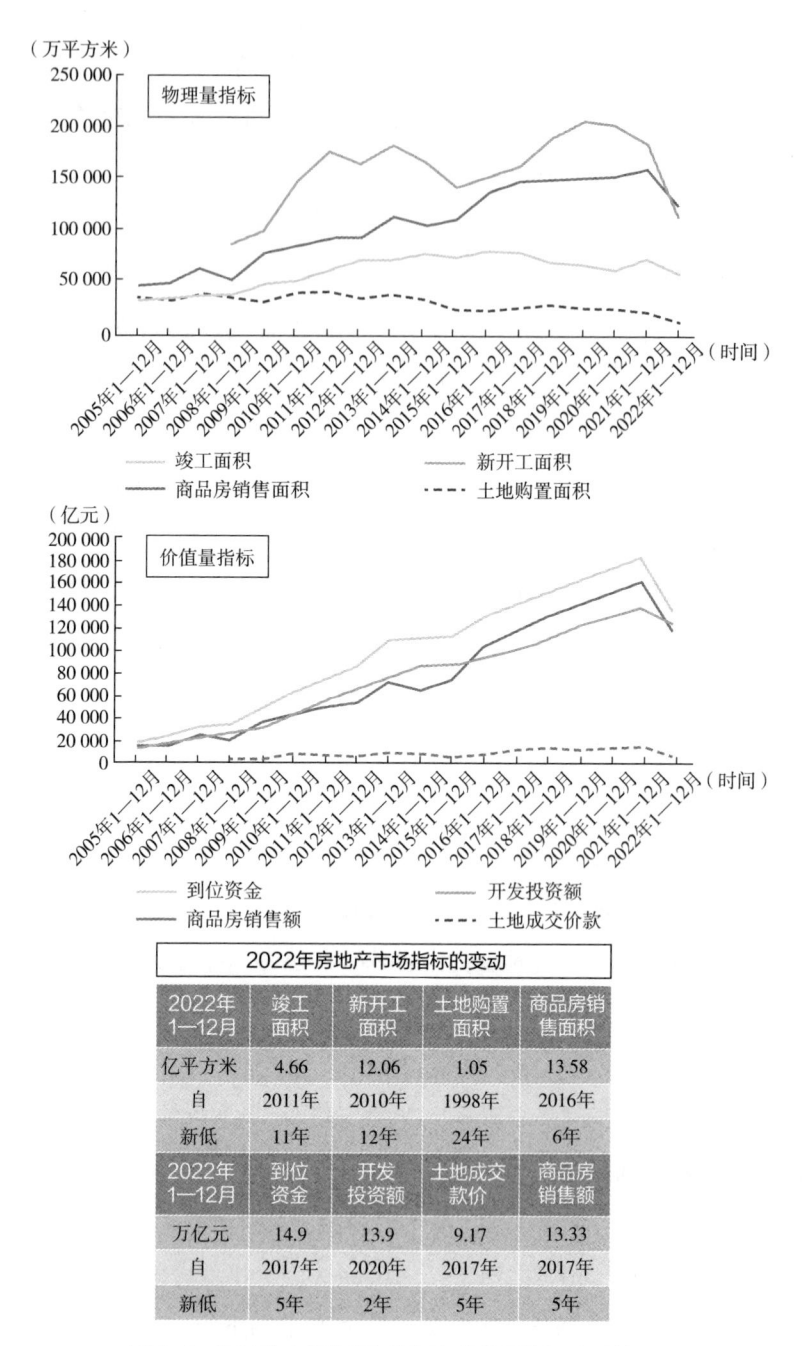

2022年 1—12月	竣工 面积	新开工 面积	土地购置 面积	商品房销 售面积
亿平方米	4.66	12.06	1.05	13.58
自	2011年	2010年	1998年	2016年
新低	11年	12年	24年	6年
2022年 1—12月	到位 资金	开发 投资额	土地成交 款价	商品房 销售额
万亿元	14.9	13.9	9.17	13.33
自	2017年	2020年	2017年	2017年
新低	5年	2年	5年	5年

图 1-1　房地产市场物理量指标与价值量指标变动情况

资料来源：国家统计局《中国经济景气月报》。

高增长之后：房地产行业变局与可持续发展 / 004

售也一致出现负增长，但是这次商品房销售面积累计增速自2022年2月出现同比负增长持续至今，而现房销售增速一直维持正增长。说明供给端的风险问题影响了需求的释放，人们因担忧买到烂尾的房子而不敢购房。这次救市政策主张"救项目不救企业"，实际效果就有限了。反映房地产从开发到销售整体状态的国房景气指数降到了历史低点（见图1-2）。

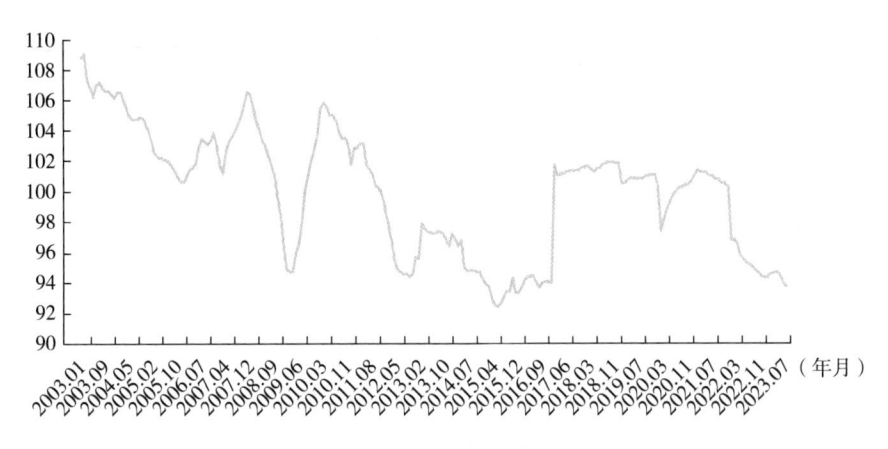

图1-2 国房景气指数

资料来源：国家统计局各月发布的《全国房地产市场基本情况》，作者整理。

2021年下半年以来，房地产市场变化首次出现了这些新特点，主要是收缩性调控政策集中出台、头部房企债务违约、新冠疫情三因素叠加所致。

（二）政策：抑制四大冲动以控制房价上涨

房价持续过快上涨一直是房地产市场最大的风险，我国自1998年启动房地产市场以来，绝大多数年份在通过政策抑制房价的上涨。但2015年为了房地产去库存，以3月30日中国人民银行（以下简称

"央行")、住房和城乡建设部(以下简称"住建部")和中国银行业监督管理委员会(以下简称"银监会",现国家金融监督管理总局)出台的《关于个人住房贷款政策有关问题的通知》("330 新政")为代表,政府出台了一系列政策刺激房地产市场发展,如除四个一线城市外全面取消限购、降首付及认房不认贷、央行 PSL(抵押补充贷款)资金支持下政府购买服务的棚改货币化等政策,全国出现了一次历史上时间最短、幅度最大的全国性房价上涨。针对房地产市场出现的过热情况,2016 年底,中央提出"房住不炒"的行业发展定位,2019 年 7 月,政治局会议明确表示"不将房地产作为短期刺激经济的手段",释放出较为鲜明的房地产行业政策收紧信号。这一轮调控政策的逻辑是通过相关政策措施抑制推动房价上涨的四大冲动,即购房者投机炒房的冲动、开发企业过度加杠杆扩张的冲动、商业银行脱实向虚的贷款冲动和地方政府卖高价地的冲动。其中,2020 年 8 月—2021 年 1 月不到半年的时间,后三大政策集中出台落实。之后,在市场下行的情况下,房地产支持性政策开始出台,但至今仍效果不明显。

1. 房地产调控"五限谱"抑制购房者投机炒房冲动

在全国房价快速上涨中,2016 年各地政府陆续通过限购、限贷、限价、限售、限网签(市场戏称是房地产调控"五限谱")等政策来抑制购房者的炒房冲动。2016 年底的中央经济工作会议首次提出"房住不炒",即"要坚持'房子是用来住的、不是用来炒的'的定位,综合运用金融、土地、财税、投资、立法等手段,加快研究建立符合国情、适应市场规律的基础性制度和长效机制,既抑制房地产泡沫,又防止出现房价大起大落。要在宏观上管住货币,微观信贷政策要支持合理自住购房,严格限制信贷流向投资投机性购房"。自此重启了从严的房地产市场调控,中原地产研究中心统计数据显示:2017 年,全国将近110个城市与部门（县级以上）发布房地产调控政策，发布的调控政策多达250次以上；2018年，全国22个热点城市因城施策制定了包括"五限谱"在内的一系列调控政策工具箱，形成长效机制方案；2019年8月，央行发布公告推动建立以LPR（贷款市场报价利率）为基础的住房贷款利率机制，明确首套房贷利率不得低于同期LPR，二套房贷利率不得低于LPR+60bp，严厉打击炒房行为；2021年初从严调控继续加码，1—4月住建部实地调研督导或约谈了13个热点城市，湖州、西安、合肥、嘉兴、绍兴等24市相继升级调控，"沪十条"、"沪七条"、打击代持及众筹炒房、严查经营贷、设立二手房参考价格、新房积分摇号、严限学区房等各项调控政策密集出台，调控持续加码不断升级。

客观上看，这一时期房地产调控政策不断加码，是因为房地产市场不断创新高，直至2021年上半年，房价、地价、成交量均达到顶峰，房地产市场出现过热现象，风险集聚。在限制个人购房投资的市场效果不明显的情况下，2020年8月开始，又相继采取了限制房地产企业融资和银行对房地产贷款的严控政策。

2."三条红线"负债管理抑制房企加杠杆扩张的冲动

房地产企业负债"三条红线"是通过限定资产负债率、净负债率和现金短债比三个指标，以限制房企过度加杠杆不计成本扩张的冲动。房地产企业一直被认为是房价上涨的重要推手。房企为扩张规模不惜高价拿地，背后是资金的支持。2020年8月，银保监会主席郭树清在《求是》杂志刊文指出"房地产是现阶段我国金融风险方面最大的'灰犀牛'"。8月20日，住建部、央行在北京召开重点房地产企业座谈会，形成了重点房地产企业资金监测和融资管理规则，划定房企有息负债"三条红线"监管标准，并对重点房企按照

"红、橙、黄、绿"四档管理,将处于不同档位的房企的负债增速分别限定在 0、5%、10% 和 15% 的范围内,并要求试点房企须在 2023 年 6 月 30 日前完成降负债目标。政策出台后,这一要求实际影响到了所有房企的负债。

根据 2020 年中期数据,政策出台时,在 172 家上市房企中,有 121 家踩线,占比达到 70.4%,其中踩红、橙、黄线的企业分别为 33 家、32 家和 56 家;只有 51 家企业未踩线,为绿档企业。"三条红线"政策剑指房企的负债率等核心指标,直接限制房企有息负债新增速度,房企加杠杆、拿高价地、扩张规模的路径走不通了。

房企负债"三条红线"政策实施后,房企融资环境随之收紧,企业融资额大幅下降。据克而瑞数据,2021 年 100 家典型房企的融资量同比下降 26%,五年来首次出现负增长。房企融资受限,不仅影响了拿地、开工、施工、销售,更直接影响到现金流状况。据中银证券数据,到 2021 年 9 月末,128 家 A 股房企的现金持有量同比下降 6.5%,增速处于历史最低位。尽管 2022 年四季度出台了房地产"金融 16 条"的支持政策,但 2022 年全国房企资金来源为 14.9 万亿元,首次出现负增长,为 -25.9%,是 2017 年以来的最低位,之后持续负增长,到 2023 年 6 月增速仍为负,为 -9.8%,其中民营房企融资下降幅度更为明显。在市场持续低迷的情况下,房企整体融资状况没有得到改善。

3. 房贷集中度管理抑制商业银行脱实向虚的贷款冲动

2020 年 12 月 31 日,央行、银保监会联合发布《关于建立银行业金融机构房地产贷款集中度管理制度的通知》(以下简称《通知》),房地产贷款集中度管理制度出台。《通知》提出对不同类型的商业银行房地产贷款占比、个人住房贷款占比分别设立"两条红线"指标,即中资大型银行、中资中型银行、中资小型银行和非县域农合机构、县域农合机构、村镇银行这五档银行的房地产贷款占比上限依次为40%、27.5%、22.5%、17.5%和12.5%，其中个人住房贷款占比上限依次为32.5%、20%、17.5%、12.5%和7.5%。政策通过设定商业银行对房地产贷款占比的上限，来约束房地产开发贷和按揭贷款的增量投放。我国房地产行业经过20余年的高速发展，通过不断加杠杆扩大规模，部分企业负债快速增加，给其自身和金融体系带来了较大风险。社会资本、金融资本不断涌入房地产行业，也使实体经济发展信心不足，出现了"脱实向虚"的倾向。对商业银行设定房地产贷款占比上限，既是抑制商业银行向房地产行业过度放贷，也是防范房地产金融风险的重要举措。政策出台后，新增房地产贷款占新增人民币贷款的比重从2016年44.82%的高点开始下降，到2022年3月下降到9.3%，之后在商品房市场销售持续下行的情况下，到2023年6月占比进一步下降至0.98%（见图1-3）。

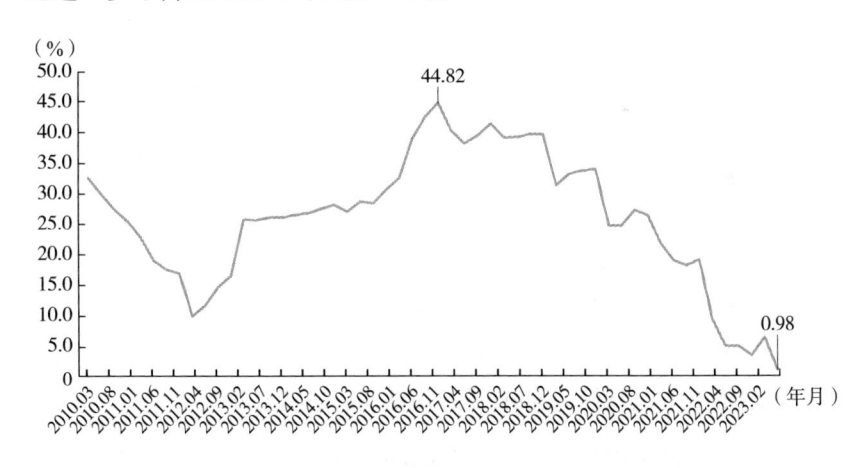

图1-3 新增房地产贷款占新增人民币贷款的比重

资料来源：Wind。

由于房地产市场在2021年三季度开始快速下行，2021年10月

15日，在第三季度金融统计数据发布会上，中国人民银行金融市场司司长邹澜表示，部分金融机构对于30家试点房企"三线四档"融资管理规则存在一些误解。将要求"红档"企业有息负债余额不得新增，误解为银行不得新发放开发贷款，企业销售回款偿还贷款后，原本应合理支持的新开工项目得不到贷款，也在一定程度上造成一些企业资金链紧绷。针对当时的情况，邹澜表示，央行、银保监会已于9月底召开房地产金融工作座谈会，指导主要银行准确把握和执行好房地产金融审慎管理制度，保持房地产信贷平稳有序投放，维护房地产市场平稳健康发展。尽管当时房地产贷款政策开始纠偏，但2022年房企到位资金所有渠道全部负增长，如国内贷款、自筹资金、定金及预售款、个人按揭贷款同比增速分别为-24.5%、-19.1%、-33.3%、-25.6%，其中银行贷款占房企资金来源的比重，从2003年的24%、2009年的20%，下降到2023年6月的12.6%。房企自2021年下半年开始深陷流动性危机，部分头部房企开始债务违约。

由于房地产企业融资和销售现金流同时收缩，2022年起房地产开发投资和施工面积罕见地第一次出现了持续负增长，上下游企业受到牵连。

4. 土地招拍挂"两集中"政策抑制地方政府卖高价地的冲动

2021年2月26日，自然资源部要求22个重点城市住宅用地出让实行"两集中"政策，即集中发布用地公告，集中组织出让活动，且一年内出让活动不得超过三次，时间间隔和地块数量要相对均衡。政策出台的目的是希望通过促进地方政府的有序供地，防止地价过快上涨，实现稳预期、稳地价。2021年上半年供地市场依然较为火热，土地溢价率不断创新高；下半年自然资源部对核心城市土地出让政策进行了调整，包括限定土地溢价上限，加大对购地资金来源的审查力度，限制无开发资质的企业参与土地拍卖等。"两集中"政策使房企在热点城市一年三次集中拿地、集中融资、集中开盘，扰乱了市场节奏，再叠加金融政策收紧以及市场降温的影响，土地市场开始变冷，房企拿地节奏放缓，流拍率上升，2021年房地产开发企业土地购置面积增长-15.5%，2022年仅为10 052万平方米，是自1998年有统计以来的历史最低，同比增速为-53.4%。

2020年8月到2021年，以上三大调控政策从房企端、银行端、土地端联合发力，多措并举，形成了对房企资金链的闭环管控。从严调控的金融政策集中出台，流动性收紧，使部分房企长期积累的债务问题迅速爆发，房地产行业出现大变局。

（三）问题：政策调控叠加新冠疫情使房企信用风险集中释放

1. 政策调控效应从2021年7月开始显现

多项调控政策推出并逐渐实施后，政策调控效应逐步显现，房地产行业投资和销售规模达到高点后开始下降。2021年6月房地产销售面积达到最高值，7月环比骤降41.5%。在融资政策收紧和市场规模缩减下，房企资金流动性压力增大，2021年下半年国内头部房企出现债务违约，引起全社会对房地产行业信用的担忧。此后，地方政府收紧了预售资金监管，商业银行控制了贷款甚至抽贷，资本市场对房企信用评级下降。为应对资金流动性压力，房企停止拿地、新开工，甚至停工，市场出现了开篇所述的开发端和需求端同时下跌的情形。除了整个楼市成交量迅速"走低"，新建商品住宅销售价格也环比一路下降（见图1-4、图1-5）。

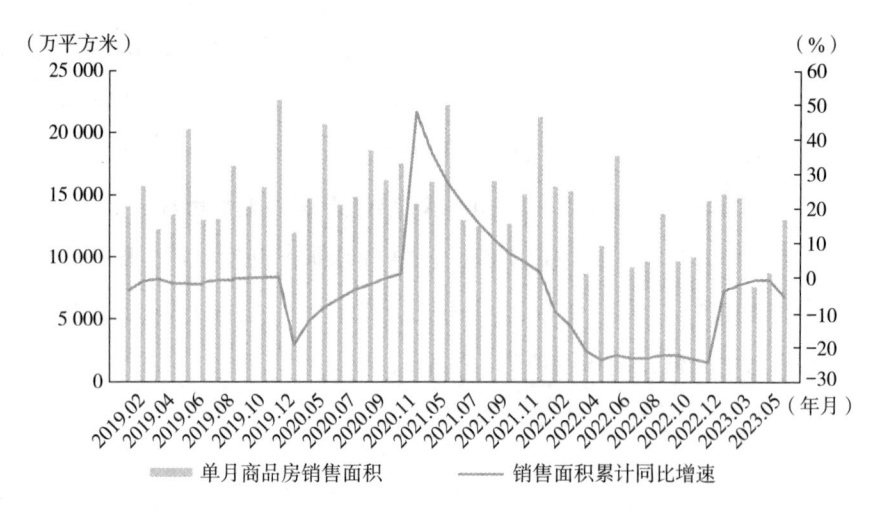

图 1-4　2019 年 2 月—2023 年 5 月全国月度商品房销售面积及累计同比增速

资料来源：国家统计局，作者整理。

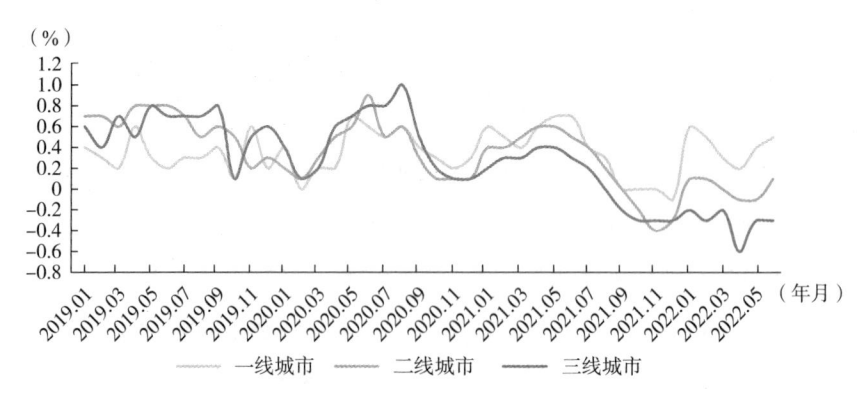

图 1-5　2019 年 1 月—2022 年 5 月一、二、三线城市新建商品住宅销售价格环比增速

资料来源：国家统计局，作者整理。

市场下滑叠加新冠疫情影响，更令房地产市场雪上加霜。因为房地产交易具有高值、低频、现场交易等特征，疫情加上严厉管控极大影响了交易行为的正常进行，2020 年积压的交易，直到 2023 年一季度才基本完成网签，因此在统计数据上出现了两个月左右的"小阳春"，但之后市场又持续下行。

"三条红线"和房地产贷款集中度管理制度对房企融资端起到强有力的限制。2021年下半年销售超预期下行，房企融资现金流和销售现金流双重承压，高杠杆房企在流动性收缩下风险加速暴露。在银行信贷总额控制政策下，房企下半年获得贷款难度加大，个人按揭贷款批贷缓慢，进一步加剧了房企的流动性风险。

2. 融资收紧和销售走弱双重挤压下房企信用风险集中爆发

房地产企业的高杠杆、高负债模式在房价上涨、现金流流畅的时候可以维持，而一旦遇到政策调控或融资不能按时到位，就会形成资金和债务的错配。因此前几年靠融资加杠杆快速扩张的大型房企在遭遇融资收紧和销售走弱的双重挤压下纷纷陷入流动性危机，最终迎来信用风险的集中爆发。

据企业公告，2021年开年，华夏幸福便宣告债务逾期，涉及银行贷款、信托贷款等债务，本息合计高达52.55亿元。随着7月后楼市成交量萎缩，房企资金压力加大，即使减轻拿地力度，在到期偿债压力下，房企违约风险依然持续增大。2021年下半年，据澎湃新闻报道，蓝光发展、花样年、新力控股等房地产企业相继出现债务危机，加剧了行业生态恶化。

房企违约引发了行业信用担忧，评级机构纷纷下调境内房股信用评级，境外债"借新还旧"通道几近堵塞。例如，国金证券的研究报告显示，自2021年9月开始，不到一个半月的时间，穆迪、标普和惠誉至少对房企进行了25次主体评级下调，其中部分房企被多次下调评级，使企业融资难上加难。在资金压力下，项目停工烂尾问题开始暴露，2022年7月集中出现了购房者停止还贷呼声。此后，保交楼成为政府稳市场的首要任务，2022年8月16日，中央九部门和单位印发实施《关于通过专项借款支持已售逾期难交付住宅项目建设交付的工作方案》；通过国家开发银行、中国农业发展银行两批共3 500亿元专项借款，支持350万套保交楼任务。到2023年6月，首批专项借款项目复工率已达99.3%，但保交楼整体进展仍不足70%。7月，央行提出继续支持做好保交楼工作，保交楼贷款支持计划将延续实施至2024年5月末。

受三年疫情影响，国内需求收缩、供给冲击、预期转弱，"三重压力"加大，对经济运行制约明显，全国16~24岁青年调查失业率快速上升，4月首次突破20%为20.4%，2023年6月达到21.3%的历史新高。在裁员增加、青年失业率上升、减薪拖薪的情形下，人们对未来收入预期不好，信心不足，作为城市发展载体的房地产行业，需求释放受到极大影响。至此，房地产企业"高负债"仍在，但高杠杆和高周转消失，房企违约风险未减。

3. 房企债券违约成为债市违约的主力

Wind数据显示，2021年，房企境内信用违约涉及59只债券，违约日债券余额已达676亿元，分别同比上涨59%和47%（见图1-6）违约规模占境内同时期债券总违约规模的33.4%，房企债券违约已经成为债市违约的主力。

2022年，信用风险持续蔓延，房企境内债务展期日债券余额规模和展期债券数量分别从2021年的210亿元、15只，大幅度增长到1 884亿元、114只（见图1-7）。2023年，房企境内到期债务压力为3 388.3亿元，同比增长11.3%。从月度数据看，1月及4月为偿债高峰，分别面临823.7亿元和831.9亿元的到期债务压力，房企偿债压力仍保持高位。

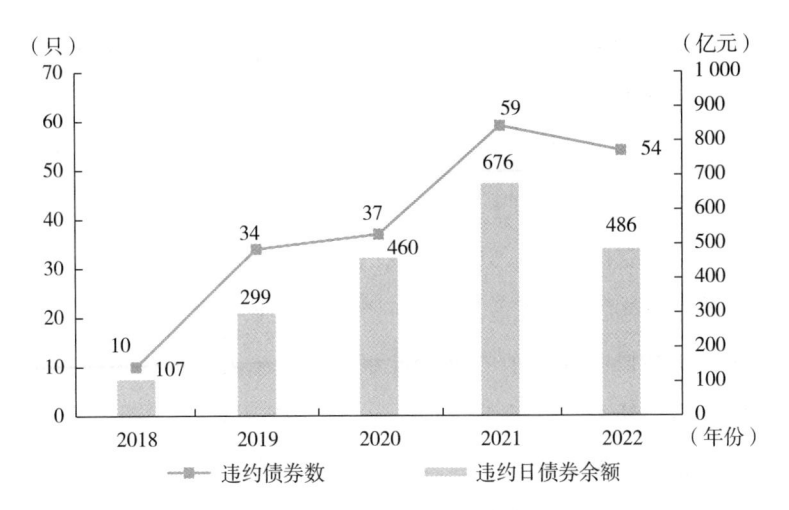

图 1-6　2018—2022 年房企境内信用债违约情况

资料来源：Wind，上海、深圳、银行间交易所。

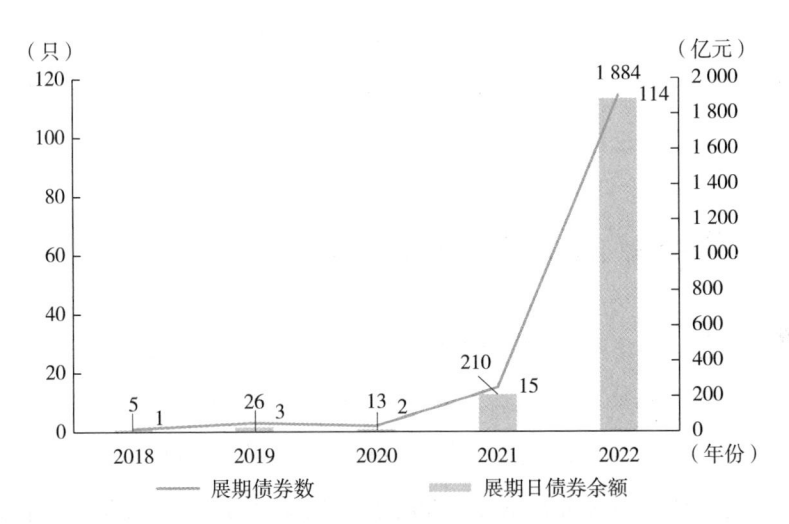

图 1-7　2018—2022 年房企境内债务展期情况

资料来源：Wind，上海、深圳、银行间交易所。

除上述情况外，违约房企还存在境外信用债、银行贷款等大规模有息负债和商票等巨额无息负债债务违约情况，并呈现出违约主体大型化、违约规模指数化、违约影响交叉化、违约范围扩散化等典型特征。以商票逾期为例，根据上海票据交易所数据，截至2022年11月30日，存在商票逾期现象的房地产项目公司数量为3 300个，环比增长1.7%。房企违约已造成整个行业的信用危机，并已将风险部分传导至上下游企业和金融机构。

4. 房企债务危机严重危害了上下游关联企业

这一轮房地产企业的流动性危机实际已引发行业内系统性风险。一是供应商受拖累，建筑企业成为房企债务危机的最大受害者，南通六建破产重整，苏中建设、南通三建、中南建设、中国建筑等均大受牵连；二是装修、材料等房企上下游企业受拖累，如三棵树2001年9月6日发布公告，受上游某大型房企商票影响，持有的商业承兑汇票中共有3.36亿元发生逾期。房企债务违约还直接影响了市场信心的恢复，导致购房者不敢购房。销售回款不畅又导致楼盘停工、烂尾事件发生，进一步打击了购房者的信心，如此形成恶性循环。

二、房企违约的成因分析与反思

房企集中违约的成因既有外在的，也有内在的，既有在行业长期高速发展中积累下来的高杠杆、高负债问题，也有企业对国家重大政策调整、房地产长周期拐点到来估计不足，或发展战略误判，未能及时调整等原因，导致在多种因素叠加之下，遭遇现金流危机。不同成因之间又互为因果、相互影响。

（一）房企经营模式蕴含流动性危机

2015年以来，中国房地产企业普遍体现出以下几个特征，这些特征也是房企现阶段发生信用风险的重要原因。

1. 高房价上涨下支撑的"三高"模式

持续上涨的"高房价"支持"高负债、高杠杆、高周转"模式的运转。2015年中国房价进入上涨的快车道，2016年全国商品房价格增长10.1%，百城新建住宅价格增长18.72%。土地成交溢价率也随之水涨船高。Wind数据显示，2012—2016年，全国土地成交溢价率分别为8.3%、17.63%、11.5%、18.1%和46.61%。

随着房价和地价的快速上涨，冲规模成为房地产行业的"主赛道"。原因在于，首先尽管房价上涨，但土地价格也已涨至较高水平，行业利润收窄，房企可以通过高速周转来扩大收入和利润。做高杠杆倍数，对提升净资产收益率有立竿见影的作用。其次扩大规模能带来更大的资源优势，提高企业信用评级，有利于获得低息借款和大量囤地。

规模扩张下，企业债务融资不断加大杠杆从而推高了负债率。2020年房地产开发企业资产负债率达到最高值80.7%。也正是之前对做大规模的追求使得此次违约以规模房企为主。

"房负债"表现在，2021年我国房地产上市企业的资产负债率达到79.4%，仅次于金融业（90.9%），如图1-8所示。从资产负债率增速的角度看，房地产行业排在第一位，2010—2021年资产负债率上升了12.7个百分点，高出第二位能源业一倍以上。大部分房地产企业负债率都很高，依托财务杠杆撬动快速开发。

与国际同行比较，我国房地产企业负债率也极高。如2020年我国A股房企整体资产负债率高达79%，资产负债率超过80%的企业占比为26%；同期美国上市房企整体资产负债率为59%，资产负债率超过80%的企业占比为12%；英国上市房企整体资产负债率为

34%，资产负债率超过 80% 的企业占比仅为 4%。[①]

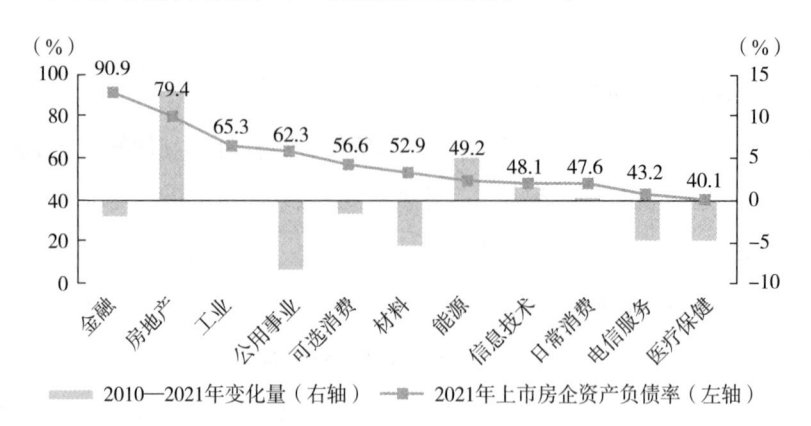

图 1-8　2021 年上市房企资产负债率及 2010—2021 年变化量

资料来源：Wind。

"高杠杆"不仅表现在财务杠杆上（即负债），还包括经营杠杆和合作杠杆。由于存在预售制，以及房地产开发企业强势的甲方地位，房地产开发企业除了财务杠杆，还存在没有显示在财务指标里的其他杠杆，所以房地产行业杠杆率很高。经营杠杆被称为"无息杠杆"，包括上下游企业垫资，如各类应付款与房地产开发资金来源总额相比，2009 年时为 10%，到 2021 年则达 26%，2023 年 6 月为 37.7%；还包括利用预售定金、首付款及按揭贷款获取新项目。合作杠杆主要是指通过企业合作开发，争取并表，以小投入迅速扩大规模。图 1-9 显示了房地产开发企业合作杠杆的趋势，规模较大的房企，合作杠杆相对更大。

"高周转"是指房地产企业盈利主要靠快销商品房实现。如 2020 年在房地产开发企业主营收入中，商品房销售收入占比达到 94.7%（见图 1-10），这里主要指的是产品的高周转，而非资产的高周转。

[①] 数据来源：Wind，上市房企 2020 年年报。

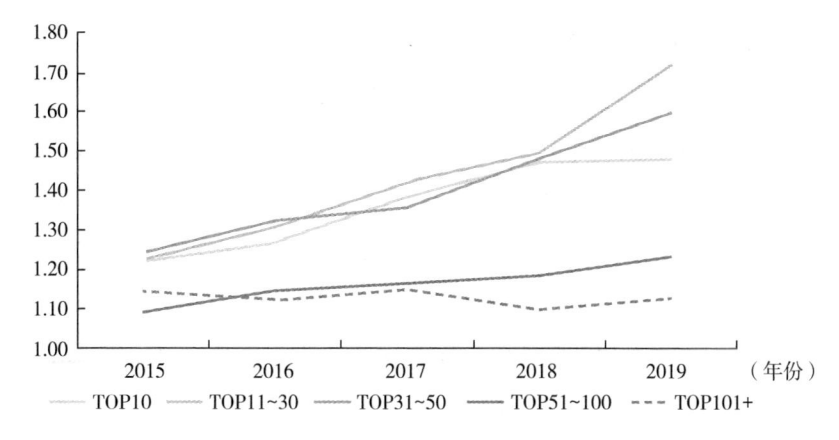

图 1-9 规模房地产开发企业合作杠杆的趋势

资料来源：企业公告、CRIC 整理。

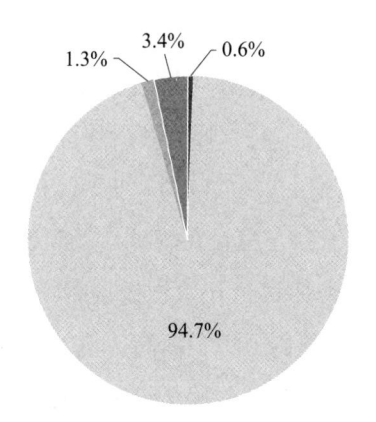

■ 土地转让收入占比　　商品房销售收入占比　　房屋出租收入占比　　■ 其他收入占比

图 1-10　2020 年房地产开发企业主营收入占比情况

资料来源：国家统计局，作者整理。

  房地产企业高负债、高杠杆、高周转运营是"双刃剑"，当房价处于上涨期，可以最大化房企利润和实现规模的快速扩张，在房价不涨或下跌、房地产融资环境收紧、销量下降期，房企将面临资金周转困难，出现流动性危机。

2. 房企的债务期限结构失衡

房企的"爆雷"表面上看是由2021年政府对房地产企业负债率"三条红线"控制和房地产贷款集中度管理等调控政策所引发，但实际上部分房地产开发企业在2015年之后债务结构就出现了问题，2021年的金融管控政策只是触发了风险的爆发。这也是房地产开发企业高负债在之前不出问题而现在出问题的直接原因。

自2015年起，房地产行业投资回收周期已短于平均债务期限，出现了再融资缺口。如2015年房地产行业投资回收周期中位数为三年，但平均债务资金期限约为两年。2016年房企借去库存政策的东风大量发债，当年境内私募债、公司债、中期票据等融资刷新了历史纪录，全年首次突破1万亿元，达11 376.7亿元。2016年10月之后房地产市场开始新一轮调控，要求"房住不炒"，这时国内融资开始收紧，房地产新增贷款占新增贷款比例和房地产贷款余额占比在2016年12月和2019年12月分别达到44.82%和29%的最高点后开始持续下降。由于相比于境内债券，房企在境外市场只要做好信息披露即可，发行限制较少，因此头部房企开始积极进行境外融资，2019年房企境外融资达到顶峰，规模创下历史新高，境外债券到期收益率升至超15%的新高。借新还旧成为部分房企求生存的必由之路，当房企违约出现，评级下调，再融资困难，风险爆发。

3. 房企过于依赖融资性现金流

资金流入结构层面，存在信用风险的房企过于依赖融资性现金流来维系资金链，这使得资金的敏感性提升，在融资政策整体收紧的环境下，触发了违约事件。

克而瑞对60家典型样本房企的分析显示，虽然2017年后，房地产行业整体正在逐步减少对融资的依赖，同时更加注意销售回款，但 2021 年上半年，仍有 40% 的样本房企为融资驱动型发展模式，即房企经营性现金流加投资性现金流净额小于 0，但融资性现金流净额大于 0。

由于企业过度依赖对外筹资来维系资金链，随着各融资渠道的全面收紧，企业只能依靠出售资产和其他流动资金来偿还债务和支付运营成本，杠杆较高的企业偿债压力也大。在房地产销售增速放缓，经营业绩持续下滑，销售回款难以支撑公司所需的情况下，当企业无法通过扩大筹资和供应商占款来维持现金流稳定时，极易触发风险事件。在房企面临债务偿付压力的同时，市场的再融资环境也会越发严峻，包括评级下调、银行风控收紧，企业更难以获得资金支持，从而进入恶性循环。

（二）房企经营模式没有跟上监管政策的转变

从 2016 年起，我国监管政策发生了深刻的变化。从中央首次提出"房住不炒"以来，我国持续加强了对房地产的调控，监管部门陆续出台了多轮政策，地方政府也纷纷发文调控。2017 年 10 月，中央提出三大攻坚战，把防范化解重大风险作为未来三年三大攻坚战之首，加快推进金融去杠杆。2018 年，以央行 PSL 资金为基础的政府购买服务支持棚改货币政策退出，棚改规模大幅下降。到 2019 年，房地产长效机制逐渐落地试点，意味着楼市调控进入常态化阶段。在这期间，政策调控主要针对需求端的去杠杆，包括限购、限贷、限售等措施，遏制短期内进行低买高卖的炒房行为。进入 2020 年，主管部门对房地产融资环节的监管迅速升级，"三条红线""房贷集中度管理"都是从供给端直接调控房企的融资规模。

在房地产调控政策发生转折之际，一些房企对这一转变认识不足，发展战略和模式未能及时调整，仍然追求规模的扩张，逆势加杠杆，高溢价拿地，营收目标以冲高为主，叠加长周期拐点、新冠疫情、房地产调控等因素，企业的融资和销售均受到影响，无法维持高杠杆运作，偿债能力快速恶化，最终引发信用风险暴露。这类违约房企主要包括激进扩张和业务多元化转行的房企及逆势而行高溢价拿地的房企。

1. 激进扩张和业务多元化转行

激进扩张、业务多元化转行失败是部分房企违约的原因。在当前市场形势下，很多房企转型时会向产业链上下游延伸，但也有房企甚至转向产业链外的其他行业，例如汽车制造业、矿业、农业、旅游业等，此为转行而非转型。转行中需要大量资金沉淀、回报周期长，很难像传统房地产开发那样进行快周转，前期对现金流贡献小，经营不佳则进一步加重了现金流负担。

过去房企采取高负债、高杠杆、高周转、低成本的"三高一低"模式，在向更多城市扩张房地产业务时，伴随着债务暴涨和负债率攀升。在长期高杠杆的激进扩张中，一些房企不仅通过传统银行渠道融资，还通过非标准融资，也有企业投资金融领域，在去杠杆政策管控下，部分企业"三条红线"部分或全部违规。放弃在扩张房地产业务版图的同时，一些房企进行多元化转行发展，形成"房地产＋多元服务业"模式。但不同的是，有的房企拓展房地产行业的上下游产业链延伸领域，如物业管理、资产管理、长租公寓、养老地产等，尽管像长租公寓、养老地产等投资周期长、回报利润低，但受到政府政策的支持；而有的企业跨越房地产领域，向如新能源汽车、媒体网络、文娱、健康产业、食品饮料等领域发展，面临业务拓展后管理能力的制约。在没有形成良好运营模式的情况下，拓展业务会积累大量债务，随着房地产行业调控政策趋紧，在房地产开发业务承压的同时，拓展业务的亏损会降低开发企业资金流动性，增大债务违约风险。

2. 逆势而行高溢价拿地

房企为追求规模扩张，用高杠杆进入新的区域且高溢价拿地，但扩张在政策收紧前，随着项目盈利效率下降、去化放缓但债务刚性到期，流动性紧张被引发。例如融创中国、建发国际、蓝光发展、奥园等。

在2021年上半年政策调控开始生效，部分房企先后"爆雷"之时，融创中国大量抢购土地。上半年在国内各大城市共购买83宗土地，购地资金高达1 226.92亿元，而2020年全年公司拿地金额也仅有695亿元。融创中国不仅在一、二线城市抢购土地，在三、四线城市更是频频拿下地王项目，其中在芜湖、淮安、临沂和徐州四地拿下的土地溢价率分别高达169.44%、99%、83%和80%。高价拿地一方面压缩了企业的盈利空间，另一方面土地在短期内难以消化，沉淀了大量资金。而销售市场的持续下滑极大影响了回款进度，2022年上半年，融创中国的合同销售金额同比大跌64.83%，公司持续存在现金流缺口。随着部分房企陆续暴露流动性问题，融创中国也面临融资难度不断加大的困境，国际评级机构对公司的投资评级进行了下调，其流动性压力进一步增大。2022年5月，融创中国正式宣布违约。

（三）房企现金流受到政策叠加效应和市场下行的影响

1. 受到政策叠加效应和信用风险影响

2021年下半年，房地产行业面临的主要是流动性冲击，"爆雷"的多是本来杠杆率就比较高、风险比较大的房企。但政策在执行层面引发了一定的过度叠加效应，例如，出现了正常的贷款发放受到限制，购房者合理按揭贷款发放周期显著拉长等情况。此外，还有些企业表外负债较多，明股实债，实际偿债压力大于账面价值，随着房地产信用风险不断蔓延发酵，金融机构的风险偏好急剧降低，部分金融机构在房企出现实质性风险之前尽可能地先行退出，导致了房企的流动资金压力增大。

此外，近几年，美元债已成为房企重要的融资渠道，2019年发行规模达到762亿美元，发行企业达到92家，对房企高周转、高杠杆起了重要的推动作用。但在行业增速下行阶段，信用风险上升，美元债融资就会明显收缩，对于本身融资渠道就比较单一的房企，更易发生信用风险，例如，花样年、佳兆业。伴随着房地产行业持续承压，2021年下半年以来，三大国际评级机构已接连下调房企评级或展望达250余次，甚至部分未出现债务违约的企业也遭遇评级下调。美元债价格不断走低，房企"借新还旧"越来越难，同时销售市场的低迷加剧了企业偿债能力的恶化，出现了美元债集中违约的情况。根据Wind统计数据，截至2022年12月2日，累计新增37家房企美元债违约，违约规模370亿美元。涉及的企业包括华夏幸福、花样年、泰禾、蓝光发展、当代置业等。连续数年发行规模的累积，也使得房企美元债进入偿债高峰期，而房地产信用修复及降杠杆需要较长时间，因此仍有部分房企面临信用风险。

2. 受到市场下行影响的波及

还有一类"爆雷"企业本身的运营效率没有太大问题、投资回报率能够覆盖债务融资成本，但在市场下行的情况下，销售周转变慢，导致债务周期短于回收周期，从而出现了债务和再融资压力。

例如，正荣地产中报数据显示，2021年中期净负债率为57.2%，较 2020 年底下降 7.5 个百分点；剔除预收账款的资产负债率为 72.4%，相比 2020 年下降 4.2 个百分点；现金短债比为 2.2，短期负债在债务中的占比为 28.5%。其中期指标只有"剔除预收账款的资产负债率"一项略超阈值。但 2022 年 2 月 18 日，正荣地产集团有限公司发布公告称，公司资源不足以支付 2 亿美元永续债。其主要原因在于从 2021 年下半年开始，销售额逐月下跌。2022 年 1 月销售额较上年同期下降 30%，融资困难叠加当时上海新冠疫情严峻的形势，导致其无法偿还到期债务。

三、行业变局及后市展望

（一）行业变局

1. 2021 年四季度房地产调控政策开始转向

在销售过冷、土地流拍增加、房企债务违约事件增多的趋势下，央行从 2021 年四季度开始释放维稳信号，政策从严控转向放松拉开序幕。政策的放松可以分为以下两个阶段。

第一阶段以因城施策的需求端刺激为主。2021 年 9 月底，央行首次提出"两个维护"，即在"维护房地产市场的平稳健康发展，维护住房消费者合法权益"之后，频繁释放积极信号，以稳定房地产市场预期。2022 年 5 月 15 日，央行、银保监会联合宣布首套房贷款利率下限下调 20 个基点，并给予地方在贷款利率上更大的放松余地。5 月 25 日，国务院召开的全国稳住经济大盘电视电话会议释放了强烈支撑地产的信号，提出房地产行业从去杠杆到稳杠杆，适当提高宏观杠杆率，尽快矫正对民营房企信贷收缩的行为，居民家庭部门稳杠杆；全面落实"两个支持"，即支持各地从当地实际出发完善房地产政策，支持刚性和改善性住房需求。

随着中央和各部委频繁释放信号，各地也在积极推进落实"因城施策"的放松政策。2022年，超210个省市放松调控政策近600次，其中三、四线城市基本限制性政策全部放开，22个热点城市政策有所调整。从政策类型上看，主要涉及优化限购政策、降低首付比例和房贷利率、提高公积金贷款额度、发放购房补贴、降低交易税费、降低落户门槛等针对需求端的"松绑"，以及土拍监管优化、预售资金监管优化等针对供给端的"松绑"。其中，信贷政策及公积金支持政策在各地运用最为广泛，有50%以上的省市地方出台了相关规定。多地落实房贷利率优惠政策，并参照全国房贷利率下限（首套4.25%、二套5.05%）执行，以降低居民购房成本，力图激活居民信贷需求。

第二阶段的政策重点在供给端加大金融支持力度，化解行业风险。随着"爆雷"之下多地项目陆续出现停工，交付风险不断加剧，2022年7月，中央政治局会议指出，压实地方政府责任，保交楼、稳民生。这是中央政治局会议首次提及"保交楼"。之后中央和地方纷纷加快推出"保交楼"相关政策工具，加快资金落地。随着国家层面对于房地产所面临的困境认知更加深刻，助力房企融资、修复行业流动性风险的政策不断升级加码。房地产纾困政策从"救项目"转向"救项目、救企业"并存。支持房企融资的"三支箭"政策相继落地，从信贷、债券、股权三个层面改善房企融资现状。

第一支箭是信贷支持。2022年11月23日，央行和银保监会正式发布金融支持房地产行业16条新政，新政从保持房地产融资平稳有序、"保交楼"、受困房企风险处置、保障消费者合法权益、调整部分管理政策、住房租赁金融等六个方面，对房地产行业融资进行全面支持。六大国有银行先后与多家房企签订战略合作计划，授信额度超万亿元。

第二支箭聚焦民营企业债券融资支持工具。2022年11月8日，银行间市场交易商协会发布信息，继续推进并扩大民营企业债券融资支持工具，支持包括房地产企业在内的民营企业发债融资。包括通过担保增信、创设信用风险缓释工具及直接购买债券等方式支持民营企业发债融资。预计可支持约2 500亿元民营企业债券融资，后续可视情况进一步扩容。这一政策有利于直接增强和稳固优质民营房企的主体信用，民企债券融资将逐渐修复。

第三支箭重启涉房上市公司股权融资通道。2022年11月28日，证监会宣布调整优化五项措施，除了IPO（首次公开募股）暂未放开，其他股权融资通道全面打开。新措施允许符合要求的房地产企业并购重组并进行配套融资，恢复了上市房企的再融资。

如果以上政策得以落实，则可以形成信贷、债券、股权融资、预售资金等多维度的房企融资端支持政策体系，多方位解决短期内房企面临的流动性问题，对市场恢复企稳有积极意义。

2.市场低位震荡期延长

需求市场跌幅企稳，但持续低位震荡。稳地产主基调之下，商品房销售额及商品房销售面积的跌幅逐渐收敛。在月度销售面积上，2022年4月是一次触底，销售面积为8 722万平方米，5月、6月环比分别有所上涨，虽然7月受到烂尾楼事件、8月受到新冠疫情反弹等因素的影响，市场有所下调，但月度销售量仍没有低于4月。2022年4月之后，销售面积的累计同比跌幅基本持平，到2023年5月，销售面积为8 804万平方米，仍处于2022年4月水平。总体上，放松政策出台了一年半，但销售市场仍处于低位震荡，且震荡期可能继续延长，又与之前政策一放松，市场即反弹，甚至报复性反弹完全不同。

在"三支箭"政策推出后，虽然市场有所反应，但需求端要跳出市场底部，有明显恢复还需要一定的时间，首先，主要原因是居民对未来预期不好，信心不足，购房意愿和能力不强。需求的恢复必须有购房者收入助力和供给端供给改善才能实现，而当前居民收入预期弱、购房观望情绪尚未改变，短期房地产市场调整压力仍在。其次，2017—2021年连续五年年均销售新建商品房17.5亿平方米，远高于上一个五年平均的13亿平方米，居民购房需求在一定程度上已被透支。最后，房企风险事件频发也使得在没有新房，二手房价格倒挂的城市，居民更倾向于买二手房，新房的市场需求受到压缩。

供给市场信心的提振也还需时日。受房地产企业资金压力增大、信心不足等因素影响，土地市场供需规模大幅缩量，量价齐跌且跌幅明显。2022年全国房地产开发企业土地购置面积与成交价款同比分别下降53.4%和48.4%。由于开发商拿地不足，2022年可供开工的土地并不充裕。2022年底，在"金融16条"和"三支箭"政策的推进下，12月企业拿地积极性有所回暖，但与2019年仍差距较大。

竣工端在"保交楼"政策的持续发力下，从2022年7月房屋竣工面积探底之后有所回升，直到2023年持续保持正增长（见图1-11）。尽管近期地产支持政策持续加码，但从基本面数据来看，行业仍待进一步修复。

3. 行业可持续复苏仍有难点

房地产市场销售量高点已过，未来总量下台阶是大势所趋。受居民收入预期的不确定等因素影响，此轮市场触底时间可能较长，目前需要防范市场调整失速，当前稳市场仍存在以下几个难点。

第一，房企个体风险未完全解除，市场需求的预期仍然不稳，制约市场信心恢复。近期仍有规模房企被爆出存在债务违约以及烂尾楼

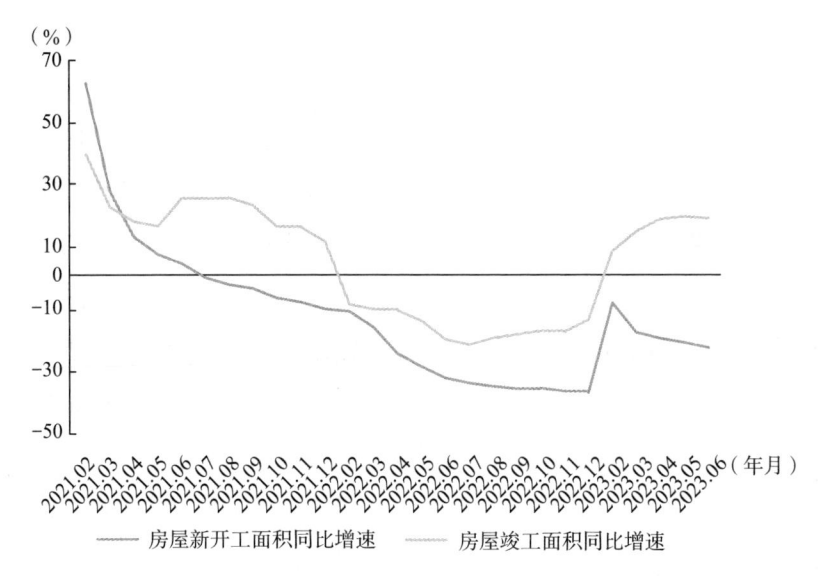

图1-11　2021年2月—2023年6月房屋新开工面积和竣工面积同比增速变化

资料来源：国家统计局，作者整理。

问题，市场存在避险情绪。由于人们担心交付问题，信心不足，观望气氛浓厚。现房卖得比预售房好，国企开发的商品房卖得比民企的好，充分说明了大家的这种心理。

第二，人口及收入预期是房地产市场活跃最大的制约因素。近年来市场需求以刚改、刚需为主，而三年疫情导致经济增速下降，失业率上升，很大一部分需求群体受到失业、减薪的影响，居民可支配收入和长期收入预期下滑，抑制其购房的能力和意愿。根据克而瑞的问卷调查，收入降低是居民不买房的主要原因。近五年，居民中长期贷款屡创新低，也跟居民收入预期不稳，不敢加杠杆有一定关系。这部分群体的需求还在，但是购房的意愿在下降、需求的释放在推迟。

第三，2023年行业现金流仍面临挑战。虽然各项政策利好层层加码，国内外融资环境都有所松动和改善，但房企在2023年面临的偿债压力仍然不容小觑。根据中国指数研究院的数据，2023年房企到期信用债及海外债合计9 579.6亿元，相比上年多700亿元，房企偿债规模有增无减，其中信用债占比为65.9%，海外债占比为34.1%。在融资性现金流上，金融机构对房企信用债风险偏好的修复是比较漫长的过程，尤其是海外融资渠道的恢复。而需求市场的低迷，影响房企经营性现金流的改善，进而影响再生产意愿和能力。

第四，民营开发企业依然受困于流动性危机。由于2022年四季度出台的"金融16条"和"三支箭"等房地产行业支持政策落地性不强，多数民营房企融资难的问题依然突出，过去是高负债、高杠杆、高周转，现在高负债仍在，但高杠杆和高周转消失了，虽然有部分债务展期，但展期的债务也得还，所以在市场销售持续低迷的情形下，民营房企债务压力丝毫未减。增信问题仍是困扰房企融资的障碍，偿债压力很大，因此反映到前端的土地购置、开发投资、新开工指标等还在下行。

此外，全球经济增长预期放缓，外需增长或出现乏力，受此影响，国内经济支撑或将转向内循环拉动；国际形势极度复杂，也成干扰因素。总体上，在多方因素叠加作用下，房地产市场消费预期短期内难以提振，需求端恢复缓慢。

4.国企在"两个头部"占比大幅上升

本轮市场调整使国企在"两个头部"方面占比大幅上升。一个头部是指头部房企。从市场环境来看，百强企业市场份额从2003年的14.0%提高至2022年的47.5%，20年提升了33.5个百分点，十强企业市场份额从4.6%增加到23.0%。从提升过程看，受本轮多家头部房企债务违约影响，百强企业与十强企业市场份额分别在2021年和2022年出现下降。

其中，国企及混合所有制房企数量占比从2003年的40%下降到

2006年的25%，之后保持稳定，到2022年骤升到76%；相反地，民企数量占比从2003年的63%持续增加到2006年的75%，随后一直稳定在70%以上，2021年下降到40%，2022年下降到24%。

另一个头部是指头部城市，即热点城市。由于热点城市地价高、利润好、竞争激烈，特别考验房企的融资能力。在本轮市场调整中，热点城市主要是大型国企拿地，民企很少。而这一轮地方政府通过增加可售面积比重，大大增加了拿地项目的利润率，可以预期，这两年拿地的房企未来可持续发展的能力更强，未来的市场份额占比也更高。

（二）后市展望

1. 政策方向因城施策以放松为主

2022年12月14日，《扩大内需战略规划纲要（2022—2035年）》提出要促进居住消费健康发展，次日，国务院副总理刘鹤重申房地产是国民经济的支柱产业，并表示"正在考虑新的举措，努力改善行业的资产负债状况，引导市场预期和信心回暖"。2022年1月，全国住房和城乡建设工作会议为当年房地产政策定调，"增信心、防风险、促转型"成为工作重点。预计在市场企稳之前，宽松仍是主流趋势，供需两端稳地产政策仍有继续优化的空间，近期不会出台任何收紧的房地产政策。

需求端政策趋势主要包括以下几点。第一，放松空间仍大，但一线城市全面取消限购有难度。在"因城施策"的基础上，各地的政策支持力度有望进一步加大，以提高市场销售的活跃度和积极性，绝大多数城市的限购和限贷政策有进一步放宽的空间。一线城市在取消局部区域限购、降低购房资质和门槛方面有优化的空间，但全面取消限购有难度。第二，支持租赁、刚需和改善性需求。2022年12月召开的中央经济工作会议提及要因城施策，支持刚性和改善性住房需求，解决好新市民、青年人等的住房问题，探索长租房市场建设。2023年支持这几类住房的需求将是政策的重点，各地在推动合理的改善性和刚性需求购房方面，也还有进一步降低成本的空间。例如，降低贷款利率、降低交易税费等。

供给端政策趋势主要包括以下几点。第一，全面落实"保交楼"是2023年各项工作的重中之重，也将是房地产政策出台的重要着力点之一。通过解决期房交付问题，有助于提振市场情绪，稳住购房者信心，引导房地产市场底部修复。第二，预售制改革与预售资金监管完善和加强。从保护购房者合法权益出发，推进期房预售制改革，例如，提高预售门槛、调整购房付款模式等，有条件的城市会试点现房销售机制。第三，全面落实"金融16条"。改善行业资产负债情况是供给端政策的重点，全面落实"金融16条"对于缓解企业资金压力，稳定市场主体预期非常重要。第四，公募REITs扩容。根据证监会相关意见，将会加快打造REITs市场的保障性租赁住房板块，推动试点范围拓展到市场化的长租房及商业不动产等领域，这是今年公募REITs发展的重点内容。第五，调整土地招拍挂"两集中"政策。坚持在"房住不炒"前提下，各地因地制宜调整供地政策，以缓解土地市场交易持续低迷的情况。

2. 市场回暖分化且总量下台阶

未来城市与区域之间差异将愈加明显，人口持续流入的高能级城市房地产机会仍在。在取消限制性政策的情况下，一线城市和核心的二线城市基本面好，有比较强的产业基础和人口流入，购房需求大，有着较强的支撑面。根据中国指数研究院的数据，2022年，一线城市住宅销售面积同比下降23.7%，降幅为各线城市最小，韧性相对较足。在市场回暖时，预计这类城市仍将率先企稳回升，后续为热点二线城市核心区域回升。人口持续流出、收入增长放缓的三、四线及以下城市的回暖会相对缓慢，部分热点城市市场有望逐渐企稳恢复，这取决于不同城市的经济水平、政策着力点和施政效率。

行业利好政策或是地方调控放松的扶持性政策出台，主要目的在于稳定并引导恢复市场信心，以进一步促进房地产行业的健康发展和良性循环。在坚持"房住不炒"原则下，维持房价平稳的调控基调不会变，不存在房价快速、大幅上涨的政策基础。2019年之后，房价基本维持箱式震荡。

一、二、三线城市的价格将持续分化。即使在市场处于下行期时，一线城市的新建商品房住宅价格在2022年9月之前一直呈现上涨趋势，而二、三线城市在2021年9月之后房价就持续下跌。一线城市和核心的二线城市中长期房价会持续上涨，但是在调控的主基调上不会出现短期内大幅上涨的局面，当短期内行业出现调整时，这些城市的房价会比较坚挺，大幅度下降的可能性比较小。弱二线城市和三、四线城市，通常产业不强，很多城市都出现了人口外流，支撑房价上涨的基础不牢固，后续可能涨幅乏力。

不容忽视的是，经历20多年市场快速增长之后，房地产市场客观上进入总量下台阶的新阶段。因为支撑房地产市场快速增长的住房制度改革释放市场需求的红利、城镇人口和劳动力占比提高的红利、经济高速增长的红利、货币超发的红利均已大幅减弱，如2022年城镇新增常住人口只有646万人，占2021年新增常住人口的53.6%左右。我们预测，如果不考虑外部经济环境的影响，未来五年新建商品房销售面积年均在12亿平方米左右，其中住宅约为10亿平方米。当然，这一潜在需求是否能够充分释放，仍然取决于外部经济环境，特别是人们对就业和收入的预期。

3. 改善性需求是稳市场的重要方面

满足合理的改善性需求，是中国下一步稳定房地产市场、扩大内需的重要方面。目前中国住房的需求分为三大块：新增人口城镇化所带来的需求、更新的需求（拆迁）、改善性需求，其中改善性需求占比提高最快，最具消费支持潜力，也是有支付能力群体置换资产的重点所在。贝壳研究院统计数据显示，重点50城改善购房占比由2020年的26%提高到2022年的30%，且大部分一、二线城市改善性需求更大。目前，一些城市已经出台了支持改善性需求的政策，但仍有进一步降低改善性需求门槛的空间。例如，加大差别化住房信贷政策实施力度，降低二套首付比例、取消"认房又认贷"，进一步降低贷款利率、松绑限售等措施。尤其是一线及核心二线城市调控政策的放松和优化，对于带动市场活跃度企稳回升、市场信心的恢复能起到非常积极的推动作用。

4. 房企发展向新模式转型

此轮市场调整充分暴露出部分房企过去罔顾房地产市场调控的大趋势和基本的商业逻辑，忽视"拿高价地、融高息钱"的风险，尝到了通过将杠杆加到极致的方法来追求企业规模所带来的苦果。也显示出高房价支撑下房地产企业"三高"开发模式难以持续。

中央经济工作会议要求2023年房地产行业要向新发展模式平稳过渡，比上一年首提探索新发展模式的要求更进一步。2023年2月15日，《求是》杂志发表了习近平总书记的《当前经济工作的几个重大问题》，文章强调：要坚持房子是用来住的、不是用来炒的定位，深入研判房地产市场供求关系和城镇化格局等重大趋势性、结构性变化，抓紧研究中长期治本之策，消除多年来"高负债、高杠杆、高周转"发展模式弊端，推动房地产行业向新发展模式平稳过渡。

对于房地产企业来说，新发展模式探索包括四个方面，即开发模式从高杠杆、高负债、高周转向轻重并举的开发运营服务一体化转型，从单纯的增量开发向增加存量更新转型，融资模式从高负债向股债多元模式转型，目标模式从追求规模和速度扩张向品牌、品质提升方向转型，只有全心全意围绕需求实现高质量供给才能稳步发展。

第二章

房地产行业波动回顾：2008 年和 2014 年

从 1998 年城镇住房制度改革以来，我国房地产市场经历了几次周期性波动。本章主要回顾了 2008 年和 2014 年两次大波动的背景原因、政府采取的调控措施和实施效果，并和本轮波动进行比较，可以清楚地看到目前的房地产市场从政府调控的逻辑、人口红利、货币政策、经济发展阶段以及市场需求规模和结构等方面已经发生根本性变化，房地产行业也在从成长期向成熟期过渡，房地产企业旧的发展模式已难以适应目前以及未来的环境，转型发展势在必行。

一、2008 年房地产行业震荡

2008 年房地产市场的调整，主因是全球金融危机导致国内外经济大幅下滑，同时中国房地产市场经过近十年的快速发展，本身也有调整的需要，特别是房地产行业要健康发展，必须挤出体内过多的泡沫。

（一）国际形势和国内调控综合作用的结果

1. 外部环境：金融危机导致经济大幅下滑

2008年是国际和国内宏观经济走势大幅变化的一年，特别是爆发于2007年夏天的美国次贷危机在进入2008年后不断升级、扩散，并演变成金融危机，给我国经济带来了严重冲击。全球金融危机之前，全球经济增长震荡上行，2001—2007年全球GDP（国内生产总值）实际同比增速由2.5%上升到5.7%。受金融危机的影响，2008年和2009年全球GDP实际同比增速分别下降到3%和0。

2007年，我国对外贸易依存度高达60%，大量就业与外贸直接相关。由于美国次贷危机的影响持续发酵并在全球范围内扩散，直接影响了我国的外贸出口，导致我国出口增速由危机前的高于20%骤降为负，GDP增速由2007年的11.9%下滑至2009年一季度的6.2%。城镇居民的人均可支配收入也受到影响，增速由2007年一季度的最高峰16.6%一路下降到2008年二季度的6.3%（见图2-1）。

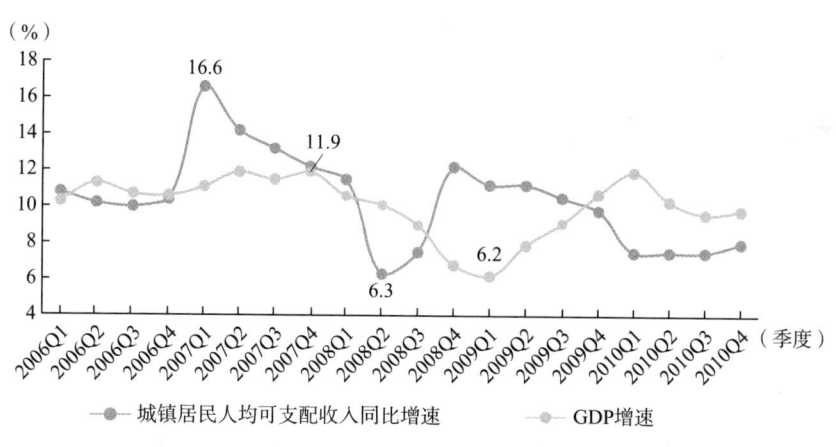

图2-1　2006年一季度—2010年四季度GDP增速和
城镇居民人均可支配收入同比增速

资料来源：国家统计局，作者整理。

作为固定资产投资的"大权重"行业,房地产行业的起伏与宏观经济周期高度正相关。经济形势总体偏弱极大地影响了房地产市场的需求,全国市场成交量普遍大幅下滑。

2. 内部政策:调控政策抑制了部分购房需求

2007年我国房地产开发投资速度明显加快,全年房地产开发投资25 280亿元,比上年增长30.2%,增速同比上升8.4个百分点,远高于其他行业的投资增速,新建商品房销售价格从4月的5.3%一路攀升到11月的12.2%。为了有效遏制房价上涨过快,政府频频出台调控政策,主要包括连续加息及二套房贷政策。

二套房贷新政主要抑制了投机需求,但部分投资型、改善型购房行为同时也受到了影响。2007年9月27日,央行等部门出台了二套房贷政策,首次明确二套及以上住房的首付比例不得低于40%。这一政策对市场投机需求产生了明显的抑制效果,但部分投资型、改善型购房行为同时被波及。中国指数研究院的一项年度抽样调查结果表明:2008年中国部分大中城市自住型购房比例平均达到81.3%,而2006年、2007年该比例分别为75.0%和70.1%,可见2007年投资投机型需求较大,在一、二线城市更甚,甚至形成了某种程度的房地产泡沫。受全球金融危机影响,2008年投资投机型购房套数比2007年下降超过四成。

连续加息大幅提高了购房成本,也对需求造成了一定的挤出效应。2007年,贷款基准利率上调了6次,从6.39%上调到7.47%。由于连续上调存款准备金率以及加息之后市场的贷款利率迅速上升,房贷利率从2007年基准利率的0.7倍上涨到基准利率的1.15倍,市场的流动性也迅速收紧。在这种背景之下,购房的成本增加,房贷门槛加高,部分群体的购房意愿降低。

自2008年一季度新房贷政策正式实施,加上从紧的货币政策和对后续政策出台的预期,居民对购房持谨慎态度。经央行调查,居民的购房意愿在2008年四季度降至十年来的最低水平13.3%。1—12月,定金及预付款和个人按揭贷款首次出现负增长,分别为-12.9%和-29.7%,说明消费者的实际购房行为已经大幅下挫。

3. 市场特征:楼市量价齐跌,库存迅速累积

受金融危机和国内调控政策等因素的影响,市场的交易量迅速收缩。2008年,全国商品房销售面积约为6.6亿平方米,同比下降约14.7%(见图2-2)。从全国各地的情况来看,不同地域的成交量均有萎缩,大中城市萎缩更为严重,同比降幅甚至超过50%。

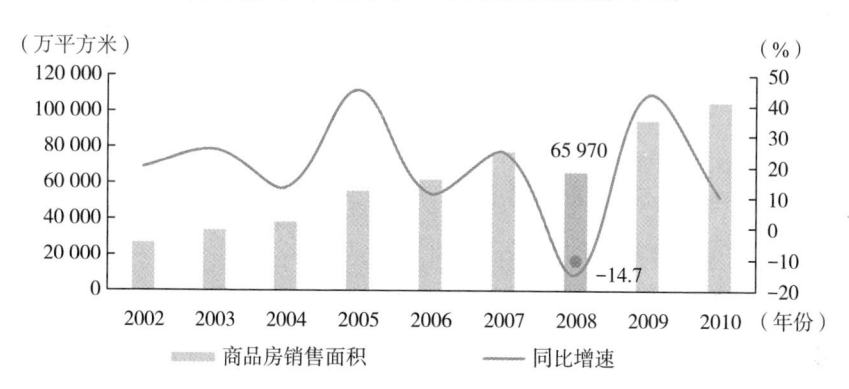

图2-2 2002—2010年商品房销售面积及同比增速

资料来源:国家发展改革委,国家统计局,作者整理。

2018年8月是房价下降的一个重要时点,从该月开始全国70个大中城市房价连续七个月环比下降,而且下降的城市数量不断增加,到12月,全国70个大中城市新建住房销售价格环比下降的有50个,二手房销售价格环比下降的达到52个。

销量大幅下滑也导致了库存的迅速累积,全国商品房已开工未售

库存由2007年12月末的9.6亿平方米，上升至2009年6月末的13.1亿平方米，累计上涨36%；去化月数由2007年12月末的11.6个月上升至2008年8月末的24.7个月。

无论从同比、环比、成交量任何一个参数来看，2008年的房地产市场都结束了之前的单边上涨态势。衡量房地产市场的权威指标"国房景气指数"，自2007年11月起连续回落，到2008年10月下降到100以下，12月更是下降到96.46。

（二）三大政策从供需两端积极救市

房地产从2008年下半年开始走低之后，中央和各地方政府出台了密集的救市政策，通过实行积极的财政政策和适度宽松的信贷、货币政策，从供需两端刺激市场回暖。

1. 加大对自住型和改善型住房的信贷支持力度

自住型住房贷款利率实行七折优惠，降低贷款首付比。央行决定自2008年10月27日起，将商业性个人住房贷款利率的下限降至基准利率的0.7倍，最低首付款比例下调至20%。个人住房公积金贷款利率、各档次利率均下调了0.27个百分点。

2. 降低住房交易的税收负担

2008年10月，财政部、国家税务总局发文，提出"对个人首次购买90平方米及以下普通住房的，契税税率暂统一下调到1%""对个人销售或购买住房暂免征收印花税""对个人销售住房暂免征收土地增值税"。

3. 实行宽松的货币政策

2008年9—12月，央行四次降准五次降息，其间五年以上贷款基准利率从7.74%降至5.94%，大型金融机构调低法定存款准备金率两个百分点。2009年5月，国务院调整保障性住房和普通商品住房项目的最低资本金比例至20%，其他房地产开发项目的最低资本金比例为30%。

除以上金融和税收政策对房地产行业的直接支持外，国家还出台了"四万亿计划"，其中保障性住房投向的预算约为4 000亿元。"四万亿计划"拉动中国经济增速探底回升，GDP增速由2009年一季度的6.4%回升至2009年三季度的10.6%，2010年一季度达到12.2%。

（三）宽松政策下市场快速复苏

从市场表现来看，政策的放松很快得到了市场的回应。随着2008年9月央行开启降准降息、10月出台信贷支持政策，12月商品房销售面积增速开始出现拐点，到2009年3月，商品房销售面积单月及累计同比均转增，价格也出现了较大幅度上涨（见图2-3）。此轮房地产迅速走出低谷的根本原因在于，金融危机并未导致需求的消失，而仅仅是延缓，随着政策及流动性的放松，此前积累的需求加速释放。到2009年6月，银监会收紧"二套房贷"认定标准；2009年12月，国务院常务会议上"国四条"的出台，标志着本轮房地产宽松调控周期结束。

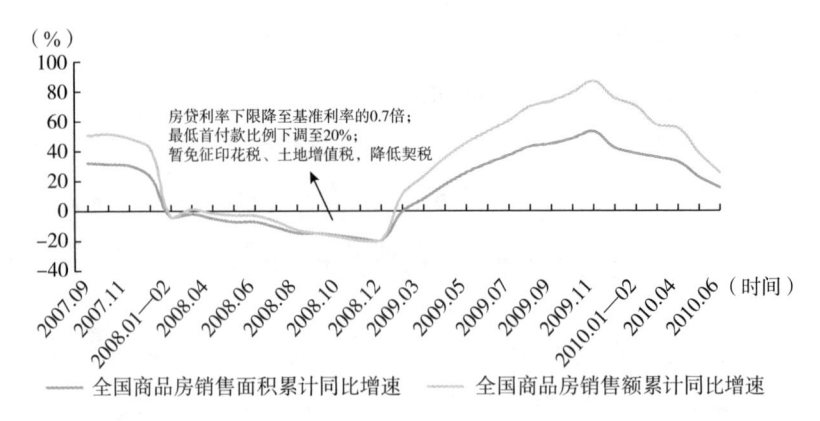

图 2-3　2007 年 9 月—2010 年 6 月全国商品房销售面积及销售额累计同比增速

资料来源：国家统计局，作者整理。

二、2014 年房地产行业库存危机

2014 年房地产行业库存危机的产生，主要是房地产市场高速增长带来供给的大幅增加，加之受经济下行及其他宏观层面因素的影响，人们购房能力和购房预期下降带来需求端的回落，从而造成供给侧的高库存。

（一）经济下行中需求回落与供给增长的失衡

1. 房地产市场高速增长带来供给的大幅增加

多年来全国房地产投资、施工、竣工面积等保持高速增长，市场的新增供应大幅增加。尤其在 2009 年之后，各地政府纷纷加大对土地出让的规划，而房地产开发企业也积极扩张。2010—2013 年，全国房地产开发施工面积增速高于同期的商品房销售面积增速。2011—2013 年，涉宅地块成交面积与开工面积的差额为 22 亿平方米，住宅累计开工未售面积也达到了 11.2 亿平方米，库存水平快速攀升。

2. 经济下行的行情下总体需求逐渐放缓

经济增长和城镇化率双双进入降速阶段。2011年之后，中国经济逐渐进入"三期叠加"的新常态，GDP增速逐年降低，2014年GDP增速为7.4%，已经创下当时的新低。城镇化率在快速上升到2010年的49.7%后，增速也开始逐步放缓，2014年城镇化率提升速度为1.06%，为2007—2017年的最低水平（见图2-4）。

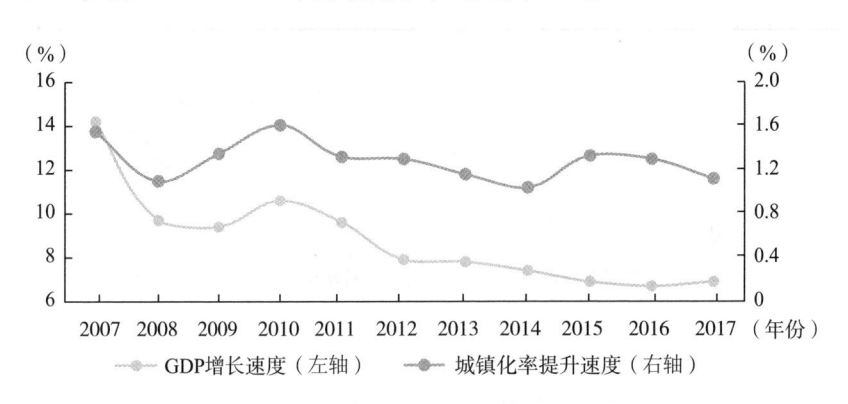

图2-4 2007—2017年GDP增长速度和城镇化率提升速度

资料来源：国家统计局，作者整理。

住房信贷利率上升降低了居民购买力。2011年开始收回2008年宽松的货币政策，央行连续上调存贷款基准利率和存款准备金率，导致货币流通减少，社会平均利率水平提高。住房信贷利率方面，商业银行普遍停止了个人贷款的利率优惠，个人贷款利率基本上按基准利率上浮10%执行，导致购房者购买力开始下降。

一边是住房市场供给的高速增长，另一边是需求增速减缓，销售走弱，消化速度慢于供给速度，房地产市场库存积累因此不断增加。国家统计局数据显示，自2012年4月至2016年2月的47个月间，全国商品房待售面积仅在2015年5月出现微降，截至2016年2月，全国待售商品房面积达到最高值，为7.4亿平方米，与2012年3月的最低值相比，增长了146%（见图2-5）。

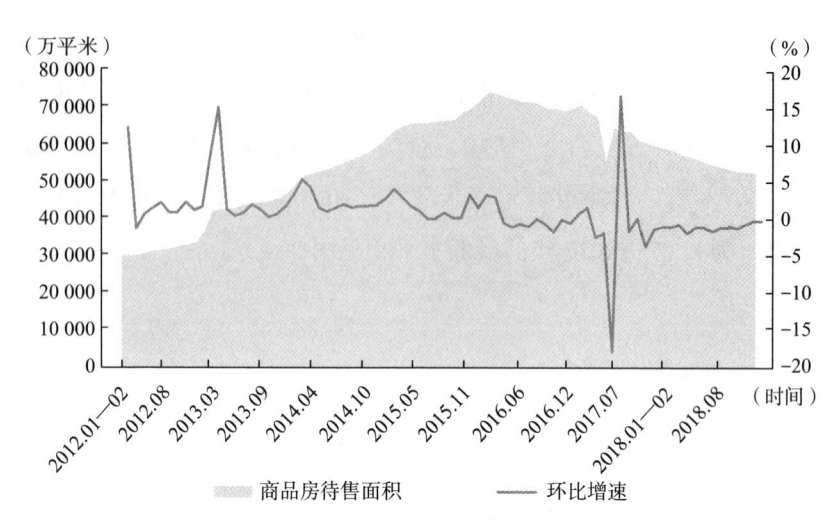

图2-5　2012年2月—2018年8月全国商品房待售面积及环比增速

资料来源：国家统计局，作者整理。

但从区域上看，库存问题存在结构性差异，三、四线城市较严重，而一线城市甚至还呈供不应求的局面。

（二）三大政策刺激需求的释放

1. 取消限购政策

在"高库存"的压力下，之前实施限购政策的热点城市开始密集放开限购，从2014年6月末呼和浩特第一个正式发文取消限购开始，地方政策调整进入新的阶段，截至2014年10月7日，三亚宣布取消限购之后，全国执行限购的城市就只剩下北上广深这四座一线城市。

2. 推出金融支持政策

2014年9月，央行、银监会发布《关于进一步做好住房金融服务工作的通知》(以下简称《通知》),即"930新政",涉及认贷不认房、加大对保障房金融支持、支持居民合理住房贷款需求等多项政策。新政的执行是限贷政策的一次重要松绑。

(1) 大幅放松二套房贷认定标准

将"认房又认贷"改为"认贷不认房",二套房贷认定标准大幅放松。《通知》提出,"对拥有一套住房并已结清相应购房贷款的家庭,为改善居住条件再次申请贷款购买普通商品住房,银行业金融机构执行首套房贷款政策。在已取消或未实施'限购'措施的城市,对拥有两套及以上住房并已结清相应购房贷款的家庭,又申请贷款购买住房,银行业金融机构应根据借款人偿付能力、信用状况等因素审慎把握并具体确定首付款比例和贷款利率水平"。认贷不认房政策极大地释放了购买二套房以及"一卖一买"换房群体的购买力。

(2) 降低首付比例及降准降息

降低首套及二套房的最低首付比,贷款利率下限为贷款基准利率的0.7倍。《通知》提出积极支持居民家庭合理的住房贷款需求,对于贷款购买首套普通自住房的家庭,贷款最低首付款比例为30%,贷款利率下限为贷款基准利率的0.7倍。2015年3月,政策放松进一步加码,央行、住建部、银监会发出《关于个人住房贷款政策有关问题的通知》,提出降低商贷二套房首付比例至40%;公积金购买首套自住房首付最低为20%,公积金购买第二套房首付最低为30%。8月,进一步降低二套房的公积金首付比例至20%。

降准降息,力促市场消费。货币信贷政策方面,中央多次降息降准,坚持以稳健的货币政策化解房地产库存。2014年11月至2016年3月五次降准六次降息,五年以上贷款基准利率由6.15%调整至

4.9%，五年以上公积金贷款利率降至 3.25%，均处于历史低点，降准降息释放了大量流动性。房地产短期看金融，首付比例和贷款利率直接决定购房意愿和购买力，货币宽松叠加低首付比和低利率，购房需求迅速释放。

3. 推进棚改货币化安置

2015 年 6 月，国务院发文提出实施棚改三年计划，计划改造住房 1 800 万套，8 月，住建部、国家开发银行要求各地区按照原则上不低于 50% 的比例确定棚改货币化安置目标，并对货币化安置项目加大贷款支持力度。2015—2018 年，政府购买服务模式与以 PSL 为主的棚改贷款紧密配合，PSL 利率较长期贷款利率平均下浮 40% 左右，部分 PSL 期限长达 25 年，大力支持了棚改货币化。截至 2018 年底，PSL 余额规模高达 3.5 万亿元。2015 年全面棚改货币化后，棚改货币化增量对房地产销售面积拉动量明显提升，2015—2018 年，年均实际开工超过 600 万套（见图 2-6）。据中国指数研究院测算，2016—2018 年棚改货币化安置拉动销售面积占商品住宅实际销售面积的比例分别为 8.55%、13.15% 和 16.16%。

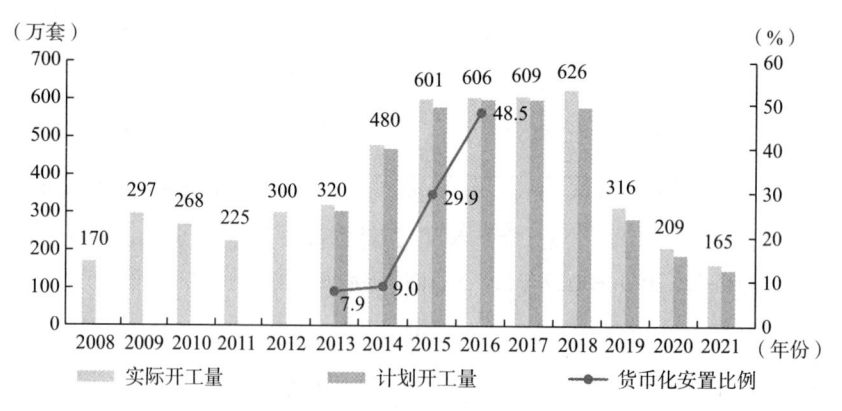

图 2-6　2008—2021 年全国棚改实际开工量、计划开工量及货币化安置比例走势

资料来源：国家统计局，中国指数研究院。

（三）去库存效果显著的同时房价高企

从数据上看，去库存的效果无疑是显著的。2015年3月的"330新政"落地后，房地产市场开始出现全面复苏迹象，一、二、三线城市销售面积和价格同比增速均开始上扬。2016年初，全国商品房待售面积（竣工未售）一直在下降，截至2018年末，商品房待售面积为52 414万平方米，同比跌幅大约为11%。

一系列强刺激去库存政策效果明显，但同时房价上涨从一线城市开始，逐年传导到其他层级城市。二、三、四、五线城市房价及楼面地价从2016年至2017年开始大幅上升。全国各线城市房价普遍在不同时间段中，用了一年到一年半的时间翻了一番（见图2-7）。

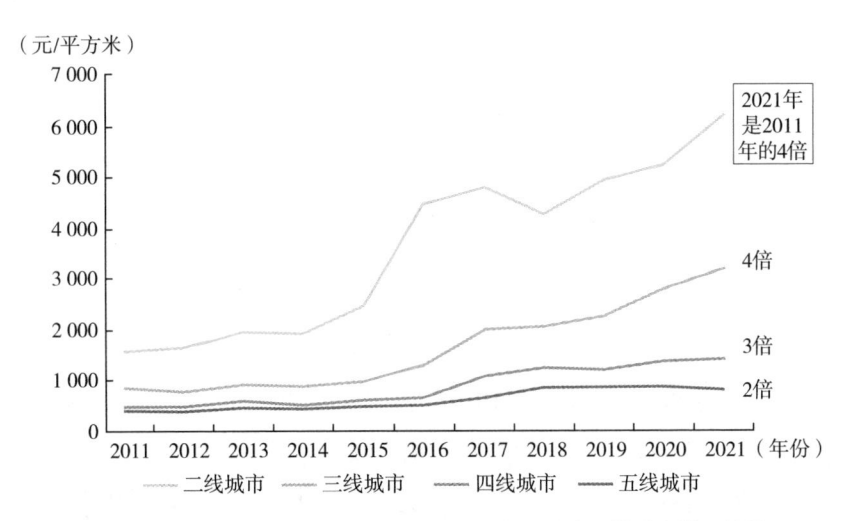

图2-7　2011—2021年二、三、四、五线城市住宅用地成交楼面地价

资料来源：Wind。

三、比较与启示

（一）三轮周期的因果均不相同

三轮周期中房地产市场均呈现出量价齐跌的特征。商品房销售面积同比增速和价格同比涨幅增速均到了同期的底部（见图 2-8）。

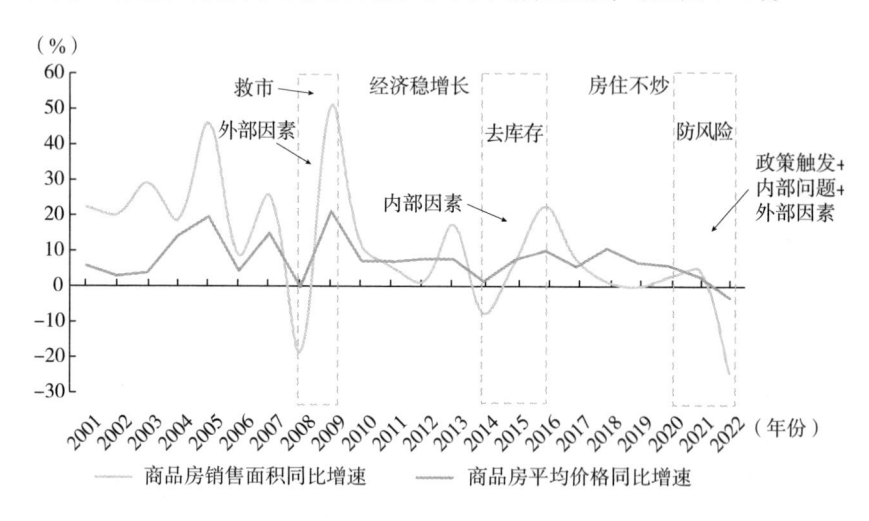

图 2-8　2001—2022 年全国商品房销售面积增速及平均价格同比增速
资料来源：国家统计局，作者整理。

三次波动都产生于我国经济的下行期，但引起经济下行的原因不同。2008 年的下行主要是外因，即美国次贷危机引发的全球金融危机波及我国，使得 GDP 增速从上一年的 14.2% 骤降至 9.7%。2014 的经济下行主要是内因，我国经济开始步入"三期叠加"的新常态，7.4% 的 GDP 增速是 1991 年之后的最低值。而此次的经济下行既有内因也有外因，还有强有力的从严调控政策，即中国经济处于下行压力的阶段叠加新冠疫情的影响，虽然 2021 年一季度的 GDP 增速高达 18.3%，但这仅是在稳增长政策基调下的短暂反弹，随后增速掉转向下，2022

年二季度增速仅为 0.4%（见图 2-9）。

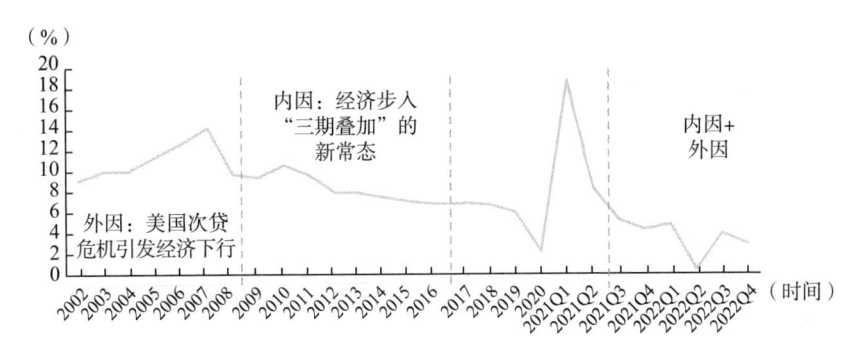

图 2-9　2002—2022 年四季度我国 GDP 增速

资料来源：国家统计局，作者整理。

救市政策实施的目的和力度有差异，起效的传导周期越来越长。2008 年，行业在政策刺激下迅速进行了 V 形反转，其主要原因，一是政策实施的目的是救市，力度较大，包括出台了"四万亿计划"以刺激经济的增长；二是当时我国城镇化仍处于加速发展阶段，催生了大量房地产市场需求，叠加货币供应量高位等因素，使得房地产行业迅速回暖。2014 年，政策实施的目的主要是去库存，取消限购、放松二套房贷认定标准和棚改货币化等措施大幅刺激了需求的释放。而本轮调控是在我国房地产市场的历史欠账基本完成，而房价还处于高位的环境下，在坚持"房住不炒""不把房地产作为短期刺激经济的手段""解决好大城市住房突出问题"等基本原则，支持刚性住房需求和改善性住房需求，防范投机类需求的基本红线下实施的。因此政策放松的条件较为谨慎，且主要通过因城施策的方式落实，短期重在稳地产，长期重在促进行业良性循环，政策起效速度相对较慢。

（二）目前房地产市场环境发生根本性转变

经过 20 多年的繁荣发展，目前的房地产市场从政策调控的逻辑、人口红利、货币政策、经济发展阶段以及市场需求规模和结构等方面已经发生根本性的转变。

1. 政策调控逻辑发生深刻变革

一是推动全体居民住有所居。从党的十八大提出"提高保障和改善民生水平，加快住房制度改革和长效机制建设"，到党的十九大强调"房子是用来住的，不是用来炒的"，房地产的民生属性逐渐被强调。2018 年和 2019 年的中央经济工作会议，对房地产的表述被放在改善民生的工作大项之下。2020 年，房地产被单独列为次年的重点工作之一，但会议同时表示，"住房问题关系民生福祉"。党的二十大报告重申了这一点，并且报告中提出的未来五年住房制度改革和十九大的思路一脉相承。各种信号预示着房地产行业的发展逻辑已经发生了巨大变化。

二是房地产行业要去杠杆、去金融化。一方面房地产行业里金融的比重越来越大，企业通过不断加杠杆来扩大规模，增强了行业的金融属性；另一方面社会资本、金融机构投入在房地产行业的相关业务比例不断增长。中国银保监会主席郭树清称，房地产泡沫是威胁金融安全最大的"灰犀牛"，房地产行业去杠杆对于经济金融稳定和风险防范具有重要的系统性影响。"三条红线"和"两集中"则是落实行业防风险、降杠杆的具体举措。

三是房地产行业要与实体经济均衡发展。随着我国经济增长步入新常态，经济增长越发需要新动能，而技术创新是推动经济增长的根本动力。因此需要避免金融资源过度向房地产倾斜，避免社会资源配置不合理，促进房地产行业与实体经济均衡发展。

四是调控方式由"全国一盘棋"细化到因城施策。2008年、2014年的房地产政策由中央主导。无论是2008年的"四万亿计划"，还是2014—2016年的信贷宽松政策、棚改三年攻坚计划，都是从中央层面推动的。而在现行"因城施策"的框架下，调控主导权由中央下放到地方，各城市的市场分化也倒逼着房地产调控政策要更加精细化。

2. 支持中国房地产行业快速发展的四大红利正在改变

（1）政策红利的变化

1998年城镇住房制度改革，停止福利分房，城镇居民的住房解决从"找单位"变为"找市场"，被压抑了几十年的住房自我改善需求得到极大释放，公房改革奠定了原居民住房改善的物质基础。2000年城镇家庭户居住在购买原公有住房中的比例为29%，2020年减少为6%。2020年居住在购买新建商品住房中的家庭户数是2000年的12倍。除了居住在原公有住房的家庭换房，同期城镇新增的1.8亿家庭户，绝大多数也需要通过市场购买住房，这个制度改革红利是巨大的。2016年中央经济工作会议提出"房住不炒"的长期定位，2019年7月30日中共中央政治局会议提出"不将房地产作为短期刺激经济的手段"，2020年12月中央经济工作会议提出"解决好大城市住房突出问题"，各地采取的房地产市场调控政策中限购、限贷、限价、限售是最主要措施，投资投机性需求受到遏制。同时，中央和地方政府也在着力完善住房保障体系，特别是提出租购并举，加大公租房和保障性租赁住房供给，满足新市民和年轻人的住房需求。截至目前，由城镇住房制度改革而产生的市场购房需求红利基本释放完毕。2021年之后，房地产企业融资在政策层面也开始受到极大管制。

（2）人口红利的变化

城镇人口是影响房地产行业长期发展的重要因素。目前，我国人口结构正在发生变化，一是劳动年龄人口总量和占比在2012年前后达到顶峰，之后连续双降（见表2-1）。

表2-1 中国劳动年龄人口规模和比重

年份	劳动年龄人口规模（亿人）	劳动年龄人口比重（%）	年份	劳动年龄人口规模（亿人）	劳动年龄人口比重（%）
1999	8.52	67.70	2010	9.98	74.53
2000	8.89	70.15	2011	10.03	74.43
2001	8.98	70.40	2012	10.04	74.15
2002	9.03	70.30	2013	10.06	73.92
2003	9.10	70.40	2014	10.05	73.45
2004	9.22	70.92	2015	10.04	73.01
2005	9.42	71.04	2016	10.03	72.51
2006	9.51	72.32	2017	9.98	71.82
2007	9.58	72.53	2018	9.94	71.20
2008	9.67	72.80	2019	9.89	70.65
2009	9.75	73.05	2020	9.68	68.55

资料来源：童玉芬，刘志丽，宫倩楠．从七普数据看中国劳动力人口的变动[J]．人口研究，2021，45（3）：65-74.

二是城镇新增人口增量下降的变化。城镇化加速带来的住房需求是支撑过去房地产市场发展的最重要因素。2008—2022年中国城镇化率从46.99%提高到65.22%，已经非常接近中高收入经济体的66.6%，新增常住人口35 858万人。扣除原城镇居民住房改善的因素，2011—2020年由城镇化带来人口增长的住房需求占商品住房销售面积的60%左右。然而，从2019年开始，新增城镇常住人口少于2 000

万人，2022年仅新增646万人。未来我国城镇化率进一步提升的空间有限，且剩余的农村人口转入城镇的难度也在加大，城镇人口增量或将持续走低。城市发展的重点也将不再是单纯的人口规模扩张，而是会更多关注城市的生活品质、舒适度、产城的融合度等，建设高品质的城市和乡村。

尽管二孩、三孩政策接连落地，但出生率仍然下滑严重。2012年，全国出生人口1 973万人，出生率为14.57‰，皆创2001年以来新高。2022年，全国出生人口骤降至956万人，较2012年出生人口峰值减少1 017万人，出生率跌至6.77‰，较2012年出生率峰值减少7.8个千分点。

（3）货币红利的变化

M2（广义货币）低速增长，继续加杠杆的空间显著受限。房地产行业是资本密集型行业，对货币流动充裕较为敏感，市场与M2变化呈正相关关系。从M2供应量来看，在2017之前，我国M2以两位数速度增长，2009年11月达到最高值29.7%，之后一路震荡下行，2017年之后，M2同比增速基本上不超过12%。中央也确立了不搞大水漫灌的货币政策总基调，房地产行业发展的货币环境开始发生变化。

企业的高负债融资模式难以维系。从房地产开发企业融资情况来看，房地产新增贷款占比自2016年达到顶峰之后呈下行趋势。2020年限制房企扩张的"三条红线"和实施银行房地产贷款集中度管理政策后，房地产企业高负债的融资模式再难维系。

居民部门杠杆空间压缩，市场购买力下降。2001年至2022年三季度末，个人住房贷款余额由0.56万亿元大幅提升至38.91万亿元，个人住房贷款占比则由5%逐步提升至18.46%。尤其是自2015年以来，居民按揭贷款政策接连放松，叠加城市房价轮动上涨的正向刺激效应，在很大程度上刺激了居民超前购房消费。居民踊跃加杠杆购房，致使杠杆率持续攀升，中国居民部门的杠杆率是各部门中攀升速度最快的，从2001年的13.2%增长至2022年三季度的62.4%（见图2-10）。但从2017年开始，个人购房贷款余额同比增长率一路下滑，显示出增长动力减弱。

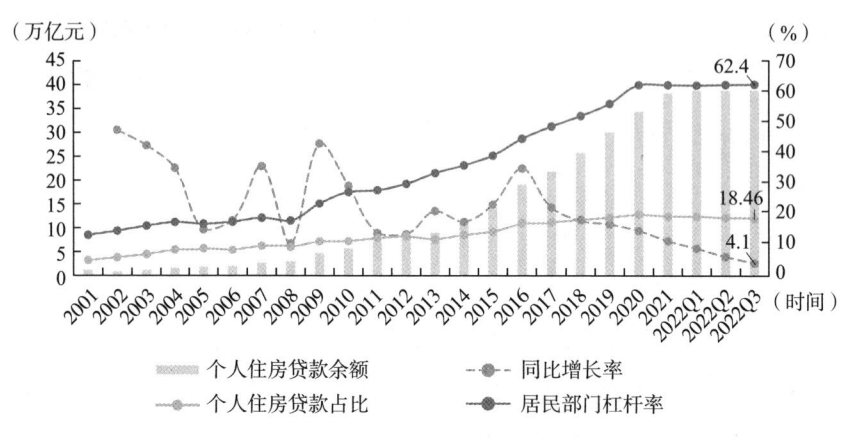

图2-10 2001年至2022年三季度个人购房贷款余额及居民部门杠杆率

资料来源：国家统计局，中国人民银行，作者整理。

（4）经济增长红利的变化

城市经济增长预期是房地产企业在投资过程中需要考虑的重要因素。因为较强的GDP增长预期会提高居民的收入预期，从而提高城镇化速度，带动购房需求。薛宏冰和宋丽丽（2013）的实证研究也证实了房地产投资与经济增长之间存在双向因果的长期影响。在过去，中国经济长期保持年均两位数高速增长的态势，创造了"中国速度"，中国名义GPD在2000—2019年增长了九倍。但随着我国GDP进入个位数增速的"新常态"，房地产行业发展的经济增长红利也将持续减弱。2021年中央经济工作会议提出"经济发展面临需求收缩、供给冲击、预期转弱三重压力",2023年7月中央政治局会议又做出"房地产市场供求关系发生重大变化"的判断,预示着房地产行业将发生趋势性变化。

3. 我国住房水平已经有了很大提升

（1）城镇人均住房面积持续提升

人均住房面积是反映住房状况的最基本指标。根据第七次全国人口普查数据计算，2020年城镇人均住房建筑面积为38.6平方米，2011—2020年年均增加0.83平方米，与1998年人均住房建筑面积为18.7平方米相比，在城镇常住人口增加4.86亿人的情况下，人均住房建筑面积增加了约20平方米，成就很大。其中，2020年城市家庭户人均住房建筑面积为36.52平方米，十年年均增加约0.7平方米；镇家庭户人均住房建筑面积为42.29平方米，十年年均增加约1平方米。另外，2020年乡村家庭户人均住房建筑面积为46.8平方米，十年年均增加约1.5平方米（见图2-11）。

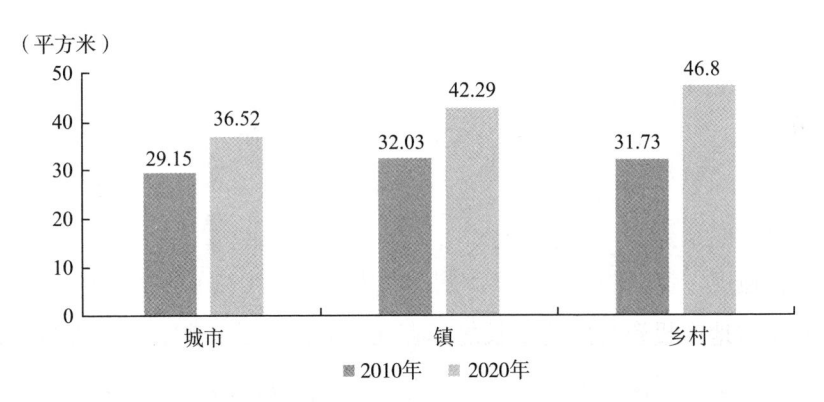

图2-11 2010年和2020年城市、镇、乡村家庭户人均住房建筑面积情况

资料来源：国家统计局第六、第七次全国人口普查数据。

总体看，20多年来，中国城镇住房的发展有力地支撑了快速的城镇化进程，极大地改善了城镇居民的生活条件，成就巨大。

（2）城镇家庭总体实现人均一间房

2020年城镇家庭户人均住房间数由2010年的0.93间增加至1.06间，总体实现了"人均一间房"的居住目标。其中，全国城市家庭户人均住房间数为0.99间，超大城市人均住房间数偏低，如北京、上海、天津城市家庭户人均住房间数分别为0.91间、0.82间、0.88间；全国镇和乡村的家庭户人均住房间数超过一间，分别为1.18间和1.43间。

到2020年我国城市、镇、乡村从总量上基本实现了"分得开、住得下"的住房小康水平，但城市间和家庭间仍有不同程度的差距。

（3）城镇居民住房自有化率十分稳定

住房自有化率是指居住在自有产权住房中的家庭户占所有家庭户的比例，在城镇，反映了居民住房财产的拥有情况。住房自有化率不等于住房私有化率，私有化率代表住房所有权是私人的住房所占比例。根据第七次全国人口普查数据，2020年城镇家庭户居民住房自有化率为74%，租房比例为21%，还有5%以其他方式居住。住房自有化率的计算公式为：住房自有化率=(自建住房+购买商品房+购买二手房+购买经济适用房+购买原公有住房+继承)×家庭户数÷家庭总户数。

2000年、2010年和2020年城镇家庭户住房自有化率分别为74.1%、74.9%和73.8%，其中，城市家庭户住房自有化率在70%左右，镇家庭户住房自有化率在83%左右（见图2-12）。

近20年来城镇居民住房租购结构十分稳定，表明了我国居民家庭的住房偏好，以及产权住房对居民家庭自我保障的意义。

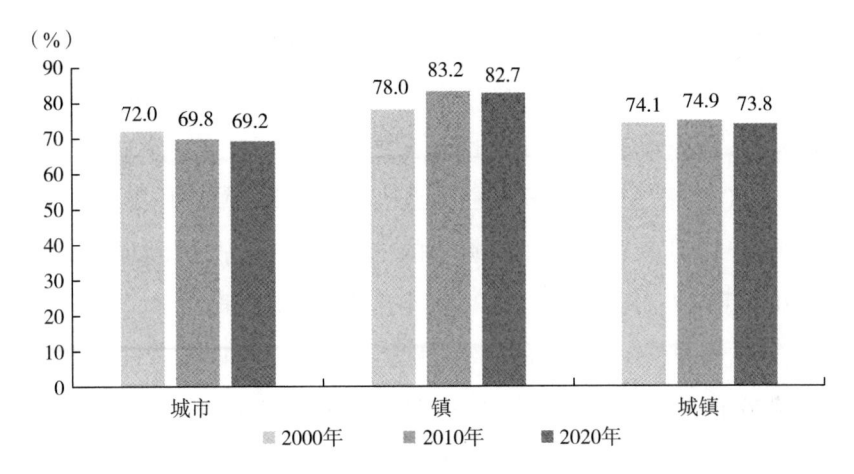

图 2-12　2000 年、2010 年和 2020 年城市、镇和城镇家庭户住房自有化率

资料来源：国家统计局第七次全国人口普查数据。

（4）市场化是解决城镇居民住房问题的主要渠道

2020 年，在城镇居民的住房来源中，城市居民购买新建商品房占比最高，超过 30%，其次为租赁其他住房，占比超过 20%；在镇一级，居民自建住房的占比最高，超过 40%，其次为购买新建商品房，占比超过 20%（见图 2-13）。

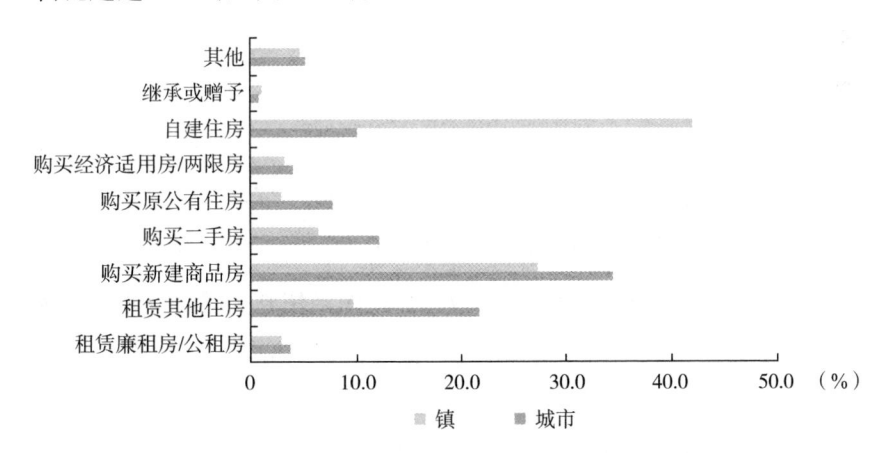

图 2-13　2020 年城市和镇家庭户住房来源结构

资料来源：国家统计局第七次全国人口普查数据。

住房市场化率用来表示以市场化方式解决住房问题的家庭户占比，反映居民居住方式的市场化程度。计算方法为：住房市场化率=（购买商品房+购买二手房+租赁商品房）×家庭户数÷家庭总户数。

近20年来，城镇家庭户主要通过市场化途径解决住房问题，城镇家庭户住房市场化率由2000年的15%逐步提高到2010年的45%和2020年的60%。其中，到2020年，城市、镇家庭户中以市场化方式获得住房占总存量住房的比例分别为68.3%、43.4%。

购买商品住房已经成为解决城镇家庭住房需求的重要途径。未来在新形势下，住房发展将完善住房保障和住房市场两个体系，促进房地产市场平衡健康发展。

（三）环境的转变带来房企经营逻辑的转变

从外部环境上，支撑中国房地产行业快速发展的城镇住房政策红利、人口红利、货币红利、经济增长红利等都在逐渐减弱，高房价支撑的房地产企业的"三高"发展模式难以持续。每一次房地产行业波动以及政策调控，对企业来说都是一次筛选，未来头部企业集中度和区域市场分化更加激烈，对企业的品牌建设、财务运作、产品把控等能力提出更高要求。面对环境的根本改变，房地产企业必须做出调整，从依赖外部红利转向挖掘自身内部的经营管理红利，从规模导向和速度导向的发展模式转向产品力和服务力导向，对投资理念、产品服务、管理能力、业务模式进行改进、优化和拓展。同时企业也要进行自身的管理模式和组织架构调整，以适应和匹配新的发展模式。

从发展阶段上，我国城镇住房目前基本完成补欠账任务，房地产行业将从成长期向成熟期转变。我国城镇住房供给总量并未大幅度超前和过剩。从中长期来看，无论是城镇化带来的人口迁移，还是经济发展带来的原生动力，都决定了房地产行业的未来依然有红利。只要控制好拆迁节奏，稳定好城镇化进程，未来五年商品房年销售面积将仍可稳定在 12 亿平方米左右的较高水平之上，这对稳定房地产市场乃至中国经济增长至关重要。同时，房地产存量的发展机遇也正在到来。我国已经步入城镇化较快发展的中后期，城市发展进入更新阶段，城市建设由大规模增量建设转为存量提质改造和增量结构调整并重。随着经济水平的提高，人们对住宅需求将从"有没有"向"好不好"转变，未来升级改善的需求空间仍大。随着存量时代的到来，房地产企业的业务也将从以往的以销售为主向增加持有运营、增值服务、资产管理等业务转变，这些对房地产开发企业的专业化能力均构成新的挑战。

总之，中国房地产行业发展的外部环境正在发生较大的变化，旧的发展模式已难适应，房地产行业也从成长期向成熟期过渡，房地产企业转型发展势在必行。

第三章

房地产市场调控政策回顾

　　房地产行业健康发展离不开科学的调控政策干预和引导。在房地产市场快速发展的过程中，中央政府和各地政府进行了持续的房地产市场调控，但为尽快实现促经济、稳房价等的目标，采取了各种短期化的行政调控办法，致使房地产市场出现剧烈调整，难以实现健康稳定的长期目标。2017年以来，党中央、国务院提出加快构建房地产长效机制，从土地、财税、金融、住房保障、市场监管等方面构建调控工具箱，结合大中城市房地产市场供需关系差异，推动因城施策、一城一策，努力保持房地产市场平稳健康发展。

一、房地产市场调控历史周期与评析

　　20世纪90年代末以来，城镇国有土地有偿使用、住房分配货币化、房地产贷款等基本制度建立，奠定了房地产市场快速发展的制度基础。在房地产市场快速发展的过程中，为服务经济社会发展大局、保障城镇居民居住权益，房地产市场调控政策持续调整。房地产市场调控手段也由注重行政政策调控转向需求端管控与供给侧引导并重。

（一）服务经济社会发展大局相机决策

中国自1998年全面停止福利分房后，逐步实行住房分配货币化，房地产行业快速发展，对经济增长的贡献不断提升。之后服务于经济社会发展大局，伴随经济增速和房价波动，房地产市场调控政策既要发挥房地产行业的经济拉动作用，又要抑制房价过快上涨，解决城镇中低收入家庭住房问题。因而，房地产市场调控政策在"稳增长、保经济"与"控房价、保民生"目标间进行"收紧—放松"的周期性调整（见图3-1）。

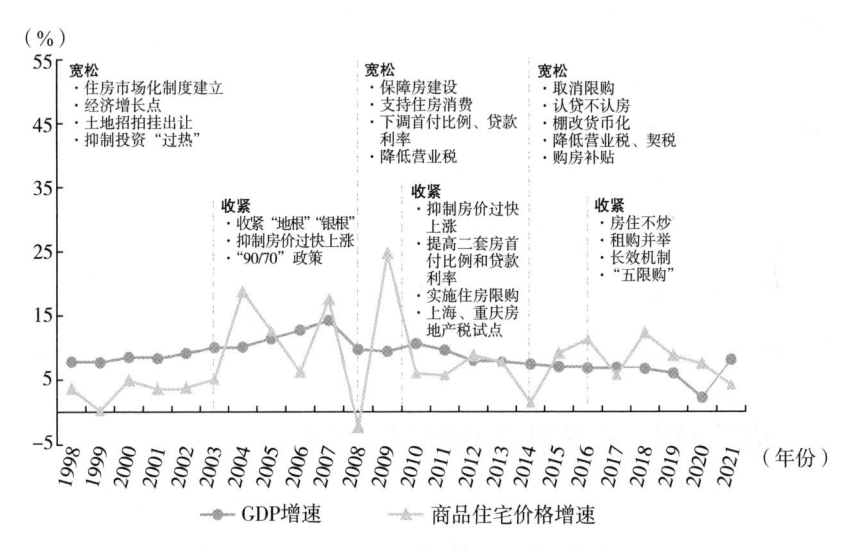

图 3-1　1998—2021 年房地产市场主要调控政策

资料来源：作者整理。

1. 1998—2003年房地产市场制度全面建立

（1）明确了住房市场化改革方向

1997年，为应对亚洲金融危机，国家将扩大住房消费需求作为扩大内需和提振经济的着力点。在前期国有建设用地有偿使用、住房分配货币化改革试点、房地产开发和个人购房贷款探索的基础上，1998年7月3日国务院正式发布《关于进一步深化城镇住房制度改革加快住房建设的通知》（国发〔1998〕23号，以下简称《通知》）。《通知》提出全面停止住房的实物福利分配，逐步实行住房分配货币化，建立和完善以经济适用住房为主的城镇住房供应体系。1998年商品住宅销售额同比增长59%，销售面积同比增长54%。自此，中国城镇住房制度进入了全新的市场化时代。

2003年8月发布的《国务院关于促进房地产市场持续健康发展的通知》（国发〔2003〕18号，以下简称"18号文件"），首次提出房地产行业"已经成为国民经济的支柱产业"，确立了以商品住房为主的供应体系，即"逐步实现多数家庭购买或承租普通商品住房""经济适用住房是具有保障性质的政策性商品住房""建立和完善廉租住房制度，切实保障城镇最低收入家庭基本住房需求"，由此奠定了近20年房地产市场高速发展的住房制度基础。2003年9月，在北京召开的全国首次房地产工作会议要求贯彻落实"18号文件"。

（2）抑制部分地区房地产投资"过热"苗头

随着中国经济走出亚洲金融危机的阴影，加之大环境的诸多利好条件，房地产市场快速发展使得房价持续上涨。2001年局部地区出现过热苗头，2002年部分地区出现过热问题，开发投资和土地购置面积都大幅增长。2002年8月，建设部等部委发布《关于加强房地产市场宏观调控促进房地产市场健康发展的若干意见》（建住房

〔2002〕217号），针对局部地区出现的房地产投资增幅过大、土地供应过量、市场结构不尽合理、价格上涨过快等问题，从土地供应、住房结构、市场整顿等多个方面提出了规范要求，并首次提出"四证"齐全的贷款要求，即对未取得土地使用权证书、建设用地规划许可证、建设工程规划许可证和施工许可证的项目，不得发放任何形式的贷款；为加强房地产信贷业务管理，2003年6月央行出台了《关于进一步加强房地产信贷业务管理的通知》（银发〔2003〕121号），规定"商业银行不得向房地产开发企业发放用于缴交土地出让金的贷款""商业银行发放的房地产贷款，只能用于本地区的房地产项目，严禁跨地区使用""严格防止建筑施工企业使用银行贷款垫资房地产开发项目"等。尽管受"非典"疫情影响，2003年房地产投资和消费依然保持了较快增长，全国房地产开发投资首次突破1万亿元。

2. 2004—2008年8月控制开发增速并抑制房价过快上涨

2003年国内投资需求旺盛，固定资产投资增速为23.8%，其中房地产开发投资增速同比达到30.2%，带动钢铁、电解铝、水泥等部分行业投资快速扩大，工业原料和能源价格猛涨，油、电、煤、运全面紧张，出现经济过热现象。2004年4月开始，房地产市场调控采取"紧银根、紧地根"措施，通过缩小土地建设规模、提高资本金比例、限制银行贷款等措施降低房地产投资。2004年3月31日，国土资源部与监察部联合下发《关于继续开展经营性土地使用权招标拍卖挂牌出让情况执法监察工作的通知》（国土资发〔2004〕71号），文件要求"严格和规范执行经营性土地使用权招标拍卖挂牌出让制度""8月31日后，不得再以历史遗留问题为由采用协议方式出让经营性土地使用权"，其中将商品住宅用地列为经营性用地。2004年下半年，全国停止了土地出让。由于"地根""银根"的收紧，在控制房地产投资规模的同时，也带来了市场供应减少和部分地区房价开始过快上涨的现象，由此房地产调控目标由抑制投资转向抑制房价过快上涨。

2005年3月，国务院办公厅下发《关于切实稳定住房价格的通知》（国办发明电〔2005〕8号，以下简称"老国八条"），提出八项措施，第一次将房地产市场宏观调控提升到国家层面，把抑制住房价格过快上涨作为市场调控目标。2005年5月，国务院办公厅转发建设部、国家发改委、财政部、国土资源部、央行、国家税务总局、银监会《关于做好稳定住房价格工作的意见》（国办发〔2005〕26号）（简称"七部委文件"），提出自2005年6月1日起对个人购买住房不足两年转手交易的，销售时按取得的售房收入全额征收营业税；个人购买普通住房超过两年（含两年）转手交易的，销售时免征营业税；对个人购买非普通住房超过两年（含两年）转手交易的，销售时按其售房收入减去购买房屋的价款后的差额征收营业税。随着"老国八条"和"七部委文件"的实施，投机性购房需求初步得到遏制。

2006年一季度部分城市房价涨幅较大。2006年5月，国务院转发建设部、国家发改委、监察部、财政部、国土资源部、央行、国家税务总局、国家统计局、银监会《关于调整住房供应结构稳定住房价格的意见》（国办发〔2006〕37号）（简称"九部委文件"），强调把调整住房供应结构、控制住房价格过快上涨纳入经济社会发展工作的目标责任制，促进房地产行业健康发展。并从调整住房供应结构，发挥税收、信贷、土地政策调节，合理控制城市拆迁规模和进度，有步骤地解决低收入家庭住房困难等方面做了具体规定。其中，在调整住房供应结构方面提出，2006年6月1日起，凡新审批、新开工的商品住房建设，套型建筑面积90平方米以下住房（含经济适用住房）面积所占比重，必须达到开发建设总面积的70%以上（简称"90/70"政策）。同时进一步强化了住房转让环节营业税，将之前两年的规定改为五年,并从2006年6月1日起实施。

房地产市场一系列调控密集的政策让行业发展猝不及防。"老国八条""七部委文件""九部委文件"等分别对供给结构、交易税收、房地产贷款、违规销售及炒房等方面做出了更加严格的规定,放缓了房地产投资和房价增速,但重点城市房价在经过短暂停顿后又出现大幅上涨,房屋成交量也大幅上升。

为切实加大解决城市低收入家庭住房困难工作力度,2007年8月,国务院发布《关于解决城市低收入家庭住房困难的若干意见》(国发〔2007〕24号),再次明确"经济适用住房供应对象为城市低收入住房困难家庭,并与廉租住房保障对象衔接"。将经济适用住房列为满足低收入者保障性住房以及将商品住宅用地列为经营性用地两项政策,对之后房地产市场的发展格局形成影响巨大。

3. 2008年9月—2009年12月鼓励普通商品住房消费

2008年美国发生次贷危机,并向全球蔓延引发了金融危机。由于前期重点城市房价上涨过度透支,加之全球金融危机对国内经济影响,部分城市房价出现较大幅度下降,房地产开发投资和新开工也有回落。在此背景下,为扩大内需、稳定经济增长,2008年11月国务院出台十条措施(简称"国十条"),其中第一条措施即"加快建设保障性安居工程。加大对廉租住房建设支持力度,加快棚户区改造,实施游牧民定居工程,扩大农村危房改造试点"。2008年12月,国务院办公厅发布《关于促进房地产市场健康发展的若干意见》,加大保障性住房建设力度,通过下调首付比例、降低贷款利率、降低交易环节营业税(免征营业税由五年重新调整为两年)支持住房消费,取消城市房地产税,刺激房地产市场发展以拉动经济增长。

2008年10月,中国人民银行下发《关于扩大商业性个人住房贷款利率下浮幅度等有关问题的通知》(银发〔2008〕302号),明确购买二套住房用于改善家庭居住条件的可享受首套贷款利率和首付款比例优惠,商业性个人住房贷款利率的下限扩大为贷款基准利率的0.7倍,最低首付款比例调整为20%。同时,支持房地产开发企业合理的融资需求。加大对普通商品住房建设、兼并重组有关企业或项目的信贷支持力度;支持资信条件较好的企业经批准发行企业债券,开展房地产投资信托基金试点,拓宽直接融资渠道。

在"四万亿计划"的拉动下,叠加2008年9—12月央行四次降准、五次降息政策效应,2008年、2009年全国GDP增长率分别为9.6%和9.2%,达到了保增长的目的。在宽松信贷和投资政策下,大量资金流向房地产,房地产市场开始触底反弹,2009年下半年出现房价大幅上涨。全国平均房价增长率为23.3%,其中上海达到56.7%,房价上涨速度远超过城镇居民收入增幅。

4.2010—2014年6月抑制房价过快上涨

为抑制房价的过快上涨,2009年12月14日,温家宝主持召开国务院常务会议,就促进房地产市场健康发展提出增加供给、抑制投机、加强监管、推进保障房建设等四大举措(简称"国四条")。2010年1月,国务院办公厅下发《关于促进房地产市场平稳健康发展的通知》(国办发〔2010〕4号),就部分城市房价过快上涨问题,提出十一条调控措施。2010年4月,国务院下发《关于坚决遏制部分城市房价过快上涨的通知》(国发〔2010〕10号,简称"新国十条"),对部分城市房价、地价又出现过快上涨势头,以及投机性购房再度活跃提出了十条调控措施。2011年1月26日,国务院办公厅下发《关于进一步做好房地产市场调控工作有关问题的通知》(国办发〔2011〕1号,简称"新国八条"),其中提出各直辖市、计划单列市、省会城市和房价过高、上涨过快的城市，在一定时期内，要从严制定和执行住房限购措施；强化差别化住房信贷政策，对贷款购买第二套住房的家庭，首付款比例不低于60%，贷款利率不低于基准利率的1.1倍。2011年1月28日起，经国务院同意，上海、重庆率先开展个人住房房产税改革试点。自此，房地产调控政策从刺激转向遏制。

2010年开始房地产市场调控政策不断升级（见表3-1）。如在金融调控上，对于购买第二套（含）以上住房的家庭，贷款首付款比例要求从不得低于40%调整为不得低于50%，再到不得低于60%。贷款利率不得低于基准利率的1.1倍。商品住房价格过高、上涨速度过快、供应紧张的地区，商业银行可根据风险状况，暂停发放购买第三套及以上住房贷款。限购政策也首次作为调控手段提出，并从限购一套到区分户籍、非户籍家庭住房套数进行限制，限购政策升级。之后全国40多个一、二线城市及部分三线城市实施了住房"限购"政策及差别化利率和税收等政策。

表3-1　2009—2013年房地产主要调控政策

时间	会议/文件名称	政策主要内容	发布机构
2009.12.14	国务院常务会议提出"国四条"	要求综合运用土地、金融、税收等手段遏制部分城市房价的过快上涨	国务院
2010.01.10	《关于促进房地产市场平稳健康发展的通知》	严格二套房贷款管理，首付不得低于40%	国务院办公厅
2010.04.17	《关于坚决遏制部分城市房价过快上涨的通知》	通过采取限购政策、差别化信贷政策抑制不合理住房需求，同时增加住房有效供给，加快保障性安居工程建设	国务院
2010.09.27	《关于进一步加强房地产用地和建设管理调控的通知》	土地闲置一年以上的企业禁止参加土地竞买活动	国土资源部

续表

时间	会议/文件名称	政策主要内容	发布机构
2010.09.27	《关于支持公共租赁住房建设和运营有关税收优惠政策的通知》	公共租赁住房建设和运营实施税收优惠政策	财政部、国家税务总局
2010.09.29	《关于完善差别化住房信贷政策有关问题的通知》	严格执行差别化房贷政策，暂停发放第三套及以上住房贷款	央行、银监会
2010.09.29	《关于调整房地产交易环节契税个人所得税优惠政策的通知》	出售自有住房并在一年内重新购房的纳税人不再减免个人所得税	财政部、国家税务总局、住建部
2011.01.26	国务院常务会议	把二套房首付比例提至60%，贷款利率提至基准利率的1.1倍	国务院
2011.01.27	《关于调整个人住房转让营业税政策的通知》	规定个人将购买不足五年的住房对外销售的全额征收营业税	财政部、国家税务总局
2011.07.12	国务院常务会议	要求继续严格执行限购政策，房价上涨过快的二、三线城市也要限购	国务院
2013.02.26	《关于继续做好房地产市场调控工作的通知》	抑制投资性购房、增加住房及用地供应、加快保障性安居工程建设	国务院办公厅
2013.04.03	《关于做好2013年城镇保障性安居工程工作的通知》	加大保障房落实力度	住建部
2013.07.12	《关于加快棚户区改造工作的意见》	推进各类棚户区改造	国务院
2013.12.13	《关于棚户区改造有关税收政策的通知》	对改造安置住房建设用地免征城镇土地使用税，个人首次购买90平方米以下改造安置住房，按1%的税率计征契税	财政部等

资料来源：作者整理。

经过调控，总体上房价过快上涨的势头暂时得到抑制，房价上涨速度放缓。与此同时，全国城镇化率超过50%，城乡人口向都市圈和城市群流动的趋势显现，城市间供需关系、房价和住房问题的差异性拉大，房地产市场区域分化开始显现。

5. 2014年7月—2016年9月去库存、稳增长

2014年国内经济下行压力加大，面临"三期叠加"与"经济新常态"，稳增长诉求凸显。2014—2015年，城市房地产市场出现低迷，大量城市房地产销售规模缩小，商品房库存明显增加，出现总量放缓、区域分化的新局面。2014年5月，首次出现70个大中城市新建商品住宅价格环比下跌，2015年房地产投资增速回落到1%。2014年7月，住建部座谈会明确提出"千方百计去库存"，随后房地产市场调控政策全面转向宽松，主要措施有三条（见表3-2）：一是取消限购，除一线城市加三亚市中心外，其余44个已限购的城市全部取消限购；二是金融支持，2014年9月30日，央行下发《关于进一步做好住房金融服务工作的通知》，强调"认贷不认房"，表示对拥有一套住房并已结清相应购房贷款的家庭，为改善居住条件再次申请贷款购买普通商品住房的，银行业金融机构执行首套房贷款政策，而购买首套房实行降首付、利率打七折政策；三是棚改货币化，2015年6月，国务院颁布《关于进一步做好城镇棚户区和城乡危房改造及配套基础设施建设有关工作的意见》，提出棚改补偿模式由实物货币安置并重转向货币安置优先。央行推出PSL创新性政策工具，解决棚改货币化安置资金问题。由于大城市货币化安置成本过高，货币化安置以中小城市实施主导，对推动中小城市去库存发挥了重要作用，也进一步刺激了中小城市房价的快速上涨，部分城市房价甚至翻倍。

表 3-2　2014—2016 年初房地产主要调控政策

时间	文件/会议	主要内容	发布机构
2014.09.30	《关于进一步做好住房金融服务工作的通知》（"930"新政）	明确规定调整房贷政策，二套房认定标准由"认房又认贷"改为"认贷不认房"	央行、银监会
2015.03.30	《关于个人住房贷款政策有关问题的通知》（"330"新政）	二手房营业税免征限期由五年改为两年；二套房商业贷款最低首付比例降至40%；公积金贷款首套房首付比例调整为20%	央行、住建部、银监会
2015.06.30	《关于进一步做好城镇棚户区和城乡危房改造及配套基础设施建设有关工作的意见》	加大城镇棚户区和城乡危房改造力度，推进棚改货币化安置	国务院
2015.09.30	《关于进一步完善差别化住房信贷政策有关问题的通知》（新"930"）	明确在不实施限购的城市，将首套房首付比例调整为不低于25%（此前为30%）	央行、银监会
2015.12.14	中央政治局会议	化解房地产库存	中央经济工作会议
2016.02.17	《关于调整房地产交易环节契税营业税优惠政策的通知》	规定首套房144平方米以上房屋契税由3%降至1.5%；二套房契税由3%降至1%（90平方米以下），由3%降至2%（90平方米以上）；购买两年以上房屋交易全部免征营业税，不再征收购买两年以上非普通住宅的营业税；北上广深仅享受首套房契税减免规定	财政部、国家税务总局、住建部

资料来源：作者整理。

2015 年，中央会议上房地产去库存被多次提及。11 月中央财经领导小组第十一次会议提到要化解房地产库存，促进房地产行业持续发展。12月中央政治局会议再次提出化解房地产库存。中央经济工作会议将"化解房地产库存"作为2016年经济工作五大任务之一。

以去库存、稳增长为导向的放松房地产市场调控政策,既推动了房地产开发投资增速提高(2016—2019年平均达到8.3%),又解决了住宅去库存问题(实际库存中仍存在较大量的非住宅地产,如地下车库等),但商品房价格普遍出现了短时间内大幅上涨,且上涨趋势由一、二线热门城市向三、四线城市传导,居民家庭杠杆率快速提高。高房价在加剧新市民住房困难的同时,也加大了房地产金融风险。

6. 2016年10月—2021年9月开启长效机制新阶段

在经过房地产库存大幅减少和房价短期过快上涨后,为抑制房价继续上涨,2016年9月底开始了以地方政府为主的新一轮房地产市场调控。2016年9月30日晚至10月6日,北京、天津、苏州、成都、合肥、南京、深圳等多个城市先后发布新的调控政策,后珠海、东莞、福州、惠州等城市重启限购限贷。2016年12月,中央经济工作会议首次提出坚持"房子是用来住的、不是用来炒的"的定位,要求综合运用金融、土地、财税、投资、立法等手段,加快研究建立符合国情、适应市场规律的基础性制度和长效机制。之后,"房住不炒"、构建长效机制、完善"两个体系"、"稳预期、稳地价、稳房价"成为房地产市场调控的重要原则和目标。

建立租购并举的住房制度。2015年和2016年,住建部、国务院办公厅先后发文,要求各地加快培育和发展住房租赁市场。2017年,党的十九大提出,"加快建立多主体供给、多渠道保障、租购并举的住房制度,让全体人民住有所居"。2019年7月,财政部、住建部组织评审出北京、长春等 16 座城市，试点开展中央财政支持住房租赁市场发展。2021 年《国务院办公厅关于加快发展保障性租赁住房的意见》（国办发〔2021〕22 号）印发，首次明确了"以公租房、保障性租赁住房和共有产权住房为主体的住房保障体系"，着力解决新市民、青年人等群体住房困难问题。

建立房地产市场调控长效机制。党的十九大以来，我国加快构建并稳妥实施房地产长效机制，在"房住不炒"定位指导下，提出"稳地价、稳房价、稳预期"三稳目标，强调"因城施策"，精准调控，着力抑制以下四个冲动。

一是抑制购房者投机炒房冲动。2016 年 10 月之后，各地重新实施限购、限贷、限售、限价等政策，到 2021 年上半年有几百个城市及部分县域实施了限购、限贷、限售等政策，北京、上海、广州、深圳、南京、苏州、杭州、厦门、福州、重庆、成都、武汉、郑州、青岛、济南、合肥、长沙、沈阳、宁波、长春、天津、无锡等 22 个重点城市还增加了新房限价等措施，深圳、杭州等城市实施了二手房限价措施。

二是抑制开发企业加杠杆拿高价地的冲动。2020 年 8 月开始，对重点房地产企业负债规模实施"三条红线"管理，即剔除预收款的资产负债率不得大于 70%，净负债率不得大于 100%，现金短债比不得小于一倍，并将房企分为"红、橙、黄、绿"四档。红色档：如果"三条红线"都触碰到了，则不得新增有息负债；橙色档：如果碰到"两条线"，负债年增速不得超过 5%；黄色档：碰到"一条线"，负债年增速不得超过 10%；绿色档："三条线"都未碰到，负债年增速不得超过 15%。

三是抑制商业银行脱实向虚的贷款冲动。2020 年 12 月 31 日，央行、银保监会下发《关于建立银行业金融机构房地产贷款集中度管理制度的通知》，给商业银行设定了关于房贷规模的"两条红线"，即第一条红线是"房地产贷款占比"，指的是银行业金融机构房地产贷款余额占该机构人民币各项贷款余额的比例；第二条红线是"个人住房贷款占比"，指的是个人住房贷款余额占金融机构人民币各项贷款余额的比例。

四是抑制地方政府卖高价地的冲动。2021年开始，国土资源部在22个重点城市实施"土地招拍挂两集中"管理，2021年2月18日，自然资源部土地市场动态监测与监管系统显示，按照住宅用地分类调控文件，要求22个重点城市实现"土地招拍挂两集中"，即一年最多分三次集中统一发布出让公告、集中组织出让。

这一时期，我国提出"房住不炒"定位要求、推动租购并举发展、构建房地产市场长效调控机制，综合运用行政、土地、金融、税收等多种措施，落实城市政府主体责任，因城施策，房地产市场总体保持了稳定发展。2021年6月，房地产开发投资、商品房销售等多项指标达到单月历史最高水平。

7. 2021年10月至今 保交楼、助民生、稳市场

房企"三条红线"和银行房地产贷款集中度"两条红线"新规的实施，促使房企由规模扩张转为降杠杆，房地产开发企业现金流承压，部分房企甚至头部房企出现债务违约、项目停工。加上新冠疫情反复影响，2021年下半年开始，房地产开发投资及销售指标开始出现下降，2022年全国上半年房地产投资同比下降5.4%，房屋新开工面积下降34.4%，商品房销售面积同比下降22.2%；全国70个大中城市新建商品住宅价格同比下降1.3%，二手房价格同比下降2.7%。在此背景下，房地产市场调控政策表现为房地产融资环境改善、各地放松限制性措施、鼓励住房消费、支持各地因城施策用好

调控工具箱。然而，2022年全年，全国房地产开发投资同比仍下降10.0%，房屋新开工面积同比下降39.4%，商品房销售面积同比下降24.3%，全年各项指标均低于上半年，反映出下半年房地产市场形势依然严峻。

改善房地产融资环境。自2021年四季度以来，房地产金融政策开始调整，央行和银保监会要求金融机构区分项目风险与企业集团风险，加大对优质项目的支持力度，不盲目抽贷、断贷、压贷，不搞"一刀切"，保持房地产开发贷款平稳有序投放。支持收并购和保障性住房建设，2021年底以来，央行、银保监会明确对于兼并收购出险和困难房地产企业的项目并购贷款、保障性租赁住房项目有关贷款不纳入房地产贷款集中度管理。加大支持刚需和合理性住房需求。银保监会、央行明确鼓励银行保险机构在购房、租房以及消费信贷等安居需求领域，加强为新市民提供金融支持的力度。还提出因城施策，要执行好差别化住房信贷政策，合理确定符合购房条件的新市民首套住房按揭贷款的标准，提升借款和还款便利度。2022年9月30日，三大政策出台：一是财政部、国家税务总局两部门联合发文，2023年底前居民换购住房可享个税退税优惠；二是央行发文，自2022年10月1日起，下调首套个人住房公积金贷款利率0.15个百分点，五年以下（含五年）和五年以上利率分别调整为2.6%和3.1%；三是多家大行被要求进一步加大对房地产融资的支持力度，四季度各新增不少于1 000亿元房地产贷款。

2022年底，为支持房地产市场恢复发展，房地产金融政策进一步调整，加大房企信贷、债券、股权融资支持力度。一是央行和银保监会发布"金融16条"，其中支持开发贷款、信托贷款等存量融资合理展期，商业银行加大对房地产开发企业的授信额度。2023年2月，证监会启动不动产私募投资基金试点工作。二是央行再贷款提供资金支持，委托专业机构按照市场化、法治化原则，通过担保增信、创设信用风险缓释凭证、直接购买债券等方式，支持民营企业发债融资。三是证监会提出恢复涉房上市公司并购重组及配套融资、恢复上市房企和涉房上市公司再融资、调整完善房地产企业境外市场上市政策、进一步发挥REITs盘活房企存量资产作用、积极发挥私募股权投资基金作用等五项股权融资措施。房企融资环境改善为缓解房企资金压力和提振市场信心注入力量。2023年上半年，各省市进一步降低首套与二套购房贷款利率和首付比例，取消公积金异地贷款户籍地限制等。

放松限购限贷等政策。自2022年初以来，非热门到部分热门城市陆续出台放松限购、限贷、限售等政策。哈尔滨、郑州、衢州、秦皇岛、上海临港、南京、苏州、宁波、南昌、廊坊北三县等地放松或取消限购政策。苏州、南京、郑州等城市对"认房又认贷"政策进行调整，改为"认贷不认房"，如贷款结清后，再购房时首付比例从此前的五成降至三成；贷款未结清的，首付比例从此前的八成降至六成。此外，一些城市采取了给予购房契税返还、发放人才补贴、给予农村居民购房补贴、给予三孩生育家庭补贴等方式支持住房需求和加快去库存。截至2023年底，除一线城市与热门二线城市核心区外大多取消了限购、限售政策。

实施保交楼政策。2021年下半年个别头部房企出现债务违约，2022年上半年债务违约和项目停工增多。部分楼盘购房人因无法按期收房而拒绝还银行贷款，形成了房地产市场不良预期，并引发了不良社会舆论。2021年7月，中央政治局会议强调"支持刚性和改善性住房需求，压实地方政府责任，保交楼、稳民生"。2022年8月，住建部、财政部、央行等有关部门提出通过政策性银行专项借款方式支持已售逾期难交付住宅项目建设交付。9月22日，国家开发银行向辽宁省沈阳市支付全国首笔"保交楼"专项借款。一些地方政府也设立了纾困基金，浙江宁波、安徽合肥、陕西咸阳、河北石家庄、河南郑州、广西南宁等城市召开座谈会，敦促企业加强经营管理，保证项目交付。据统计，2023年上半年保交楼专项借款项目总体复工率接近100%，累计已完成住房交付超过165万套，首批专项借款项目住房交付率超过60%。

2023年7月24日召开的中共中央政治局会议提出，适应我国房地产市场供求关系发生重大变化的新形势，适时调整优化房地产政策，因城施策用好政策工具箱。房地产行业管理部门也对相关政策进一步调整优化。一是住建部提出要继续巩固房地产市场企稳回升态势，大力支持刚性和改善性住房需求，进一步落实好降低购买首套住房首付比例和贷款利率、改善性住房换购税费减免、个人住房贷款"认房不用认贷"等政策措施。二是央行、国家外汇管理局2023年下半年工作会议提出，支持房地产市场平稳健康发展。落实好"金融16条"，将"金融16条"中两项有适用期限的政策统一延长至2024年12月底，引导金融机构继续对房企存量融资展期，加大保交楼金融支持力度。结合保交楼工作需要，将2 000亿元保交楼贷款支持计划期限延长至2024年5月底。2023年8月证监会提出，房地产上市公司再融资不受破发、破净和亏损限制。同时，加大对住房租赁、城中村改造、保障性住房建设等的金融支持力度。三是继续因城施策，精准实施差别化住房信贷政策，引导个人住房贷款利率和首付比例下行，更好满足居民刚性和改善性住房需求。中国银行、中国工商银行、中国农业银行、中国建设银行、招商银行等发布《关于存量首套住房贷款利率调整的通知》。四是在二线城市陆续调整"认房认贷"政策的基础上，北京、深圳、广州、上海等一线城市也将"认房又认贷"调整为"认房不认贷"。此外，除一线城市外，各地在全市域范围基本取消限购、限售政策，规定商品住房取得《不动产权证书》即可上市交易。各地还延长了公积金贷款年限和扩大公积金提取范围，支持居民刚性和改善性住房需求。

（二）三大政策奠定了当前的市场基础

1998—2021 年是中国房地产行业快速发展的 23 年，房地产行业在拉动经济增长和推动城镇建设方面发挥了不可替代的作用，城市居民住房水平也得到了快速提升。但同时，住房也承担了太多除居住功能以外的经济增长、投资拉动和地方财政收入的功能，造成房地产行业负债率过高、房价过快上涨，也出现老百姓财富差距拉大，新市民面临购房难、租房难问题。回顾发展历程，这些成就取得及问题教训的产生，与房地产市场的金融、土地、住房保障三大基础性制度密切相关。

1. 建立以预售为基础的房地产金融支持体系

以预售资金为主的房企融资制度，使房企股权融资受限，形成了"三高"发展模式。我国房地产企业"三高"发展模式的形成与预售制和限制股权融资有直接关系。

（1）预售制度提供加杠杆基础

预售制下的预售资金是房地产开发企业最重要的资金来源。为缓解房地产开发企业在住房项目建设初期的资金紧张问题，1994 年《城市房地产管理法》《城市商品房预售管理办法》正式确立了商品房预售制度。2001 年、2004 年两次修正《城市商品房预售管理办法》，均为进一步增强住房建设资金供给、促进解决住房严重短缺矛盾。商品房预售制度允许房地产开发企业在取得土地使用权证、建设工程规划许可证、施工许可证和商品房预售许可证，且投入开发建设的资金达到工程建设总投资的 25% 以上，并在已经确定施工进度和竣工交付日期时，可以预售商品房。商品房预售资金是房地产开发企业最为重要的资金来源，2021 年我国商品房预售面积占比达 85%，商品房预售资金在房地产开发资金来源中占比达 52%。商品房预售资金既是房企的负债，也是房企最大的杠杆。

由于限制房企股权融资，房企负债率长期居高不下，且企业转型鲜有成功。为控制房价快速上涨，2010 年之后一直限制房企股权融资，由此导致众多房企主动或被动持有的经营性物业（如公寓、商业办公、产业园、文旅地产、养老地产、特色小镇、城市更新项目等）资产周转率极低，房企负债压力巨大。

（2）房地产企业高负债加高杠杆融资

我国一直严控房地产企业股权融资，因此债权融资是房地产开发企业的主要融资渠道。房地产企业"高负债、高杠杆"表现为以下几点。一是财务杠杆率高，2021 年全国房地产开发企业资产负债率达到 80.3%，国内上市房企资产负债率也普遍在 80% 以上，不少房企超过 100%，远高于制造行业负债水平。二是经营杠杆率高，经营杠杆主要来源于房地产预售制度形成的预收账款、供应商垫资等。在房地产开发资金来源中，供应商垫资的应付账款占比在 2009 年时为 10%，到 2021 年则达到 26%，远高于国内贷款 11.6% 的比重；而 2022 年定金及预收账款、个人按揭贷款在房地产开发企业到位资金的占比高达 49.1%。三是合作杠杆在上升，合作杠杆主要是指通过企业合作开发，争取并表，以小投入迅速扩大规模。规模较大的房企，合作杠杆相对更大。

（3）货币大量流入房地产行业推动房价快速上涨

我国经济的快速发展中伴随着货币供应量的不断增加。2000年以来新增M2与商品房销售额的波动趋势是同步的。在2009年之前，新增M2均在每年10万亿元以下，商品房销售额每年在5万亿元以下，但自2009年起，新增M2均在每年10万亿元以上，商品房销售额每年在5万亿元以上（近三年更是达15万亿元以上），且两者在变化上具有高度相关性。住房货币化显著增加了全社会的货币需求，房地产在交易环节基本不创造GDP，却需要大量货币来支持，导致新增商品房销售额与新增M2同方向变动。房地产实际上承载了大量货币"蓄水池"的功能，其资产价格持续升高也就成为必然。处理好商品房资产功能和居住属性是确保住有所居和市场平稳健康的关键。

2. 实施"价高者得"的国有土地有偿使用制度
（1）经营性用地"招拍挂"制度全面实施

价高者得的土地招拍挂制度，使商品住宅用地列为经营性用地，地价在招拍挂竞争下快速上涨。自2014年"8·31"政策落地开始，我国商品住宅用地价格进入高增长期。2004年，国土资源部和监察部在《关于继续开展经营性土地使用权招标拍卖挂牌出让情况执法监察工作的通知》（国土资发〔2004〕71号）中明确，当年8月31日后商业、旅游、娱乐和商品住宅等各类经营性用地，必须按照法定的规划条件，采取招标、拍卖和挂牌方式供应，不得采用协议方式出让经营性土地使用权。这在降低土地寻租、提高土地调控能力的同时，也形成了土地供应垄断。此后，地方采取了价高者得的拍卖方式供应住宅用地，商品住宅用地价格快速上涨，并以住宅用地的高价弥补工业用地的低价，以实现招商引资。

尽管为防止地价推高房价，目前大城市已较为普遍地采用了"挂牌＋限房价""竞地价＋附加条件"等多种方式，但本质上仍是价高者得。即使近年房价已处于下降趋势，但一、二线城市住宅用地楼面地价仍在上涨（见图3-2）。

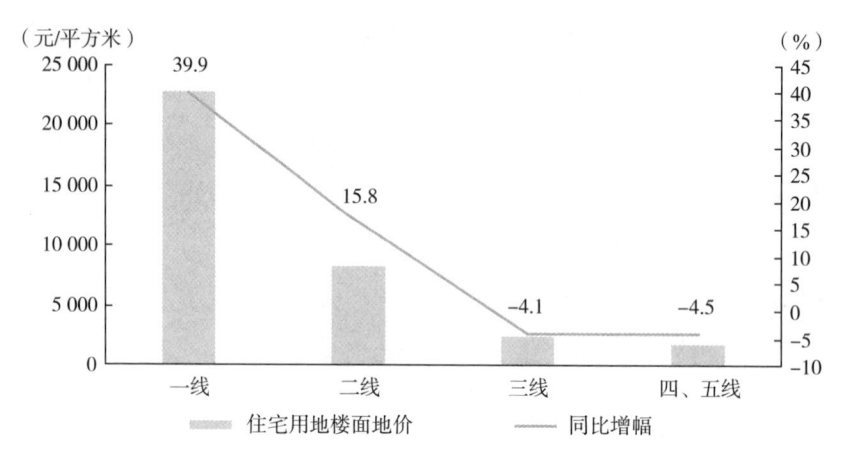

图 3-2　2022 年各线城市住宅用地成交平均楼面地价

资料来源：中国指数研究院。

（2）地方财政依赖卖地和房地产开发

住宅用地全部采取招拍挂方式出让后，土地和房地产开发成为地方政府推动城镇建设的重要手段。而在金融危机发生后，地方政府纷纷设立投融资平台，以土地抵押融资来进行城市基础设施建设，通过高估土地预期价值，并以未来土地出让收入和预算收入作为还款的资金来源，加重了土地财政依赖。2021 年，地方一般公共预算本级收入 111 077 亿元，而国有土地使用权出让金收入达到了 87 051 亿元，地方财政已经对土地出让收入形成严重依赖。我国的房地产行业以新建住房为主，对土地需求量大，政府供给土地从中获取利益既快又多，致使我国绝大多数城市对土地财政依赖度较高。根据财政部、国家统计局数据，2011—2020 年房地产相关税收占地方一般公共预算收入的比重均值为 17.7%。2011 年，土地出让收入和房地产相关税收占地方政府全口径本级财政收入的42.9%，到2020年已达到54.6%，2011—2020年的比重均值为43.8%。

住宅用地"价高者得"的招拍挂供给模式，为地方政府提供了大量预算外收入，轻保障、轻存量、人地房挂钩机制难形成等问题均与此有关。

3.住房供给体系与住房保障定位出现转向

不稳定的住房保障制度，使经济适用住房退出，至今产权式保障不足。我国房地产市场以住房为主，2021年商品住宅销售面积和销售额占比分别为87%和89.5%，城镇住房制度对房地产市场发展影响较大。

综观各国住房供应体系各不相同，但无一不是由四类住房构成（不含非正规产权住房），即保障性租赁住房、保障性产权住房、市场租赁住房、市场产权住房，所不同的仅是构成这四类住房的比例而已，如新加坡的保障性产权住房占比为82%，德国的保障性租赁住房和市场租赁住房共占60%。

1998年城镇住房制度改革之后，我国的住房市场发展很快，但住房保障政策不稳定，至今产权式保障仍然不足，购房需求只能靠市场满足。目前我国城镇住房制度的形成与以下"五文件一法规"直接相关。

（1）1998年《国务院关于进一步深化城镇住房制度改革加快住房建设的通知》（国发〔1998〕23号），明确"建立和完善以经济适用住房为主的多层次城镇住房供应体系"，经济适用住房被制度设计为解决城镇家庭住房需求的最主要途径。

（2）2003年《国务院关于促进房地产市场持续健康发展的通知》（国发〔2003〕18号），提出"逐步实现多数家庭购买或承租普通商品住房"，"经济适用住房是具有保障性质的政策性商品住房"，此时，经济适用住房适用范围被限定为承担保障性职能的商品住房。

（3）2007年《国务院关于解决城市低收入家庭住房困难的若干意见》（国发〔2007〕24号），提出"加快建立健全以廉租住房制度为重点、多渠道解决城市低收入家庭住房困难的政策体系"，经济适用住房供应对象又被缩小到低收入家庭，2007年经济适用住房投资占城镇住房投资的比重为4%，由于经济适用住房存在制度缺陷，在上市交易时有巨大的寻租空间，遭到社会广泛非议，2015年之后新增供应逐步退出。

（4）2010年七部委联合发布《关于加快发展公共租赁住房的指导意见》（建保〔2010〕87号），提出"大力发展公共租赁住房"，2012年出台《公共租赁住房管理办法》，2014年廉租房与公租房管理并轨。

（5）2013年《国务院关于加快棚户区改造工作的意见》（国发〔2013〕25号），提出"将棚户区改造纳入城镇保障性安居工程，大规模推进实施"，党的二十大报告总结过去十年共"改造棚户区住房4 200多万套"。

（6）2021年《国务院办公厅关于加快发展保障性租赁住房的意见》（国办发〔2021〕22号），明确城镇住房保障体系为"加快完善以公租房、保障性租赁住房和共有产权住房为主体的住房保障体系"。目前各地在加大力度筹建保障性租赁住房，如上海、广州、成都、杭州、西安等多地明确提出在"十四五"期间，力争新增保障性租赁住房占同期新增住房供应总量比例达到30%以上，其中广州要达到60%。

经济适用住房退出保障后，各地曾探索更为公平的共有产权住房，如2014年北京、上海、深圳、成都、黄石、淮安六个城市明确被列为"全国共有产权住房试点城市"。但后期仅上海、北京两市较大规模地供应了共有产权住房。到 2021 年底，北京已筹集共有产权住房约 8.3 万套，杭州、宁波 2021 年才出台相关政策。共有产权住房是租赁式保障住房和市场住房的桥梁，是解决大城市"夹心层"居民住房需求不可或缺的政策工具，是中产阶层形成的基础之一，但目前重视程度不够，发展有限。根据第七次全国人口普查数据，2020 年居住在实物保障的城市家庭户占 7.8%，与 2010 年占 7.7% 相比仅提高了 0.1 个百分点，其中购买经济适用住房的占比由 2010 年的 5%，下降到 2020 年的 4%。共有产权住房可形成梯级住房价格，与大城市收入差距大相呼应，对促进房地产市场平稳健康发展具有重要意义，因此在发展租赁住房的同时，需在大城市推广发展共有产权住房。

此外，新市民住房问题未得到足够重视。各地实施住房保障主要着眼于本地家庭，对外来人口申请住房保障设定了比较苛刻的条件。棚户区改造时，外来人口并不能获得合适的住房，只是被从一个棚户区挤到另一个棚户区。随着进城务工人员数量增加，新市民住房问题逐步凸显。外来人口住房支付能力普遍较低，无力通过市场解决在城镇工作期间的基本住房问题。据住建部统计，2018 年，在外地进城务工人员中，租房居住的占 61.3%，单位或雇主提供住房的占 12.9%。根据国家统计局数据，2020 年，进城务工人员月均工资为 4 072 元，作为家庭的主要劳动力，需要赡养父母、养育子女，可用于在城镇改善住房条件的资金有限，只能租房居住，短期内不具备购房能力。按照收入的 1/3 用于租金支付，以夫妻二人均有工作计算，在一线城市可以租到"一间房"，在大部分城市可以租到"一套房"。但如果以一个人工作计算，对应的仅能支付"一张床"和"一间房"。

（三）行政政策是过去调控的发力点

房地产市场的宏观调控措施包括经济手段、法律手段和行政手段等。我国过往使用行政手段进行调控最为突出，例如，需求端的限贷、限价、限购、限售等都是普遍使用的调控手段。行政手段使用属于国家、政府部门的行政权力，采取命令、指示、规定等强制性行政手段，具有实施效果快的特点，在我国特殊国情下发挥了重要作用。但同时也应看到，行政手段具有短期特点，刺激或收紧政策容易引起市场短期波动，干扰开发企业和购房人的投资预期。

1. 限贷政策收紧与放松

限贷政策是对首套、二套房实行不同的首付比例和贷款利息，以影响购房群体的支付能力，是房地产调控的基本工具，最初是全国统一调控，后逐步转为因城调控。2003年6月，央行发布《关于进一步加强房地产信贷业务管理的通知》（银发〔2003〕121号），提出加强个人住房贷款管理，重点支持中低收入家庭购买住房的需要。对首套房首付比例仍执行20%的规定；对购买高档商品房、别墅或第二套以上（含第二套）商品房的借款人，适当提高首付比例。之后在收紧调控时，相应提高首付比例和贷款利息，如2011年"新国八条"提出强化差别化住房信贷政策，对贷款购买第二套住房的家庭，首付比例不低于60%，贷款利率不低于基准利率的1.1倍；而在放松调控时，则降低首付比例和贷款利率（见图3-3）。

为应对经济下滑和稳定房地产市场，2022年上半年各地因城施策调整了限贷政策。例如，郑州、宜昌、肇庆等城市规定首套贷款已结清再购买二套房的，执行首套房贷款政策。广东惠州在取消部分地区的限购后，将首次购买普通住房的首付比例从25%降低至

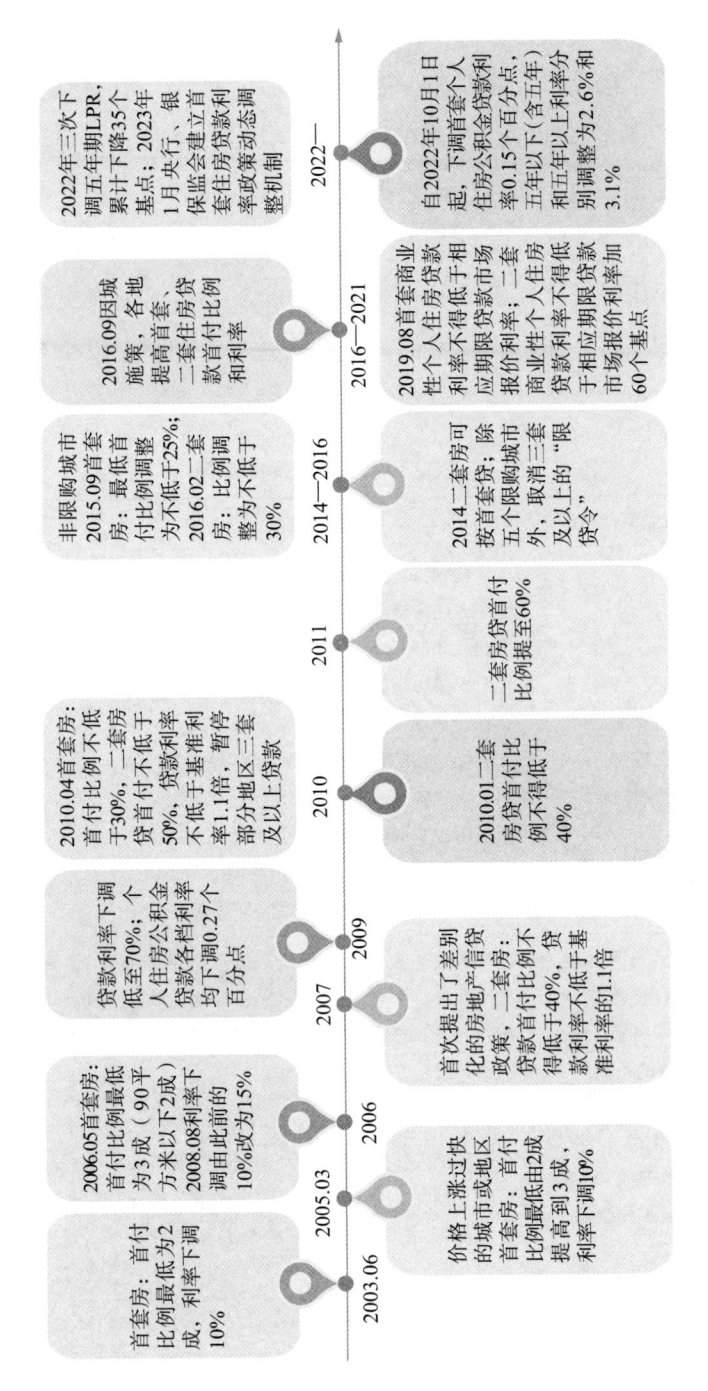

图 3-3　住房贷款首付比例和贷款利率政策变化

2003.06 首套房：首付比例最低为2成，利率最低下调10%

2005.03 价格上涨过快的城市或地区，首套房：首付比例由2成提高到3成，利率下调10%

2006 2006.05首套房：首付比例最低为3成（90平方米以下为2成）；2008.08利率下调由此前的10%改为15%

2007 首次提出了差别化的房地产信贷政策，二套房：贷款首付比例不得低于40%，贷款利率不低于基准利率的1.1倍

2009 贷款利率下调，个人住房公积金贷款利率下调70%；个人住房公积金贷款各档利率均下调0.27个百分点

2010 2010.04首套房：首付比例不低于30%，二套房首付不低于50%，贷款利率不低于基准利率1.1倍，暂停部分地区三套及以上贷款

2010.01 二套房贷款首付比例不得低于40%

2011 二套房贷款比例提至60%

2014—2016 2014二套房按首套贷，除五个限购城市外，取消三套及以上的"限贷令"

2015.09 非限购城市首套房：最低首付比例调整为不低于25%；2016.02二套房：比例调整为不低于30%

2016.09 因城施策，各地提高首套、二套住房贷款首付比例和利率

2016—2021 2019.08首套商业性个人住房贷款利率应期限贷款市场报价利率；二套商业性个人住房贷款利率不得低于相应期限贷款市场报价利率加60个基点

2022— 2022年三次下调五年期LPR，累计下降35个基点；2023年1月央行、银保监会建立首套住房贷款利率政策动态调整机制

自2022年10月1日起，下调首套个人住房公积金贷款利率0.15个百分点，五年以下（含五年）和五年以上利率分别调整为2.6%和3.1%

资料来源：作者整理。

20%。福州明确五城区首套房首付比例，不论购房者户籍是否在五城区均为30%，在福州五城区有一套商品住房、贷款结清的情况下，首付比例由原来的50%调整为40%。2022年9月29日，央行、银保监会发布通知，决定阶段性调整差别化住房信贷政策。符合条件的城市政府，可自主决定在2022年底前阶段性维持、下调或取消当地新发放首套住房贷款利率下限（见表3-3）。2023年8月，央行和国家外汇管理局进一步提出指导商业银行依法有序调整存量个人住房贷款利率。

表3-3 2022—2023年住房贷款利率政策

时间	文件/会议	政策内容	发布机构
2022.05	《关于调整差别化住房信贷政策有关问题的通知》	对于贷款购买普通自住房的居民家庭，首套商业性个人住房贷款利率下限调整为不低于相应期限贷款市场报价利率减20个基点，二套商业性个人住房贷款利率政策下限按现行规定执行；在全国统一的贷款利率下限基础上，央行、银保监会各派出机构按照"因城施策"的原则，指导各省级市场利率定价自律机制，根据辖区内各城市房地产市场形势变化及城市政府调控要求，自主确定辖区内各城市首套和二套商业性个人住房贷款利率加点下限	央行、银保监会
2022.09	《关于阶段性调整差别化住房信贷政策的通知》	阶段性调整差别化住房信贷政策。符合条件的城市政府，可自主决定在2022年底前阶段性维持、下调或取消当地新发放首套住房贷款利率下限	央行、银保监会
2023.08	2023年下半年工作会议	"因城施策"精准实施差别化住房信贷政策，继续引导个人住房贷款利率和首付比例下行，更好满足居民刚性和改善性住房需求。指导商业银行依法有序调整存量个人住房贷款利率	央行、国家外汇管理局

资料来源：作者整理。

2. 限价政策收紧与放松

价格干预是行政调控的最突出表现，抑制价格过快上涨是房地产调控的重要目标。限价政策在大城市房地产调控中最为明显。一些城市按照最高上涨5%对房价进行管控，如2019年5月苏州联合多部门召开苏州房地产行业座谈会，提出全年房价涨幅目标必须控制在5%以内。2020年底，厦门提出逐步使住房价格与经济社会发展和居民收入水平相适应，新建商品住宅价格年度涨幅不超过5%，住房租金价格年度涨幅不高于城镇居民人均可支配收入增长幅度。2021年3月，武汉提出确保新建商品住房和二手住房同比价格指数原则上不超过5%。2021年4月，东莞提出新建商品住房备案价上调空间不超过5%，未售出新建商品住房上调销售价格的间隔时间，由取得预售许可证（现售备案证书）后的半年延长至一年，涨幅不超过3%。此外，也有城市将房价与地价挂钩。如2021年1月郑州市《关于加强土地出让管理工作的意见》，提出建立土地供应动态调控模型，为地价决策提供参考依据，实现房地产市场销售价格与土地价格相挂钩，确保全市年度住宅用地价格变化幅度控制在5%以内。

开发企业为应对限价政策，不断加强对成本投入的管理，降低对高品质住房建设的追求，出现住房品质不高、精装转毛坯现象。限价政策还引发新房、二手房价格倒挂，加剧房地产市场投机行为。在价格上涨时强调以民生保障为导向，采取"防涨"措施，容易获得社会的支持和理解。但是，在市场低迷时，一些城市为防止价格下跌，以行政手段出台"限跌令"意见，干预微观市场主体行为，引发了社会争议。

3. 限购政策收紧与放松

限购政策表现在对于本地户口多套房、外地户口首套房家庭购房资格和购房套数的限定，也反映在是全域限购还是核心区限购。限购政策是典型的行政手段管控，短期内可以直接降低需求规模，改变供需关系，减少成交规模和放缓房价上涨。但在实施限购过程中，也出现"假离婚""假工作证明"等各种规避限购的做法，增加了监管成本。

2010年4月，《国务院关于坚决遏制部分城市房价过快上涨的通知》提出地方人民政府可根据实际情况，采取临时性措施，在一定时期内限定购房套数。对境外机构和个人购房，严格按照有关政策执行。之后要求各直辖市、计划单列市、省会城市和房价过高、上涨过快的城市，在一定时期内，要从严制定和执行住房限购措施。2011年，"新国八条"进一步强化了住房限购措施。2010年4月30日，从北京开始，到2011年10月31日共有46个城市陆续实施商品住房限购政策。

限购政策一般在市场过热时实施，在市场下行时会放松或取消。2014年下半年，在去库存政策引导下，陆续有城市取消限购，到2015年，除了北京、上海、深圳、三亚几个少数城市，大多数城市取消了限购政策。2016年10月之后，随着房价过快上涨，各地纷纷重新实施住房限购政策，并在房价仍然上涨的情况下，加大限购政策力度。2022年上半年，受国内新冠疫情反复和经济增速下滑影响，从三、四线城市开始到二线城市纷纷取消住房限购政策，允许多套房家庭和外地居民在本地购房。例如，廊坊市在2022年8月9日发布的《〈关于支持房地产行业良性循环和健康发展的六条政策措施〉明白卡》，明确显示全面取消户籍、社保个税等方面不适应当前房地产市场形势的"限制性购房条件"，对北三县和雄安新区周边的住房限售年限要求也全面取消。截至2023年上半年，除了一线城市和热门二线城市的核心区域，大多数地区取消了限购政策。

4. 限售政策收紧与放松

限售政策是通过对购房后持有年限和再次交易进行限定，以增加持有时间和持有成本来降低市场投机和过度投资的资金支出和市场预期，从而影响供需关系，实现住房价格的回落。在一定程度上，限售政策有助于把刚需和炒房者区别开来，抑制投机行为。

在2017年以来的房地产市场调控中，较多的地方政府采取了限售政策（见表3-4）。大多数城市的限售期为两年或者三年，有个别城市为五年。限售的主要目的就是抑制投资，限售前，房屋所有权人拥有房屋不动产权证即可出售，而限售后房屋所有权人不仅要有不动产权证，而且要达到规定的年限，才能将房屋出售或者办理转让公证手续。

表3-4 部分城市限售政策规定

时间	城市	限售政策规定
2017.03.17	北京	企业购买的住房需满三年以上才能交易
2017.03.31	广州	2017年3月31日起居民家庭新购买的住房（含新房和二手房），需取得不动产权证满两年后方可转让或办理析产手续；企事业单位、社会组织等法人单位新购买的住房，需取得不动产权证满三年后方可转让
2017.04.20	济南	限购区域内自本通知施行之日起购买的住房，需取得不动产权证满两年后方可上市交易
2017.05.03	郑州	在2017年5月3日后购买的住房，自取得不动产权证之日起，不满三年的不得上市转让
2017.10.09	三亚	非本省户籍居民家庭及企事业单位、社会组织等法人单位新购买的住房，需取得不动产权证满五年后方可转让
2019.07.25	苏州	购房人自取得不动产权证之日起满三年后方可转让；二手住房通过市场交易，购房人新取得不动产权证满五年后方可转让
2021.01.27	杭州	本市限购范围内，新建商品住房项目公证摇号公开销售中签率小于或等于10%的，自取得不动产权证起五年内不得转让。优先满足无房家庭购房需求的热点商品住房项目，购房人以优先购买方式取得的商品住房，自取得不动产权证之日起五年内不得转让

资料来源：作者整理。

面对房地产销售市场的持续低迷，2022年4月开始，一些城市放松了限售政策。例如，唐山、哈尔滨、银川、六安等城市直接取消了限售；苏州、常州、东莞、泰州等城市缩短了限售年限。到2023年上半年，为支持房地产市场回暖，限售政策基本取消。

二、房地产市场调控与"长效机制"的提出

根据中央经济工作会议和《政府工作报告》的论述，房地产长效机制是不断丰富和完善的，具体见表3-5。2017年12月，中央经济工作会议提出要完善房地产市场平稳健康发展的长效机制。2018年12月中央经济工作会议进一步明确构建房地产市场健康发展长效机制，坚持"房子是用来住的、不是用来炒的"定位，因城施策，分类指导，夯实城市政府主体责任，完善住房市场和住房保障两个体系。2019年12月中央经济工作会议明确了长效机制的实施方式和目标，即全面落实因城施策，围绕"稳地价、稳房价、稳预期"的目标落实长效管理调控机制。2020年的中央经济工作会议提出解决好大城市住房突出问题，要高度重视保障性租赁住房建设，加快完善长租房政策，逐步使租购住房在享受公共服务上具有同等权利，规范发展长租房市场。2021年的中央经济工作会议对房地产行业的发展提出"加强预期引导，探索新的发展模式"。2022年的中央政治局会议强调因城施策用足用好政策工具箱，支持刚性和改善性住房需求，压实地方政府责任，保交楼、稳民生。

表3-5 2017年以来部分重要会议中关于"长效机制"的提法

年份	中央经济工作会议	《政府工作报告》	中央政治局会议
2017	完善房地产市场平稳健康发展的长效机制	加快建立和完善促进房地产市场平稳健康发展的长效机制	加快住房制度改革和长效机制建设（12月）

续表

年份	中央经济工作会议	《政府工作报告》	中央政治局会议
2018	构建房地产市场健康发展长效机制	建立健全长效机制，促进房地产市场平稳健康发展	加快建立促进房地产市场平稳健康发展长效机制（7月）
2019	全面落实因城施策，围绕"稳地价、稳房价、稳预期"的目标落实长效管理调控机制，促进房地产市场平稳健康发展	改革完善房地产市场调控机制	落实好一城一策、因城施策、城市政府主体责任的长效调控机制（4月）；落实房地产长效管理机制（7月）
2020	高度重视保障性租赁住房建设	因城施策，促进房地产市场平稳健康发展	促进房地产市场平稳健康发展（7月）
2021	加强预期引导，探索新的发展模式；因城施策促进房地产行业良性循环和健康发展	稳地价、稳房价、稳预期	稳地价、稳房价、稳预期，促进房地产市场平稳健康发展（7月）；促进房地产行业健康发展和良性循环（12月）
2022	扎实做好保交楼、保民生、保稳定各项工作；有效防范化解优质头部房企风险；因城施策，支持刚性和改善性住房需求；推动房地产行业向新发展模式平稳过渡	稳地价、稳房价、稳预期，因城施策促进房地产行业良性循环和健康发展	因城施策用足用好政策工具箱，支持刚性和改善性住房需求，压实地方政府责任，保交楼、稳民生（7月）
2023	积极稳妥化解房地产风险；加快推进保障性住房建设；完善相关基础性制度，加快构建房地产发展新模式	有效防范化解优质头部房企风险，改善资产负债状况，防止无序扩张，促进房地产行业平稳发展	适应我国房地产市场供求关系发生重大变化的新形势，适时调整优化房地产政策（7月）

资料来源：作者整理。

以稳定健康的房地产市场为导向，在土地、金融、税收、住房保障、行政调控等方面构建房地产长效调控政策工具箱，明确共同性和差异性政策，并给予地方调控的自主权，推动因城施策，是房地产市场调控长效机制的关键部分。

（一）健全土地供应机制

1. 建立住宅销售和用地供应挂钩机制

2019年自然资源部发布通知，要求做好住宅用地"五类"调控目标制定实施工作。通知要求地级以上城市、地州盟所在地和百万人口以上县（县级市），根据商品住房库存消化周期（截至2019年3月），结合本地土地市场实际，切实优化住宅用地供应，实施差别化调控政策，在上年住宅用地供应分类调控目标的基础上，调整确定2019年住宅用地供应"五类"（显著增加、增加、持平、适当减少、减少直至暂停）调控目标。其中特别指出，消化周期在36个月以上的，应暂停供地；36~18个月的，要适当减少供地；18~12个月的，维持供地持平水平；12~6个月的，要增加供地；6个月以下的，要显著增加并加快供地。按照住房消化周期来引导住宅用地供应，有助于实现因城施策、分类调控目标，保持住宅用地供应稳定，引导市场预期，促进房地产用地市场平稳健康发展。

2. 提高大城市住宅用地供应比例

住宅用地以满足本地工作生活的居民居住性需求为主要目的，兼顾保障新市民和常住人口的改善性需求。我国住宅用地供应比例偏低，根据中国国土勘测规划院发布的《2021年第三季度全国主要城市地价监测报告》，在监测的105个城市中，住宅用地供应占比为14.4%。近年来，一些城市正在逐步提升住宅用地占国有建设用地供应总量的比例。例如，石家庄在《2021年国有建设用地供应计划》中规定住宅用地占供地总量的30%；深圳也发文拟加大居住用地供应，年供占比不低于30%。一些地区还明确提高保障性住宅用地比例，具体幅度由各地结合当地实际情况确定。在部分人口大量流入的城市推进利用集体土地建设租赁住房试点；产业园区中工业项目配套建设行政办公及生活服务设施的用地面积占项目总用地面积的比例上限由7%提高到15%。

3. 完善住宅用地"招拍挂"出让方式

商品住宅用地继续坚持招拍挂出让，完善挂牌方式，逐步扩大招标方式出让比例。鼓励各地在保证公平、公正、公开的前提下，结合实际选取"招标挂牌复合出让""限房价、竞地价""地价房价双竞""限地价、限房价、竞配建""竞自持面积"等方式。北京在实践中率先提出"竞地价+竞高标准建设方案""竞地价+竞政府持有产权份额"，得到了住建部的认可和推广。武汉等地提出"竞地价款的付款进度""竞现房销售的比例""竞全装修房屋的比例"，不断改进价高者得土地的出让方式。

4. 试点实施"两集中"供地方式

在土地市场热度高的情况下，为提高市场信息透明度，并为市场主体提供更多选择和机会，要营造更加公开透明的环境，引导市场回归理性。2021年2月，自然资源部要求22个试点城市实施住宅用地"两集中"政策，即集中发布出让公告、集中组织出让活动，且2021年发布住宅用地公告不能超过三次，同时要求试点城市单列租赁住房用地占比一般不低于10%。数据显示，2021年，22个试点城市集中供地期间，累计成交住宅用地2 064宗，成交规划建筑面积24 380万平方米，累计完成出让金超22 804亿元，多个城市完成全年供地计划。

"两集中"供政策在2021年上半年未达到稳地价目的，之后主管部门对土地出让政策进行了调整，包括进一步加强管控措施，部分城市延期拍卖，要求土地溢价率不得超过15%等。而随着2022年和

2023年上半年土地拍卖市场趋冷，2023年主管部门进一步优化集中供地政策，取消全年供地次数限制，取消地价限制，并建立拟出让地块清单公布制度，给市场主体充足的时间预期预判。

（二）健全财税支持政策

1. 稳步推动房地产税改革

我国直接涉及房地产的税种有房产税、城镇土地使用税、耕地占用税、土地增值税、增值税（2016年5月前为营业税）和契税。间接涉及房地产的税种有企业所得税、个人所得税、城市维护建设税和印花税。还有教育费附加。我国房地产相关税以交易环节的税收为主，持有环节仅有房产税和城镇土地使用税，房屋持有使用成本低。同时存在种类过多、重复征税、不符合简化税制的原则，导致纳税人的不规范交易行为增多，造成税款流失。调整房地产税结构，增加持有环节税收是房地产相关税立法调整的重点。

2017年12月20日，财政部部长肖捷在《人民日报》发表的《加快建立现代财政制度（认真学习宣传贯彻党的十九大精神）》指出，按照"立法先行、充分授权、分步推进"的原则，推进房地产税立法和实施。对工商业房地产和个人住房按照评估值征收房地产税，适当降低建设、交易环节的税费负担，逐步建立完善的现代房地产税制度。2019年3月9日，全国人大财经委副主任委员乌日图称："房地产税法由全国人大常委会预算工作委员会会同财政部组织起草，目前相关部门正在完善法律草案、重要问题的论证等方面的工作，待条件成熟时提请全国人大常委会初次审议。"2021年3月，《"十四五"规划》发布，其中明确推进房地产税立法。2021年5月，四部委主持召开房地产税改革试点工作座谈会。2021年10月，全国人民代表大会常务委员会授权国务院在部分地区开展房地产税改革试点工作。之后部分重点城市对房地产税方案进行探讨。

由于疫情反复使得国内经济运行承压，2022年3月16日，财政部有关负责人表示今年内不具备扩大房地产税改革试点城市的条件。总体上，房地产税改革涉及现有房地产开发模式、地方政府财税结构和稳定、住房产权人利益及税租关系认知等问题，也直接影响当前房地产市场发展预期。国内房地产税立法及房地产税试点仍需稳妥推进。

2. 给予租赁发展财税支持

中央财政加大奖补支持力度。财政部、住建部"2019年中央财政支持住房租赁市场发展试点入围城市名单公示"显示，北京、长春、上海、南京、杭州、合肥、福州、厦门、济南、郑州、武汉、长沙、广州、深圳、重庆、成都入选2019年中央财政支持住房租赁市场发展试点城市名单。中央财政对确定的示范城市给予奖补资金支持，试点示范期为三年。奖补资金标准按城市规模分档确定，直辖市每年10亿元，省会城市和计划单列市每年8亿元，地级城市每年6亿元。

为支持专业化、规模化租赁机构发展，财政部、国家税务总局和住建部联合发出公告，调整房地产相关税收。房产税原来以房产余值或房产租金收入为计税依据，税率分别为1.2%和12%；2021年10月1日起，企事业单位、社会团体以及其他组织向个人、专业化、规模化住房租赁企业出租住房的，减按4%的税率征收房产税。住房租赁企业中的一般纳税人向个人出租住房取得的全部出租收入，可以选择适用简易的计税方法，按照5%的征收率减按1.5%计算缴纳增值税，或适用一般计税方法计算缴纳增值税。

（三）发挥金融政策的作用

1. 完善差别化信贷管理

差别化信贷政策是通过对购房者的调控，以遏制投机性行为，这种方式在我国房地产市场发展和调控政策实践中占据越来越重要的地位。我国已经建立起针对首套、二套及以上，普通住宅及非普通住宅的住房差异化贷款首付比例和贷款利率。2017年以来实行的差别化信贷政策是，对购买首套、普通住宅家庭给予首付款比例和贷款利率支持，以支持居民家庭首次购房；对购买高档商品房、别墅或第二套以上（含二套）商品房的借款人，商业银行可以适当提高个人住房贷款首付比例。2022年下半年，央行工作会议提出因城施策实施好差别化住房信贷政策，更加体现了各地房地产市场发展差异规律和政策诉求差异。

2. 加强房地产开发资金监管

建立并加强购地资金来源审查制度。2017年4月1日，住建部和国土资源部联合印发了《关于加强近期住房及用地供应管理和调控有关工作的通知》(建房〔2017〕80号)，要求各地建立购地资金审查制度，确保房地产开发企业使用合规自有资金购地。2022年8月，自然资源部的集中供地优化方案中强化了对资金的监管力度，即"房地产企业参与土地竞拍和开发建设过程中，其股东不得违规对其提供借款、转贷、担保或其他融资便利。参与土地竞买的主体必须提供资金来源证明，将现行工具箱中的'建立购地资金来源审查制度'由可选项改为统一实施的政策措施"。

3. 加强房地产贷款规模审慎管理

2019年以来，银行机构加强对房地产贷款额度的管理，对房地产贷款集中度过高和增速过快的银行，提出更高的资本要求。2020年12月31日，央行和银保监会发布了《关于建立银行业金融机构房地产贷款集中度管理制度的通知》，提出两部门将根据银行的资产规模及机构类型，分档对其房地产贷款集中度进行管理，设置房地产贷款占比上限和个人住房贷款占比上限。房地产贷款集中度管理制度对房地产信贷规模进行控制，对房地产行业依托高杠杆、高负债发展进行限制，有助于提高金融体系韧性和稳健性。同时，严禁中介机构、住房租赁企业通过自办金融或与其他机构合作，为购房、租房违规加杠杆提供产品和服务。

4. 加强房地产开发企业融资负债管理

对房地产开发企业各类融资实行全口径管理，对资产负债率过高的开发企业实施融资限制，促使行业降低负债率是防控房地产金融风险的内在要求。2020年8月，住建部、央行召开重点房地产企业座谈会，提出"三条红线"监管要求。按照监管要求，从2021年1月1日起，房企正式进入降杠杆测试期。到2023年6月底，12家试点房企的"三条红线"指标必须全部达标，2023年底所有房企实现达标。"三条红线"限制房企负债水平，促使"高杠杆、高负债、高周转"的房地产开发模式发生转变，促使房地产市场回归理性。

（四）发挥住房保障政策作用

1. 加快完善住房保障体系

党的十九大以来不断强调健全住房市场和住房保障"两个体系"。住房保障体系是以满足群众基本住房需求为重点，在充分考虑不同群体的住房条件、支付能力基础上建立起来的，政府在保障体系中更多发挥的是补位作用。我国目前的住房保障体系包括公租房、保障性租赁住房、共有产权房、棚改房、住房货币补贴等。2021年6月，国务院办公厅印发《关于加快发展保障性租赁住房的意见》（国办发〔2021〕22号），首次明确了住房保障体系的顶层设计，并从土地支持、优化行政审批、资金支持、减税降费和金融支持等五方面入手，明确保障性租赁住房基础制度和支持政策。也对保障性住房的准入、使用、退出、运营管理机制做出规定。

2. 大力发展保障性租赁住房

扩大保障性租赁住房供给，有助于完善住房供给结构，帮助新市民和青年人实现长期租赁或先租后买。各地推动多方参与，落实支持政策，多主体、多渠道发展保障性租赁住房的格局已经初步形成。2021年、2022年全国共建设筹集330万套（间）保障性租赁住房，可解决近1 000万新市民、青年人的住房困难。"十四五"期间，40个重点城市将建设筹集650万套（间）保障性租赁住房，可解决近2 000万新市民、青年人的住房困难问题。

3. 规范发展公共租赁住房

我国公租房运营管理不断加强，实物供给数量显著增加，货币补贴制度不断完善，为城镇住房、收入困难家庭进行兜底保障。到2021年底，全国有3 800多万困难群众住进了公租房。通过公租房实物保障和租赁补贴，解决了大量困难群众的住房问题。

4. 因地制宜发展共有产权住房

2014年4月，北京、上海等六个城市启动发展共有产权住房试点；2017年9月，住建部发文支持北京和上海试点深化，并向广州、成都等城市拓展。到2021年底，北京已累计筹集共有产权住房约8.3

万套，上海已经签约 13.6 万户。共有产权住房衔接商品住房与保障性住房，能够帮助有一定经济能力的家庭以较低门槛拥有产权住房。

（五）发挥市场监管政策作用

1. 建立房地产市场调控政策协同机制

保持房地产调控政策的连续性、稳定性，增强调控政策的协调性、精准性，支持刚性和改善性住房需求，遏制投机炒房。主要包括加强住宅用地供应管理，建立住房与土地供应联动机制；完善房地产金融宏观审慎管理，促进房地产与金融良性循环。

2. 建立房地产市场监管部省市联动机制

适应房地产市场运行规律，实施部省市三级联动管控，夯实城市主体责任，强化省级政府监督指导责任，因城施策用足用好政策工具箱，加强城市"一城一策"实施及部省指导。大城市房地产投资属性强，住房供需关系矛盾突出，是房地产市场监管的重点区域，也是"一城一策"试点的主要区域，按照政策方向，由各地根据实际情况确定是否限售、限价等。

3. 健全房地产市场监测预警和评价考核机制

建立健全房地产市场信息系统和监测体系，常态化开展月度监测、季度评价、年度考核。对超出调控目标的城市，通过发函预警、会商约谈、调研督导等方式，督促城市人民政府采取有效措施，切实稳定市场。

4. 加强房地产市场秩序整治

开展整治房地产市场秩序三年行动，重点整治房地产开发、房屋买卖、住房租赁、物业服务等领域违法违规行为。2019年12月，住建部等六部门印发《关于整顿规范住房租赁市场秩序的意见》（建房规〔2019〕10号），要求规范住房租赁市场主体经营行为，保障住房租赁各方特别是承租人的合法权益。2021年7月23日，住建部等八部委开会提出"力争用三年左右时间实现房地产市场秩序明显好转"，并明确要因城施策，重点整治房地产开发、房屋买卖、住房租赁、物业服务四方面的问题。

5. 加强资金监管降低市场风险

2021年下半年以来，受国内个别头部房企信用违约和项目停工影响，各地加强商品房预售资金监管。在疫情影响销售进度和融资难度加大背景下，预售资金监管强度的增加，加大了房企资金链紧张，企业难以像以往那样统筹推进不同项目。预售资金监管要着重处理好"管住"与"管好"的关系，实现"管住、不管死"。

三、房地产市场调控与"因城施策"的实施

2016年9月以来，房地产市场调控政策主要由地方政府出台调控文件。在我国"房住不炒"定位，"稳地价、稳房价、稳预期"目标导向下，各地因城施策，积极落实房地产市场调控长效机制，推动城市房地产市场平稳健康发展。

（一）"因城施策"的调控内涵

1. "因城施策"与长效机制

因城施策广义上属于房地产市场调控长效机制的重要部分。房地

产市场调控从全国统一施策到推行因城施策，遵循了经济发展和房地产市场分化的演进规律。党的十八大以来，"因城施策"的具体表述经历了从"分类调控"和"差别化调控"到"分类指导"，再到部分城市试点的"一城一策"，反映出中央层面政策的角色由直接"调控"逐渐转变为间接"指导"，政策越来越能体现各个城市的独特性。

在城市房地产市场日趋分化及各地供需矛盾存在差异的环境下，2016年10月以来的房地产市场调控政策，基本以各个地方政府为主出台本地政策。这就意味着在保证房地产市场平稳的大前提下，各地可依据自己的实际情况出台具有一定针对性、个性化的政策，不搞"一刀切"，为房地产市场健康发展提供保障。

2. "因城施策"的实施内容

从以往的调控政策来看，地方政府对楼市调控的政策主要集中于限购、限售、购房补贴、放宽落户、土地供应等方面，信贷方式体现在调整公积金贷款额度、首套和二套住房贷款差异方面，而地方对信贷手段的利用还不频繁，并且有一定的拘束性。2022年8月24日，国务院常务会议部署稳经济一揽子政策的接续政策措施，加力巩固经济恢复发展基础。关于房地产市场，会议提出允许地方"一城一策"运用信贷等政策，合理支持刚性和改善性住房需求。8月31日，国务院常务会议指出，支持刚性和改善性住房需求，地方要"一城一策"用好政策工具箱，灵活运用阶段性信贷政策和保交楼专项借款。允许地方"一城一策"运用信贷等政策，深化了"因城施策"的内涵和意义，有助于落实房地产市场调控城市政府主体责任。

3. "因城施策"的问题导向

伴随着中国的快速城镇化，大量新市民、年轻人涌入城市，城市特别是大城市的高房价提升了人口市民化的成本，房价过快上涨和居民高杠杆也对消费形成挤出效应。如2020年12月的中央经济工作会议提及"解决好大城市住房突出问题"。而对于县域中小城市和小城镇，一些地区却面临较大库存，这使得房地产市场区域分化现象不断凸显。因此，在坚持问题导向和目标导向统一的前提下，要区分热门城市和非热门城市，进行"因城施策"。

对于热门城市，坚持"房子是用来住的、不是用来炒的"定位，因地制宜、多措并举，促进房地产市场平稳健康发展，在市场上行时既要围绕"稳地价、稳房价、稳预期"目标，保持热门城市的房地产市场调控政策稳定性；在市场供需关系发生变化时，优化限制性调控政策。同时，要在供给端补齐短板，多措并举支持新市民解决住房问题。对于非热门城市，特别是人口流入规模较小的县域中小城市和小城镇，要强化供给侧结构性改革，以需定供，取消需求端行政限制性政策，减少房地产市场库存，推动房地产市场与人口增长、经济提质的协同发展。

（二）热门城市落实"因城施策"

一、二线城市房价高、供需关系紧张，是房地产市场调控的重点区域。这些城市保持房地产市场稳定健康，扩大住宅用地供给规模，完善住房供给体系，因城采取必要的需求端调控措施，并率先推动房地产行业高质量发展。

1.加快住房租赁市场发展，加大保障性住房供给

大城市商品住房价格高，同时是人口净流入的最主要区域。大城市住房市场的矛盾主要体现在供需的规模、结构、空间乃至户型的不

匹配上。支持住房租赁市场发展，加大长期租赁住房供应，是解决新就业大学生和外来务工群体安居、稳居的重要途径。而且，加大租赁住房供应还可以通过供给结构的优化，来减缓年轻人进入销售市场，降低价格上涨动力，有助于稳定房地产市场。2017年7月，住建部等九部门联合印发《关于在人口净流入的大中城市加快发展住房租赁市场的通知》，要求在人口净流入的大中城市，加快发展住房租赁市场。在热门大城市发展保障性租赁住房，有助于帮助大城市新市民、青年人实现"安居梦"。直辖市、省会城市及其他重点城市可因地制宜推进共有产权住房建设，兼顾住房保障和房地产市场稳定关系。

2. 扩大住宅用地供应规模，优化住宅用地供应结构

（1）加大住宅用地供给

热门城市进入了城镇化后期，第三产业比重较高，需要的服务人员较多，过往土地供给结构中工业用地供给比例过高，住宅用地供给不足。这些地区应遵循需求特点，以需求为导向扩大住宅用地供应规模和比例，并将租赁用地单列。城市建设和土地利用规划及其年度实施计划安排的建设用地供应，优先满足住宅用地需要，保障性住房用地应保尽保。地方土地主管部门对规划、计划执行情况进行监督考核，提高供地计划执行率。

（2）支持租赁住房建设

高房价背景下，匹配支付能力和户型需求的租赁住房建设及筹集，是解决大城市新市民住房问题的重要渠道。2017年，国土资源部和住建部印发《利用集体建设用地建设租赁住房试点方案》，确定第一批在北京、上海、沈阳、南京、杭州、合肥、厦门、郑州、武汉、广州、佛山、肇庆、成都等13个城市开展利用集体建设用地建设租赁住房试点，增加租赁住房供应，缓解住房供需矛盾，构建购租并举的住房体系。2018年4月，证监会、住建部联合发布《关于推进住房租赁资产证券化相关工作的通知》，支持住房租赁资产证券化发展。2019年7月，财政部、住建部组织评审出北京、长春等16个大城市，作为开展中央财政支持住房租赁市场发展试点。未来仍需健全土地、融资和财政政策支持，支持和规范住房租赁市场发展。

（3）保持土地市场稳定

加强土地市场稳定的精准调控。在房价持续上涨时期，探索和推开"限房价、竞地价""限地价、竞房价""限房价、竞地价、竞配建"等土地出让模式，稳定地价、房价。如北京、杭州、南京等地将高标准建设工程设计方案、配套基础设施、配建公租房或保障性租赁住房、自持运营面积等规定纳入土地出让环节，在出现开发商竞买报价达到出让宗地土地合理上限价格等情况时，转入标准商品住宅建设方案投报等程序，保持土地市场稳定。在市场预期转变和土地市场低迷时期，因城调整土地招拍挂政策，如取消集中出让次数规则，建立出让地块清单，为市场主体研判地块信息留足时间；取消限制性的地价上涨政策，由市场主体决定土地价格，减少政府行为对价格形成的干预。

（4）推动职住平衡发展

《"十四五"规划》在住房方面，提出"让全体人民住有所居、职住平衡"。实际上，在大城市职住平衡已经成为城市规划和住房布局的政策目标和重要内容。职住平衡强调了一定范围内居民中劳动者的数量和就业岗位的数量大致相等，如《北京城市总体规划（2016年—2035年）》提到优化就业岗位分布，缩短通勤时间，创新职住对接机制，推动职住平衡发展。到 2020 年北京全市城乡职住用地比例由 2015 年的 1∶1.3 调整为 1∶1.5 以上，到 2035 年将调整为 1∶2 以上。上海、广州、深圳等城市也通过规划、住房、土地等措施推动职住平衡，具体见表 3-6。

表 3-6　北上广深职住平衡主要政策对比

地市	年份	政策文件	主要内容
北京	2017	《北京城市总体规划（2016年—2035年）》	到 2020 年北京全市城乡职住用地比例由 2015 年的 1∶1.3 调整为 1∶1.5 以上，到 2035 年将调整为 1∶2 以上
上海	2021	《关于本市"十四五"加快推进新城规划建设工作的实施意见》	提出未来要将嘉定、青浦、松江、奉贤、南汇等五大新城建设成长三角独立的综合节点型城市。要加快商品住房建设和供应，同时增加新城人才公寓、公租房等保障性租赁住房供应量和比重
广州	2020	《中共广州市委广州市人民政府关于深化城市更新工作推进高质量发展的实施意见》《广州市深化城市更新工作推进高质量发展的工作方案》	打造 50% 以上适龄就业人口 30 分钟通勤、40% 以上居民享受低成本住房的城市新格局，促进广州城市高质量发展
深圳	2021	《深圳市国民经济和社会发展第十四个五年规划和二〇三五年远景目标纲要》	重点解决住房发展不均衡的问题。构建位于城市外围区域的多个综合性或专业化市级服务中心，建设一批产城融合、职住平衡、生态宜居、交通便利的现代化新城

资料来源：作者整理。

3. 以"三稳"为目标，健全房地产市场调控政策

"稳地价、稳房价、稳预期"是保持房地产市场平稳健康发展的核心。热门城市在加大供应的同时，适度采取行政调控手段，支持合理性住房需求，抑制投机行为，推动房地产市场平稳发展。

（1）支持刚需和改善性住房贷款

限贷政策不仅体现了对首次购房家庭的支持，也体现了对改善性、投资性、投机性不同需求的金融调节。在房地产市场过热时期，热点城市限贷政策区分首套与非首套、普通与非普通住宅，北京和上海等大城市还通过实行"认贷"与"认房"结合的方式来确定首套与非首套的关系。为应对房价过快上涨，热门城市纷纷上调二套房认定标准和首付比例，北京、深圳等地非普通住房二套首付最高达到80%，普通住房二套首付北京最低为60%，上海最低为50%，深圳最低为50%，广州最低为40%，具体贷款首付比例见表3-7。

表3-7　2021年北上广深个人住房商业贷款首付比例

单位：%

城市	无房无贷 最低首付比例		无房有贷 最低首付比例		拥有一套房 最低首付比例	
	普通住房	非普通住房	普通住房	非普通住房	普通住房	非普通住房
北京	35	40	60	80	60	80
上海	35	35	50	70	50	70
深圳	30	30	50	60	70	80
广州	30	30	40	70	无贷：50 贷款未结清：70	70

资料来源：作者整理。

但同时，限贷政策也在一定程度上损害了部分刚性和改善性需求。如北京的"认房认贷"政策，将在外地有过贷款记录的在京无房家庭认定为非首套住房家庭，将以小换大住房家庭的改善性需求作为非首套住房需求，导致住房首付款额度大幅提升；对应的贷款利率也相应提高，增加了这部分家庭的住房负担。为满足合理性购房需求，2023年9月，一线城市实施"认房不认贷"政策，对首套房资格进行确认，并相应调整存量贷款利率，在一定程度上优化了刚性和改善性住房需求的金融支持政策。

（2）优化调整住房限购政策

自2011年以来，限购政策经历了出台实施（2011—2013年）—取消限购（2014—2016年9月）—重新实施限购（2016年9月—2021年上半年）—取消限购（2021年9月至今）四个阶段。2021年9月至今，大部分实施限购的中小城市放松或全面取消了限购政策。其中，2022年9月，紧邻北京的廊坊市也全面取消限购政策。青岛、东莞、唐山、大连等大中城市，除核心街道或市辖区外，其他区域暂停实行住房限购政策。受市场预期低迷影响，2023年以来，部分热门二线城市进一步取消或放松限购政策。一线城市和少数热门二线城市房价高，是人口流入和经济增长的核心区域，限购政策放松容易引起房价上涨压力，应当在保持限购政策稳定性的前提下，结合首套房认定标准、城市限购范围等对限购区域、限购对象和限购路径进行优化。

（3）严格离异购房政策，填堵漏洞

限制离异购房是对限购政策的补充，防止通过"假离异"购房降低税收、贷款利息和限购套数。2017年3月，北京出台《关于加强北京地区住房信贷业务风险管理的通知》，对于离异一年以内的房贷申请人，商贷和公积金贷款均按二套房信贷政策执行。2020年，深圳、南京、无锡、宁波等地加强对离异人士的购房套数认定，填堵假离异购房漏洞。事实上，为打击"假离异"购房现象，各地相关银行对离异人士购房贷款也有相应的期限限制，见表3-8。

表3-8 2018—2021年部分城市离异购房政策调整

日期	城市	离异人士购房套数认定
2018.05	成都	两年内购房，按离异前家庭总套数认定；分区县实施政策
2018.06	长沙	两年内购房，按离异前家庭总套数认定，且购房附加限制条件
2020.07	深圳	三年内购房，按离异前家庭总套数认定
2020.07	南京	两年内购房，按离异前家庭总套数认定；两年以上，带未成年子女的名下最多两套，不带未成年子女的名下最多一套
2020.08	无锡	两年内购房，按离异前家庭总套数认定
2020.12	宁波	离异单身未满两年，购房条件：本市居民无房且离异前最多只有一套；非本市居民需离异前无房，且提供连续24个月社保或个税证明
2021.01	上海	三年内购房，按离异前家庭总套数认定
2021.08	北京	三年内购房，按离异前家庭总套数认定

资料来源：作者整理。

4. 健全预售资金监管，逐步改进预售制度

（1）预售资金制度体系

1994年《城市房地产管理法》确立了商品房预售制度，对预售条件、监管做出原则性规定。商品房预售需要满足两项条件：一是开发商取得"四证"；二是工程进度达标，即投入开发建设的资金达到工程建设总投资的25%以上。预售制度将住房供给、消费与金融密切结合，降低了房地产开发建设的资金成本。1995年《城市商品房预售管理办法》实施后，商品房预售制度在全国铺开。

商品房预售制度对加快房地产开发和市场发展起到积极作用，主要是加快了资金周转速度，提高了资金使用效率，发挥了经营性融资功能。对开发商而言，预售制度提供了低成本融资方式，降低了开发

风险，增加了收益回报。对银行机构而言，扩大了住房贷款规模，支持了银行贷款利息收入。对购房人而言，在房价上涨趋势下，预售商品房价格低于现售商品房价格，客观上可以降低购房成本（见表3-9）。但同时，由于预售条件、资金监管和规范管理的法律尚不完善，预售制度也存在一定风险，如开发企业挪用预售监管资金、购房人需要承担烂尾风险，房地产行业粗放发展等。

表3-9 预售制度不同主体利益分析

主体	利益	潜在风险
开发企业	尽快回笼资金，降低资金使用成本，降低开发风险	行业门槛低、过度负债扩张、粗放发展
银行机构	缩短投资回收期，增加银行贷款利息收益，降低投资风险	项目烂尾、购房人偿付违约金
购房人	提前获得住房产权，房价上涨时降低购房成本	信息不对称、产品品质降低、项目烂尾

资料来源：作者整理。

（2）规范预售资金管理

长期以来，国内对于预售资金监管并未有统一的标准，由地方政府制定具体的监管细则。各地在预售资金监管方式、监管额度、监管责任划分上存在很大差异，对行业规范发展形成一定挑战。2021年下半年以来，伴随部分房企债务问题的暴露，一些城市项目停工。2022年2月，住建部、央行和银保监会三部委联合印发了《关于规范商品房预售资金监管的意见》（建房〔2022〕16号），提出通过招标确定监管银行、厘清三方监管部门各自权责、合理确定监管额度、监管账户的设立、建立信息共享机制、确定首末拨付节点等举措，规范和完善商品房预售资金监管。包括热门城市在内，各地为降低预售商品房交付风险，纷纷加强预售资金监管。监管行为的加强也在一定程度上加剧了房企流动性资金压力。

例如，北京市住建委、中国人民银行营业管理部、北京银保监局三部门在2021年11月联合印发《北京市商品房预售资金管理办法（2021年修订版征求意见稿）》，该意见稿拟调整入账流程，规定购房人只有将定金、首付款足额存入专用账户后，方可开通网签，以确保预售资金及时足额直接入账，进一步保障购房人权利。还提出预售资金重点监管额度每平方米不低于5 000元，这一金额较此前大幅提高了43%。预售资金管理在保障项目建设交付安全的同时，客观上加剧了房企现金流压力，降低了房企项目开发统筹能力。而同时，2022年8月，北京住建委发布《关于进一步优化商品住房销售管理的通知》，商品住房项目按栋申请办理预售许可，按预售许可范围进行预售资金监管，对已纳入监管范围的预售资金不重复监管。这意味着在加强预售资金监管的同时，可以结合商品房销售实际，分多次申请项目预售，体现了刚性和弹性的结合。

（3）探索改进预售制度

预售制度与大规模房地产开发建设阶段相适应，满足了房地产开发的资金需求。目前，少数热门城市对出让地块提出了竞现房面积和比例要求，是推进现房制度的有益尝试。但现有尝试更多作为稳定土地市场的手段，应该认识到，预售制度本质上发挥着房地产开发的资金筹措功能，也就意味着预售制度取消需要新的融资模式和相应政策的创新。因而，随着房地产行业由增量开发向增量和存量并重转型，预售制度改革需要因地制宜、稳妥推进，不宜"一刀切"，热门城市可率先推进现售。同时，积极探索房地产开发替代性融资渠道，或者可以借鉴国外成熟的预售订购模式，保障购房者权益，推动房地产行业高质量发展。

（三）非热门城市落实"因城施策"

对于非热门的三、四线城市及其他中小城市，要适应人口流出的新形势及房地产市场供需关系变化的新趋势，以需求为导向，强化供给侧结构性改革，积极转变城镇建设依赖房地产开发的模式，并调整市场调控措施，逐步取消需求端各种管制措施。

1. 健全"人、房、地、钱"挂钩机制

在地方经济增长和城镇建设导向下，地方政府追求经济带动和土地出让收入。由于各地对于土地和住房供应的策略相互独立，一些中小城市借助棚改政策进行大规模拆迁改造，抑或在价格上升期过量出让土地，造成城市住房供给过多问题，形成了阶段性过剩。这些地区未来要完善"人、房、地、钱"四个要素联动机制，强化以需求为导向，加强对人口增长和住房需求的分析研判，确定住宅用地供应规模和供应结构，形成以人定房、以房定地、以房定钱新机制。

健全"人、房、地、钱"联动机制，除了关注需求，还要综合供给和使用状态，建立预警和调控体系。未来可以加强省市两级房地产健康发展监测和预警，将人口流动、不同类型的需求指标，在建未售及已供未建的供给指标，人均住房面积、住房空置率等的状态指标纳入监测体系，设定预警阈值范围，对地级市和县级市新增住宅用地规模进行管控。同时，探索省域或地市范围内大、中、小城市建设用地规划指标的地区交易，提高住宅和商业用地的空间配置效率。

2. 取消需求端限制性政策

2022年上半年开始，福州、郑州、哈尔滨、青岛、成都、南京、

武汉等众多二线城市纷纷放松或取消限购、限售等限制性措施。一些非热门的三、四线城市，除了取消限制性政策，还从降首付比例、发放购房补贴、提高公积金贷款额度等方面支持住房消费，需求端政策调整力度加大。

　　房地产调控实施"因城施策""一城一策"，实施差异化信贷政策、差异化限购政策和准入政策等是应有之义。应当在非热门城市得到充分体现。第七次全国人口普查数据显示，中国东北、中部及西部地区人口流出的县域单元数量不断增加，其城区人口增长速度也已十分缓慢。一些地区正处于"城市收缩"过程。城镇化流入人口是住房刚需的主要构成部分，人口流入规模缩小及人口流出情况增多，既要求这些地区及时转变依赖房地产的经济方式，也要求在房地产市场调控上做出必要调整。未来，非热门城市，特别是绝大多数的县域单元中小城市，应逐步取消限购、限贷、限价等各项行政限制政策，以健全"人、地、房、钱"挂钩机制为重点进行供给端改革，支持刚性和改善性需求。

下篇
房地产行业可持续发展

第四章

房地产行业可持续发展与变革方向

未来，我国房地产行业如同我国经济一样，要实现高质量增长，新的房地产行业发展模式必须适应房地产行业从成长期向成熟期转变的要求，适应城市发展从外向型向提升型转变的要求，适应宏观经济从规模型到质量型转变的要求。房地产行业要实现可持续发展，需要从土地供地模式、住房供给模式、房地产金融模式和房地产企业经营模式等多个方面进行变革。

一、房地产行业可持续发展之国际比较

我国和美国、日本的房地产市场虽然在基本制度、市场环境和企业运营模式等方面存在较大差异，但我国目前房地产市场的发展阶段是这些国家曾经历过的阶段，面临的问题具有一定的相似性，因此总结美国、日本龙头房企的生存发展之道，或对国内房企探索新模式具有启示意义。

（一）美国房地产行业的发展与变革

1. 美国房地产行业整体特征

高度的专业化分工和丰富的金融支持是美国房地产行业的两大特征。

专业化即美国不同类型房企深耕细分领域，极少混业经营，住宅建筑商主攻开发，通过产品线标准化提高周转、增加盈利；商业地产运营商则通过长期持有核心区位资产、专业化运营管理获取租金利润。开发、建造、销售及物业管理等各个环节都有专业的运营公司。

美国房地产金融发展水平高，房企对金融依赖程度深，并受金融主导。房企融资渠道广泛，资产证券化发达，资金来源于社会大众，收益也由大众共享，有效地分散了资金高度集中带来的风险。与我国房企金融化不同，美国住宅开发企业开展的按揭贷款发放、产权保险等金融业务是住房销售的附属业务，主要服务于本公司的购房者。2017年，在霍顿、莱纳、帕尔迪等公司发放的按揭贷款中，分别有95%、80%、80%是向本公司的购房者发放的。三家公司金融业务收入占总收入的比重分别是2.5%、2.2%、8.3%，税前净利润占比分别是7.0%、7.8%、11.7%。

2. 美国住房发展历程

（1）住宅产业的定位

住宅产业是国家经济发展的调节阀门。住宅产品的稳定需求（生活必需品）和房地产行业在美国国民经济中的重要地位决定了它作为国家重要的经济发展调节阀门的地位。

根据《房地产大周期的金融视角》一书的研究，在美国，如果排除房地产的周期性波动，那么住宅投资对经济中长期增长的贡献几乎可以忽略不计，如 1947—2007 年，美国正常周期中住宅投资的贡献率只有 0.04%，远低于服务业 1.15% 的贡献率。但住宅的必需品的使用属性和较高的投资价值使得有关部门在经济衰退期通过推动住宅产业高速发展，来弥补其他行业发展的不足成为可能。因此住宅投资可以成为经济走出衰退、步入复苏的重要驱动力。当美国经济发展比较平稳时，政府对住宅产业的关注较少，侧重通过发展其他行业来带动国家经济；而当经济发展缓慢时，政府会通过刺激住宅产业的发展来带动相关行业的发展，且作用明显。如，在 1980—1982 年，美国发生了严重的经济衰退，GDP 增速直线下滑，里根总统为振兴经济，在 1981 年颁布了《经济复苏税收法案》，对房地产行业实行税收优惠政策，此后三年新屋销售量直线上升，对经济复苏起到了积极作用（见图 4-1）。

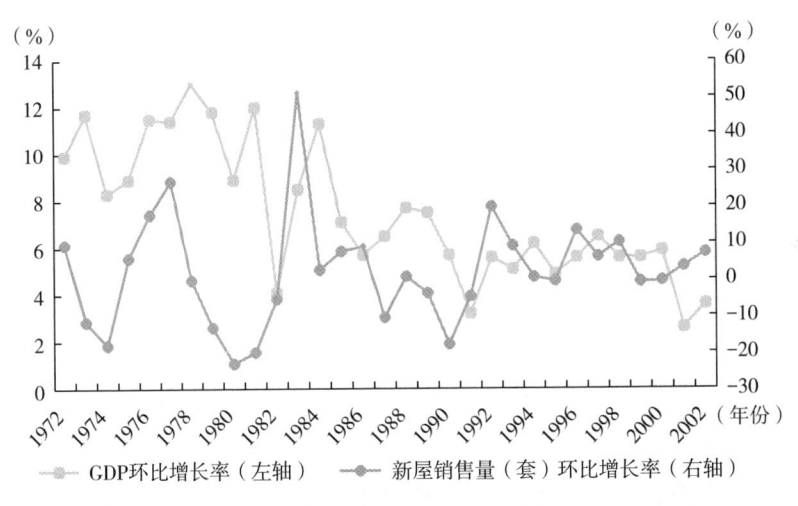

图 4-1 美国 GDP 环比增长率与新屋销售量环比增长率对比

资料来源：Wind。

（2）影响美国住房市场变化的驱动因素

一是利率。利率的高低反映出房地产投资的机会成本水平。对于开发商而言，利率上升，增大了房地产投资的机会成本，因而会对房地产投资起到一定的抑制作用。与此相反，如果银行利率越低，则表明房地产投资的机会成本越小，进而刺激了对房地产的投资。对于消费者而言，利率上升会使购房者减少当下的消费行为而选择未来消费，对购房的需求也会减少；反之则会增加。从图 4-2 中可以看出 1975—2001 年美国新屋销售数量均与抵押贷款利率成一定的反比例关系。

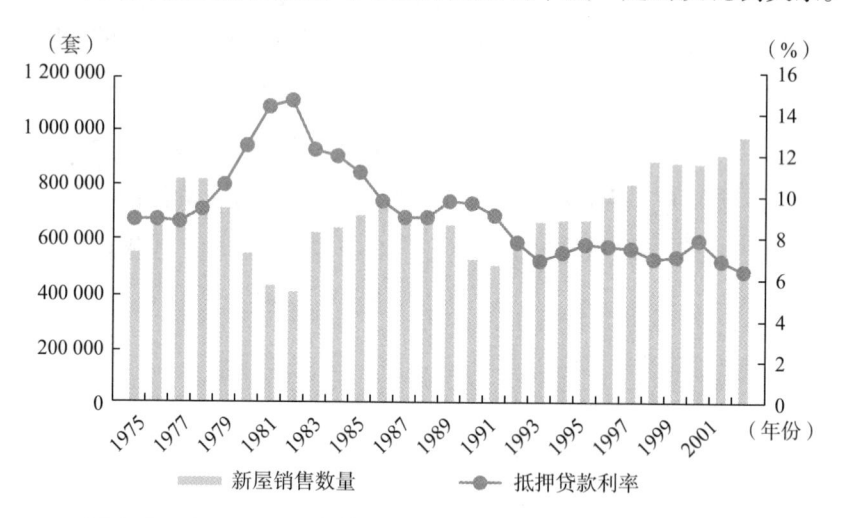

图 4-2 1975—2001 年美国新屋销售数量与抵押贷款利率变化趋势
资料来源：美国商务部经济分析局。

二是人口。首先，人口的流动催生了新兴住宅市场的形成，刺激了新建住宅市场和租赁住宅市场的发展。人口的流动包括城市内外人口的流动和地区之间的流动。对生活环境和配套设施需求的差异带动了城市内外的人口流动，如新近毕业的年轻人希望享受城市的各种公共、娱乐设施而选择在城市中心定居，老年人因依赖城市的公共卫生、医疗事业而选择居住在城内，父母为子女教育考虑而选择到好的学区居住等。地区之间人口流动的驱动力主要来自经济发展的不平衡性，流动的方向主要从东北部、中西部向南部和西部迁移，此外高新技术发达的区域也吸引了大量的劳动人口，并在当地安家置业。区域经济发展的周期性波动则进一步刺激了这种流动的加剧。其次，消费者收入水平提高是住宅消费的经济基础。全球40多个国家的调查数据显示，当人均GDP在800~13 000美元时，住宅产业出现加速发展的态势；其中，在人均GDP达到3 000美元后，居民对住宅地点的选择显现出从城市到城郊、乡村的趋势。美国的经济在19世纪完成了人均GDP从1 000美元到3 000美元的跨越。

美国平均的房价收入比是3~5倍（见图4-3），当然纽约、加利福尼亚州等地区因地价更高，所以房价收入比要高出不少，这种"买得起"的住宅价格水平让消费者重复购买的机会增加，而重复购买反过来会增加住宅市场的容量，刺激住宅市场的发展。

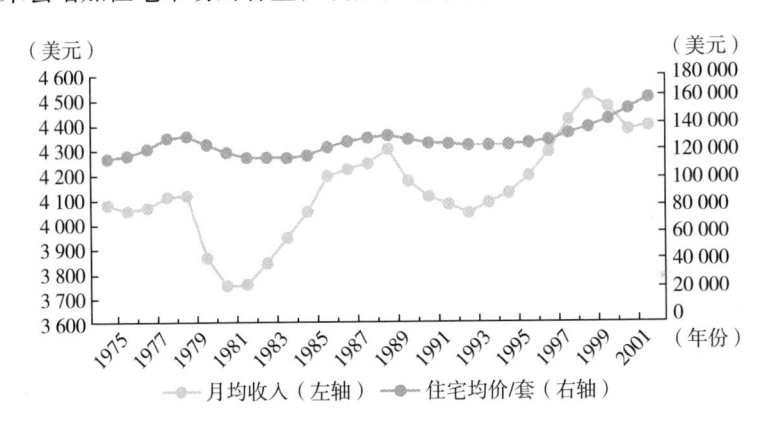

图4-3　1975—2001年美国住宅均价与消费者月均收入对比

资料来源：美国商务部经济分析局。

三是金融杠杆。金融杠杆可以放大住房的支付能力，从而带动住房市场发展。美国有三次房地产金融创新，第一次创新是建立了新的住房抵押贷款体系。贷款期变长、利率变低、实行月付，由此提高了购房者的支付能力；此外还引入了国家担保，即由联邦住房管理局为合规贷款提供担保，降低了抵押贷款发放机构的经营风险，促进了贷款的发放和住房供应的增长。通过抵押贷款和国家担保，变相增加了购房者的可支配收入，解决了经济大萧条所带来的支付能力断链问题。

美国为信用记录高的个人提供15年或30年的固定利率贷款，而且还可以根据利率变化再贷款，自住购房还有税收抵扣，加之美国人的低储蓄率，所以在美国购房必用杠杆。有意思的是，2008年美国次贷危机发生时，相当多家庭因浮动利率贷款，在美联储连续升息时，因还不上银行贷款而被银行收回房屋再出售，房地产价格大幅下跌。2021年夏天到2021年底，美国的通胀率从4%飙升到7%以上，为应对通胀而继续加息，2022年3—7月，美联储累计加息幅度达525个基点，将联邦基金利率目标区间推升至5.25%~5.5%，是22年来的历史高点，但房价还在加息中不断上涨。究其原因，主要是目前90%的购房者是以3%左右的低固定利率贷款15~30年，不受加息影响，而2008年购房贷款中大约只有60%是固定利率贷款。

第二次创新是住房抵押贷款证券化。通过将抵押贷款市场和资本市场联结，抵押贷款发放机构有更广泛、更安全可靠的融资来源，促进抵押贷款的高速增长。抵押贷款的证券化增强了抵押贷款的流动性，提高了证券机构的盈利能力，让购房者能够更多、更有效地利用购房抵押贷款，促进了住宅拥有量的大幅提升。

第三次创新是源于信息技术降低了房地产金融的交易成本。由于信息技术提高了信息的对称性和传播速度，因而推动提高了房地产金融运行的效率，降低了房地产金融行业的交易成本，增大了住房抵押贷款的发放规模。但2008年出现的金融危机也反映出信息偏差带来的风险。

（3）美国的租赁住房发展与REITs

美国租赁住房发展得益于REITs支持。二战后经济复苏，政府主导公共住房行业，推出各项政策，通过刺激供给来缓解租赁住房需求。1967年，美国设立REITs，促成了美国租赁住房市场的第一次发展。20世纪90年代后，宽松的货币政策和扩张的财政政策进一步促进美国租赁住房行业的发展。1991年，权益型REITs的推出使得美国租赁住房市场进入金融创新推动的产业结构转型期；2009年后进入需求侧与供给侧有效结合时期，租赁住房REITs稳步发展。

租赁式公寓REITs的收益情况较为理想。截至2021年6月末，美国公募REITs中租赁住房REITs数量占比为9%，市值占比为12%，居第二位。美国共有22只租赁住房REITs，其中，三只为预制房REITs，两只为租赁式别墅REITs，其余17只均为租赁式公寓REITs，而这17只租赁式公寓REITs总市值超过1700亿美元。随着租赁式公寓业务模式的成熟稳定，一些房地产公司着重在美国热门城市进行租赁式公寓的开发、收购、翻新改造和运营管理。

REITs是助推美国房地产行业走向成熟的重要政策之一。其将房地产投资转化为在市场上可以交易的证券化资产，一方面有效分散了企业和市场的金融风险，为中小投资者提供了机会，增强了资金的流动性；另一方面使收益大众化。房地产的利润被压缩和平分，有利于促进所有持有类房地产提高运营水平，有利于房地产市场的稳定和健康发展。

（4）美国住房市场表现与政策关联度高

美国住房市场每个拐点的出现几乎都与政策相关。如，联邦政府在1949年《住房法案》序言中称，该法旨在"让每一个家庭在适宜居住的环境中拥有一个舒适的家"，1950年市场开工即创新高；1961年肯尼迪总统签署《住房法案》，将联邦住房管理局抵押保险的覆盖范围扩大到分户出售的公寓大厦，为当时不景气的建筑业注入活力，

1962年住房市场就出现了复苏；1970年房地美成立抵押证券市场用以支持传统住宅贷款业务，二级抵押贷款市场出现，1972年住房市场就出现了一个空前的高潮；1995年克林顿总统宣布公民住宅拥有率将在2000年达到67.5%的战略目标，刺激市场持续向好，美国出现了持续13年的房地产市场繁荣。

（5）近40年来《住房法案》主要关注可支付性

美国住房法律众多，总结美国住房政策的变化，大致经历了三个阶段。第一阶段是1960年之前，确立了住宅工程建设规范和交易规则；第二阶段是在1961—1981年，以保护公民享受居住平等权、消除歧视为主；第三阶段是1982年之后，住房政策的重点是关注中低收入家庭的住房可支付性。其实美国住房政策一开始就关注了低收入家庭住房困难的问题，但到了20世纪80年代之后，美国的住房法律法规几乎成为一部部住房保障法规（见图4-4）。

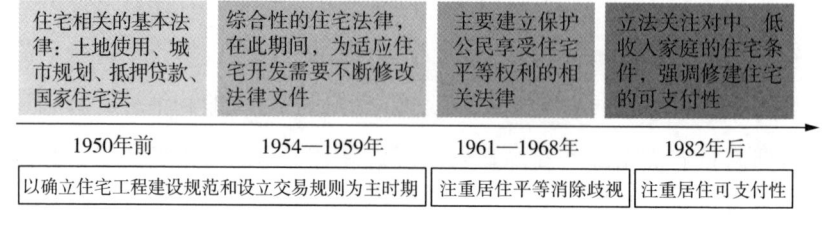

住宅相关的基本法律：土地使用、城市规划、抵押贷款、国家住宅法	综合性的住宅法律，在此期间，为适应住宅开发需要不断修改法律文件	主要建立保护公民享受住宅平等权利的相关法律	立法关注对中、低收入家庭的住房条件，强调修建住宅的可支付性
1950年前	1954—1959年	1961—1968年	1982年后
以确立住宅工程建设规范和设立交易规则为主时期		注重居住平等消除歧视	注重居住可支付性

图4-4 美国住房立法的历史变革

从具体政策看，以1908年国家出台最早的住房相关法律《居住用地规划》（Residence District Ordinance）为标志，之后确立了一些最基本的建筑和交易规范，比如建筑要能预防火灾、对城市内房屋的高度和结构提出要求、对用于建房的土地的占有率提出限制，以及对院子和空地的大小提出限制、对土地的使用进行分区管理、超过分区限制的建筑会受到处罚并不被允许修建、对城市土地的使用进行规划、清除国内的贫民建筑、设立按揭贷款制度等，直到1949年出台《住房法案》，提出"为每一个美国家庭提供体面的、具有良好居住条件的住宅"。

1954年，以出台综合性的住宅法律为标志，主要关注居住平等。1962年，肯尼迪总统颁布第11063号总统行政命令，禁止在住宅修建、购买和享受金融贷款服务时实施种族歧视行为，并成立住宅平等权益总统委员会。

1982年，以里根总统委员会关于住宅的报告出版为标志，重点关注居民住宅的可支付性。在2008年全球金融危机发生时，颁布了《2008年经济稳定紧急法案》，通过税收抵免、提供再融资、援助GSE（政府赞助企业）等方式，稳定住房金融体系和住房市场。

3. 美国房地产企业发展模式之变

（1）打造精细化管理红利

龙头房企聚焦开发流程专业化，做精做细各个附加值高、品牌价值强的部分。例如，普尔特建立了一套"生命周期与支付能力矩阵"，通过对客户的精准画像，进行精准营销和服务。针对每一类客户，普尔特组织专门人员了解需求，将房屋设计和社区开发与各目标客户群的特定生活方式相结合，力争开发的产品契合目标客户群需求。在产品设计上提出"价值重塑"概念，去除仅增加成本而不增加价值的赘余设计环节，提升原材料标准化。针对不同地域、客户进行模块化开发，既可降低成本，又可尽量满足市场需求。在供应链管理方面以沃尔玛为标杆，在原材料品牌、品质和成本方面建立竞争优势，提升全周期客户服务能力。

（2）转向轻资产运营

美国房地产企业的轻资产模式主要表现为：通过企业发挥自身专

业化特长，将持有资产轻量化，减少所开发房地产项目各环节的资金占用，从而达到提高企业运营效率的目的。轻资产模式的突出特点是投入少、风险小、资金周转效率高、回报率高，开发环节标准化程度高、专业化程度高；优点是市场高度细分，房地产企业倾向于选取自身最具优势的产业链环节，加以培育发展，形成企业独特的竞争优势。轻资产管理模式主要有代建业务、运营管理业务等。

代建业务。与传统房地产开发业务相比，代建业务不仅收益率更高，风险也相对较低。根据委托方的不同，代建可分为政府代建、资本代建、商业代建。

美国汉斯是开展代建业务的代表性企业，在2015年后成为全球领先的REIM企业和开发商。经过50多年的发展，汉斯公司不再局限于原始意义上的房地产开发，而是把业务的触角延伸向房地产产业链的各个环节，并在房地产项目融资、设计、投资管理、物业管理、房地产投资等关键环节建立与外部资金长期互动的合作模式，从"整个房地产生命周期创造价值"，实现了轻资产之路。

美国AECOM公司（基础设施全方位综合服务企业）走的是以"设计及工程咨询"为主的轻资产之路。该公司是世界上第二大通用建筑和工程设计公司，AECOM公司从规划、设计、工程咨询到项目施工管理，为客户提供项目全生命周期各阶段的专业服务，涵盖交通运输、建筑、水务、新能源及环境等多个领域，在纯设计、纯工程咨询之外也逐步跨越到全过程开发，甚至是资产管理，实现了自身整体估值的提升。

运营管理业务。运营管理业务是企业以运营、服务为主要业务，也是传统房企转型的主要方向。以美国喜达屋集团为例，资产端有喜达屋资本——一个专事不动产资产投资的PE（私人权益资本）；服务端则为喜达屋酒店及度假酒店国际集团，专事酒店管理服务，运营管理喜达屋资本收购的资产。两者股权分离。

（3）资产管理

房地产资产管理是资产所有人自己或者委托专业机构对有形的房地产资产进行科学管理，以期实现资产最大限度的保值增值行为。资产管理的出现是因为商业房地产在过去的60年中不断被机构化，在所有权和管理权之间不断分离产生了产业管理的空隙。物业的业主不再直接管理他们自己的产业，取而代之的是更多地拥有管理权和相关知识，能够代表业主进行监管和指导的职业经理人，确保实现业主或业主代表的需求。

黑石集团是资管机构参与住房租赁市场的典型公司，公司运作模式是收购（投资）—更新（装修）—分散出租（发REITs）。喜达屋集团是另一类房地产资产运营管理+地产资管的典范，它们是酒店品牌持有者，运作的模式是收购（投资）—更新（装修）—整体经营（发REITs）。

（4）提供衍生性增值服务

几乎所有的美国大型房地产开发商都以客户为中心提供全程一揽子衍生性增值服务，包括为客户提供住房抵押贷款、住房保险等售后增值服务。如桑达克斯公司通过多元化业务，已成为全美顶级的房屋建筑与相关服务开发商，年收入超过100亿美元，其主要业务包括住房建设、房地产服务、房地产金融服务、建筑相关服务和传统商业银行业务等。

（二）日本房地产行业的发展与变革

1. 日本房地产行业的发展演进

日本历史上曾发生了两次房地产危机，第一次房地产危机爆发是在1974年，地价小幅回撤后便重回上涨通道，但1989年第二次房地产危机的爆发却使日本陷入"失去的二十年"。

第一次房地产泡沫得以顺利化解，原因在于当时日本经济的中速增长、城市化空间、适龄购房人口数量维持高位等因素提供了基本面支撑。1974—1985年日本虽然告别了高速增长，但仍实现了年均3.5%左右的中速增长。1970年日本城市化率72%，还有一定的上升空间。人口红利方面，1974年日本20~50岁适龄购房人口数量接近峰值后，并没有转而向下，1974—1991年仍维持在高水平，房地产市场需求依旧强劲。居民负债较低，1974年底，居民部门负债与GDP比例为35%，非金融企业部门负债与GDP比例为101%，随着收入的增加，居民和企业仍有一定加杠杆的空间。

1989年前后房地产市场的第二次调整幅度大、持续时间长，深层原因在于日本经济长期低速增长，城市化进程接近尾声，套户比达1∶1.3，适龄购房人口数量大幅快速下降，商业用地价值与GDP之比达13倍。针对房地产泡沫，日本政府采取了一系列调控措施，包括征收地价税、特别土地持有税等税收政策；从1989年5月开始实施金融紧缩政策，连续五次升息，贷款利率从2.5%不断提高到1990年8月6%等金融政策。一系列从快、从严的调控政策，对房地产市场影响很大，其中1990年日本大藏省银行出台的《控制不动产融资总量的通知》，要求减少不动产资金供给、将不动产及其相关的融资控制在一定总量之内的金融调控措施被认为是日本经济泡沫破灭的"导火索"，此后房价和股价掉头下跌。而税收政策不如金融政策所起的作用大，因税率低、非征税范围大以及立法而付诸实施的时间实际为1992年，1998年和2003年相继停征了地价税和特别土地持有税。

收紧的住房金融政策刺破了泡沫。1991年以后日本经济年均仅有1%左右的增长，城市化率已经达到77.4%，虽然2000—2010年城市化率有大幅提升，但主要是行政区划调整和町村老龄人口去世造成的被动提升，而非人口主动流入。人口结构上，老龄化问题日益严峻，1991年以后，日本20~50岁适龄购房人口数量大幅下降，人口红利快速消退，房地产市场恢复期长达30年，近年来房价有所反弹。虽然日本房地产泡沫的教训需要警惕，但日本房地产企业的转型之路却值得我们参考借鉴。

2. 日本房地产市场的特征

（1）多主体协同的住房供给体系

日本自有住宅和租赁住宅均衡发展，自有住宅主要靠市场供给，住宅租赁市场层次分明，政府主导的具有保障房性质的公营租房、UR租赁住宅（原公团住宅）、公社租房和民营租房、雇主为雇员提供的给予住宅等五种方式共同构成了日本住宅租赁市场，租赁住宅合计占日本住宅总量的36%左右，主要集中在城市，三大都市圈租房率占比更高。

日本房地产进入存量时代后，政策重心开始转向规范化发展租赁市场。培育发展租赁住宅管理业态，对租赁市场规范发展至关重要。20世纪90年代以来，住宅资产管理业务蓬勃发展，超九成民营租赁住房由机构参与管理运营。受益于住房租赁市场完备的法律体系、租户权益保护机制、机构规模化管理运营和以公营住宅、特优赁、老优赁等为代表的保障不同收入家庭住房需求的住房保障制度，尽管房地产市场波动起伏，但可保障居民实现住有所居。

（2）龙头房企优势稳固

第二次房地产危机之后，日本房企进入了漫长的调整复苏期。整个地产行业也在不断洗牌，时至今日，大多数中小房企已经退出日本的房地产舞台，大型房企逐渐占领市场，寡头垄断态势逐步清晰。房企二十强市场集中度从2004年的约40%上涨至2011年的55.9%，之后市场集中度保持在50%左右，2018年至今上升到大约58%。日本房地产行业虽历经多轮周期，头部房企格局几经洗牌重塑，但从20世纪70年代至今，三井不动产、三菱地所、住友不动产这三大房企龙头地位依然稳固。

3. 日本房企的转型与发展模式

受房地产泡沫破灭、金融危机及大地震等影响，日本房企原有的"重资金＋重资产"模式难以继续奏效，因而走上了探索新运营模式的发展道路。

（1）向精细化运营转型，由金融红利向管理红利转变

日本优秀房企在市场周期调整中，通过增强现金流、制定中长期战略以及优化业务结构实现行业逆袭。

在经济下滑、土地价格下跌背景下，日本房企在行业阵痛期面临资产缩水和负债加剧的考验。为解决资产负债表恶化问题，龙头房企通过处置大量闲置土地，出售海外资产以及收益性较差的资产自救，从而强化现金流、改善财务以平稳度过危机。以三井不动产为例，经历20世纪90年代楼市危机后，三井不动产自1996年起连续四年经营亏损，不得不把主要发展精力放在金融、销售分公司等下属企业的

清算、结构调整和经营重建上。2000年5月，三井不动产提出新发展计划，即通过减少有息负债、扩大轻资产、培养新业务等提高盈利能力，同年出售其所持有的东方乐园（Oriental Land，其与京城电铁合资成立，拥有东京迪士尼乐园的经营权）的股权，出售收益为304亿日元，每股售价仅约为IPO价格的60%。现金流储备成为长线战略，除了短期抛售资产回笼现金，房企也制定了降负债的中长期量化目标，以保障现金流稳步提高。

（2）向综合房地产企业转型

在房地产危机中突围的企业更加注重业务的多元化发展路径，资产管理、再生、租赁、二手房业务快速发展。例如，三井不动产集团主营业务横向围绕办公、商业、住宅、物流、酒店和房地产金融等，纵向覆盖开发、交易、持有、运营等多个环节。三井Home的建筑服务主要包括定制住宅、住宅装修改造等。2021财年，三井不动产整体营业收入为2.15万亿日元，同比增长7.1%；营业收益为2 300亿日元，同比增长12.9%。

（3）发展多元化轻资产业务

随着存量时代的来临，高度依赖都市圈发展的日本房企很难通过区域扩散来对抗周期风险。因此，向轻资产服务延伸从而拓展新业务增长点成为日本房企穿越周期的共同特征。轻资产模式以运营能力为核心，在投资机构的参与下打通"投资建设、运营管理、投资退出"整条产业链，充分利用外界资源，减少自身投入，从而提高盈利能力。

住友不动产在1998年启动了为期四年的业务重组计划，在不依靠土地投资的前提下，发展地产经纪业务，平衡各板块营收比重。

2005—2007年提出将未来业务增长放在房地产收费业务上，2016年以后则是持续投资租赁事业，致力于将住宅定制、公寓租赁、酒店等非核心业务发展成集团第五类支柱业务。从住友2021财年的收入结构上看，公司租赁业务收入占比从2013财年的36%上升至43.4%，传统重资产的销售业务收入占比则明显下降，从2003财年的34%降至28.7%（见图4-5）。在行业进入成熟期后，管理、服务溢价使得运营利润率高于房地产开发。受益于高利润率的轻资产业务占比增加，住友不动产的ROE（净资产收益率）从2003财年的2.3%上升至2021财年的10.1%。

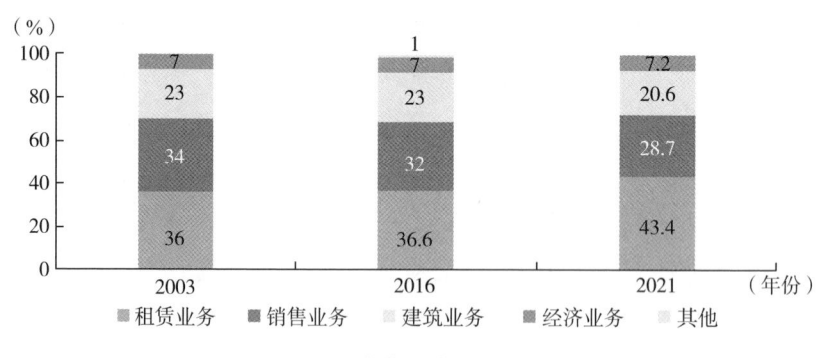

图4-5 住友不动产收入结构

资料来源：平安证券。

三井不动产除了经营传统的重资产开发业务，还经营代建、销售、租赁、管理等轻资产业务，形成了轻重并举的综合模式。向利润率不高的代建业务转型，行业低谷期也可维持开发部门的正常运转，并为管理部门贡献经纪业务，提供物业管理机会。针对存量房市场的轻资产业务拓展，主要包括发展经纪业务和出租公寓管理业务，开拓了基于包租或托管的出租公寓业务，打造了出租公寓管理品牌。此外也更为倚重房地产证券化市场，不断推出写字楼、租赁公寓和物流地产REITs，并从中获取物业管理费和基金管理费。

（三）比较与借鉴

当前中国房地产市场具备 1974 年前后日本的很多特征，如经济有望中速增长、城镇化还有一定空间等。但许多因素也和 1989 年前后相似，如人口拐点和区域分化、避免货币超发引发资产价格脱离基本面的泡沫化趋势。总结美、日龙头房企生存发展之道，或对当前国内房企走出困局、探索新模式具有启示意义。

1. 行业下行期"现金为王"

在行业下行期，减少土地购置、降低土地等存货的资金占用，保障现金充裕及流动性，增厚资金储备的安全垫，包括但不限于出售收益性较差的资产、缩减成本开支等"断臂求生存"的方式。

2. 收并购扩规模、切入多元化

通过战略收并购快速扩大规模，形成规模优势，同时顺势切入细分赛道（如养老地产等）或拓展地产衍生业务。

3. 围绕"地产"开展轻资产业务

随着新房销售见顶，行业步入存量时代，房企发展模式向流动性更强的轻重资产并举的业务模式转型。存量房时代下，发展围绕地产的多元化轻资产业务，如代建业务、资产管理业务、经纪业务、租赁业务等，形成良性循环的综合商业模式。

4. 传统开发销售业务做细做精

面向客户需求精准定位产品类型，提供针对性销售服务，产品标准化辅以适度个性化，在成本压降与满足客户需求之间取得平衡；同时加强全供应链管控，建立原材料成本优势，向管理及运营要利润、提升全周期客户服务能力。

二、经济社会发展与房地产行业定位

我国房地产行业定位及承担的功能一直在不断调整深化，这种调整是基于城市化、经济增长和行业发展阶段做出的。

（一）我国房地产行业定位演变

1. 国民经济增长点

1998年国务院办公厅的"23号文件"(《国务院关于进一步深化城镇住房制度改革加快住房建设的通知》)中明确提出"促使住宅业成为新的经济增长点"和"停止住房实物分配，逐步实行住房分配货币化"。之后我国城镇住房制度改革深入推进，住房建设步伐加快，住房消费有效启动。以住宅为主的房地产市场不断发展，对拉动经济增长和提高人民生活水平发挥了重要作用。

2. 国民经济的支柱产业

随着房地产行业的快速发展，到2003年，行业增加值占GDP的比重为4.5%，客观上起到支柱产业的作用。2003年8月，国务院办公厅出台了"18号文件"(《关于促进房地产市场持续健康发展的通知》)，明确了房地产行业国民经济支柱产业的定位，并明确提出要保持房地产行业的持续健康发展。之后房地产市场呈现出高度繁荣的局面，并成为拉动中国经济增长的重要力量。

3. 对城市低收入家庭住房的保障功能日益突出

在房地产高度繁荣发展的同时，房价也在不断攀升，与刚需之间的矛盾日益凸显。2007年8月13日，国务院办公厅发布《国务院关于解决城市低收入家庭住房困难的若干意见》（国发〔2007〕24号），把对城市低收入家庭的住房保障正式提升为住房政策的主要内容；2008年又实施了保障性安居工程，"十二五"期间建设公租房1 000万套；2021年7月国务院办公厅印发《关于加快发展保障性租赁住房的意见》，明确了以公租房、保障性租赁住房和共有产权住房为主体的住房保障体系。至此，住房保障和市场两个体系共同完善。

4. 房住不炒成为行业发展新定位

2016年12月中旬召开的中央经济工作会议提出将"房子是用来住的、不是用来炒的"作为促进房地产市场平稳健康发展的定位。党的十九大报告中全面提出新阶段住房发展新思路与新目标，"坚持房子是用来住的、不是用来炒的定位，加快建立多主体供给、多渠道保障、租购并举的住房制度，让全体人民住有所居"。"让全体人民住有所居"成为新阶段住房事业发展的目标，也是全面建成小康社会的必然要求。在2021年3月发布的《中华人民共和国国民经济和社会发展第十四个五年规划和2035年远景目标纲要》（以下简称《"十四五"规划》）中，房地产被放在"全面提升城市品质"的章节下，这同样可视为房地产向居住、保障等功能性定位的回归。2021年8月，中央财经委员会第十次会议在促进共同富裕问题中提出，要完善住房供应和保障体系。房地产的行业定位和政策导向，对于共同富裕目标的实现可谓举足轻重。党的二十大报告中，在"增进民生福祉，提高人民生活品质"的大框架下阐述了房地产行业的发展方向。

由以上政策的演变可以看出，我国房地产行业的定位及承担的功能在不断深化，房地产行业在国民经济中的地位仍然重要，但其发挥作用的方式将不同于以往，其居住、保障、民生等属性正在凸显。这种调整是基于城市化、经济增长和行业发展阶段做出的。房地产行业不仅有经济支柱的性质，同时也有基本民生的性质，即习近平总书记所说的"住房问题既是民生问题，也是发展问题"。

（二）房地产行业健康发展对经济社会的重要意义

1. 经济增长的核心引擎之一

房地产行业规模大、权重高、链条长、牵涉面广，对上下游相关产业带动效应强。自 1998 年以来，房地产行业增加值占比总体呈现上升态势，从 4.0% 增加至 2020 年的 7.3%。20 年来房地产投资均占 GDP 的 10% 以上，是中国经济增长的核心引擎之一。2021 年，房地产行业及其完全拉动的上下游行业增加值为 28 万亿元，占 GDP 的 24.5%。

房地产行业提供的土地出让金和税收收入，有力支持了地方政府推进大规模基础设施建设、工业税收减免和地价补贴，支撑了快速的城镇化进程，帮助中国制造业从过去 20 年的国际竞争中脱颖而出，为国家创造了大量外汇收入。

2. 我国稳经济的调节器

房地产行业对投资和消费具有双向拉动的重大作用，不仅是促增长、扩内需的关键力量，也是稳金融、稳财政、稳民生、稳宏观经济的调节器。每当中国经济下行压力增大需要拉动需求，抑或经济过热需要抑制需求时，房地产都是调节经济的重要"稳定器"。房地产市场调控为经济平稳健康发展服务，是宏观经济调控的有机组成部分。

为避免地方政府对房地产行业过度依赖，2019年7月的中央政治局会议提出"不将房地产作为短期刺激经济的手段"。但客观上，房地产行业经济长期稳定健康发展的压舱石和稳定器的作用不会改变。

3. 吸纳就业人口的重要蓄水池

房地产及其上下游产业链条长，吸纳了大量就业人口。2020年房地产业从业人数为525万，建筑业从业人数为5 367万，合计占城镇就业总人数的7.85%（见图4-6）。房地产业为农业剩余劳动力提供了充足的就业岗位和较高的收入，2020年进城务工人员总数为2.9亿人，其中建筑业从业人员占比为18.3%；建筑业月平均工资4 699元，比进城务工人员整体收入水平高15.4%。随着房地产业物管服务、房产中介、长租公寓等劳动力密集型细分领域快速发展，房地产业具有继续承接大量农业剩余劳动力就业转移的空间。

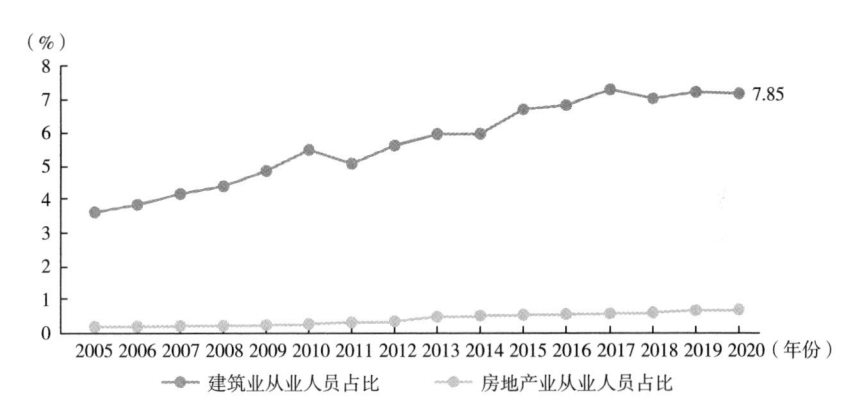

图4-6　2005—2020年我国房地产业和建筑业从业人员规模占比

资料来源：国家统计局。

4. 快速推进城镇化的发动机

房地产为城市发展提供启动资金。对于尚处于起步和快速扩张期的城市，除了需要提供教育医疗、环卫绿化、治安消防等政府公共服务，更急需大规模建设道路交通、水电气暖供应、城市管网等基础配套设施，传统预算内的收入难以提供充足的资金。土地出让收入成为地方政府启动城市建设的重要财源，1999—2021年，全国土地出让收入合计59万亿元，覆盖地方本级一般公共预算支出的31%。房地产相关税收和其他收入是地方本级财政收入的重要组成部分，有力支持了地方政府推进大规模基础设施建设和公共服务设施建设。此外，土地抵押贷款是城市政府关键的外部融资来源。房地产业发展带来的巨额土地增值红利，让地方政府的土地资产大幅增值，成为重要的信贷抵押物。

5. 体现人们对美好生活向往的主要载体

最能体现人们对美好生活向往的载体是住宅。我国住房改革有效提高了居民的住房条件，激发了老百姓对居住品质的追求。城镇人均住房建筑面积由1998年的18.7平方米增至2021年的39.8平方米，城镇居民套户比从1978年的0.81上升至2020年的1.09，实现了从全民蜗居到基本适居的飞跃，住房设施得到了明显改善。随着社会的发展，房子作为人们生活空间的载体，也不再是一个单纯居住的建筑，还兼具高水准品质与精神文化内涵。科技、环保等理念的进步都推动了房地产的升级，让人们生活和工作的空间更加智能、健康、绿色，给人们带来了更美好的生活体验。

6. 增加居民收入和财富的重要渠道

房地产是我国居民资产的压舱石，是居民最重要的财产性收入。央行2019年关于中国城镇居民家庭资产负债情况调查的结果显示，住房在家庭总资产中的占比约为60%。2000—2020年，城镇住房总价值从23万亿元增长至418万亿元，人均住房价值从1.8万元增长至

29.6 万元，分别是原来的 18.2 倍和 16.4 倍。增加城乡居民住房类财产性收入，将有利于扩大中等收入群体规模。

7. 夯实共同富裕的发展基础

在共同富裕的目标下，房地产至少可以发挥两项作用：一是调节收入分配；二是补齐保障短板。

（1）调节收入分配

住房已成为我国居民家庭的主要资产。过去多年，房价的快速上涨使得商品房客观充当了财富再分配的工具，并成为资产规模分化的重要因素。随着各项商品房去"炒作"政策的完善，可以通过房地产税等方式增强房地产调节收入分配的功能。

（2）补齐保障短板

努力实现全体人民住有所居是推动共同富裕的应有之义。目前，我国已建成世界上最大的住房保障体系，低保、低收入住房困难家庭基本实现应保尽保，中等偏下收入家庭住房条件得到有效改善。我国住房保障体系已完成顶层设计，明确包含三种住房，即公租房、保障性租赁住房和共有产权住房，目前正加快补齐住房租赁短板。其中，特别是在人口净流入的大城市，解决好新市民青年人住房问题的保障性租赁住房将作为发展重点。

党的十九大报告指出，中国特色社会主义进入新时代，我国社会主要矛盾已经转换为人民日益增长的美好生活需要和不平衡、不充分的发展之间的矛盾。我国经济由高速增长进入高质量发展新阶段，但作为载体的房地产行业，其现状与中国经济高质量发展的要求不相适应，未来面临着转型发展的压力和挑战。党的二十大报告中，在"增进民生福祉，提高人民生活品质"的大框架下，具体指出坚持房子是用来住的、不是用来炒的定位，加快了建立多主体供给、多渠道保障、租购并举的住房制度，明确了房地产行业的发展方向。

三、可持续发展变革方向展望

房地产行业的发展模式是为适应当时的发展需要而形成的。我国过去的房地产行业发展模式有其时代背景，在支持城镇化发展方面虽然成就显著，但问题也不少。未来，我国房地产行业如同中国经济一样，要实现高质量发展，必须适应房地产行业从成长期向成熟期转变、城市发展从外延型向提升型转变、经济发展从规模型向质量型转变的要求。房地产行业不等于房地产企业，房地产行业发展新模式不是为新而新，而应以问题为导向，解决旧模式的弊端形成新模式，其中应该包括房地产土地供给模式、住房供给模式、房地产金融模式和房地产企业经营模式等多个方面的改革。

（一）土地供给模式变革方向

我国房地产行业的根本问题在于土地的供给。土地供给模式对当前房地产行业市场格局的形成影响最大，既是推高房价、形成错配、侵蚀企业利润等问题的源头，又是支撑我国城镇化基础设施建设的有力保证，未来改革的核心应是趋利避害，将政府供地从"唯一"变成"之一"，推动土地供给模式改革。

1. 构建城乡统一的用地市场

地价、房价的持续高涨，从经济学角度看，根源在于不充分的供给与旺盛的需求之间的不匹配，鉴于城镇居民住房升级的需求远远没有被满足，借鉴城镇土地有偿使用制度改革创造出的巨大货币需求，有规划地推进农村宅基地入市，是未来稳定经济增长、释放消费潜力、缩小城乡差距（让农民背着财富进城、让空心村具有财产功能）、有序满足城镇各类人群住房升级的备选方案。此外，实践中，农村集体经营性建设用地采用"成片出租＋点状出让"的供地模式对推动城乡融合发展效果良好。目前，关于农村集体经营性建设用地建设住房的政策是，只能用于建设保障性租赁住房，但由于此举联动效益较差，在实践中各地政府及农民积极性并不高。创新农村宅基地使用制度，让城市有能力、有需要的人到农村投资居住，让进城务工人员可以带着财富进城落户，既可以引入新的供给主体，打破政府房地产开发用地的垄断，构建充分有效的土地一级市场新的竞争格局，倒逼地方政府积极扶持产业发展以获取税收，又可以分流城镇住房市场需求，激活宅基地土地资源，健全城乡统一的住房用地市场，职住平衡地建设保障房，并为中国经济增长再添动力。

2. 通过市场化机制盘活存量建设用地

过去几十年由于粗犷的发展模式，城镇内部存在大量闲置、低效用地，盘活潜力巨大。因此我们建议有以下几点。

一是要激活土地二级市场，允许土地使用权人自由转让土地，或仍由土地储备机构按现行机制收储后出让，但土地使用权人可参与分享一定比例的土地增值收益，以此调动土地使用者盘活存量土地资产的积极性，增强城镇土地的有效供应。对权责模糊、利益交错的各级国有体制单位（如军队、国企、医院、高校），要出台更可行、有效的鼓励存量用地投放市场的措施，国资委应设立鼓励存量低效资产盘活的考核机制。

二是要探索在特定区域内，按程序实行土地用途弹性变更制度。如允许明显不符合市场需求、闲置空置的商业办公类土地或房屋适时调整用途；允许工业区内的土地有一定比例的用途变更弹性，促进产业升级等。实施城市更新行动，组织编制城市更新片区专项规划，可适时增加容积率，支持对原有物业的盘活利用，建立合理的收益分配机制，将存量资源投入产出更高的领域。

三是降低土地增值税，通过发挥市场机制的作用，取代目前低效用地的政府认定。目前，土地增值税是阻碍存量土地交易、提高资源配置效率的关键政策。通过盘活存量低效土地，增加房地产用地供给来源。

3.建立跨省域的市场化土地交易机制

中共中央、国务院2022年4月发布《关于加快建设全国统一大市场的意见》，提出健全城乡统一的土地市场，完善全国统一的建设用地使用权转让、出租、抵押二级市场。

一是应按照城市住房供给量与人口增长相协调的原则，进一步完善调整城镇建设用地年度指标分配依据。尤其是住宅用地指标，要根据常住人口变化进行动态调整。定期观测人口流动情况，人口流入的城市要增加住宅用地供给，人口流失的城市则适当减少。

二是加快建立全国性的建设用地、补充耕地指标跨省域交易机制，用市场化的方式解决区域错配问题。北京、上海等一线城市，建设用地指标紧张，保留农业耕地带来的经济产出偏低。相比之下，西北地区人口常年净流出，住房需求趋减，建设用地指标富余，土壤条件优质，适合耕种。这种差异化的区域现状促使各方存在互利发展的空间。通过指标跨省域交易，将有力打破区域资源条件的约束，实现用地指标从省内平衡跨向全国平衡，有助于形成产业集聚优势，提高土地利用效率和经济总产出。

在制定交易机制时,要高度注重指标信息的市场化和公开度,用竞争的方式取代省际的协商。综合考虑经济效益、社会效益、环境效益,使得交易主体均等受益。要及时面向社会公示,征求当地人民的意见。还应充分评估补充耕地的质量和使用监管,保证粮食产出绝对不受影响。

4. 创新出台土地使用权到期后的接续政策

城市功能要不断完善,还要防止大拆大建。需要尽快制定并出台住宅、商服、工业三类用地使用期限届满后的接续政策,保留城市记忆,延续城市风貌,稳定民众信心,稳定资本方、企业的投资预期。

一是对住宅用地到期的,可改为按年征收房地产税的政策。

二是考虑到城市产业结构调整的需要,对商服和工业用地实行"新租约+土地年租制",以平滑衔接新旧建筑的使用年限、用途和容积率的改变。

"新租约"是指,对快要到期的存量建筑的更新,可按新用途、新年限重新签订土地使用年限协议;"土地年租制"是指,土地使用者签订新租约后,按年缴纳土地出让金。例如,工业改商业或公寓后,在新租约与旧租约重叠的年限内,可遵守实际商业用途的土地出让金标准按年补缴土地出让金,原土地使用年限到期后,直接遵守更新后的商业用途按年缴纳土地出让金;如果更新后增加面积的,则按面积增加后的容积率测算土地出让金缴纳标准。

实行"新租约+土地年租制"是用经济手段处理土地用途变性等问题,既增加了地方土地出让收入,又减少了行政风险;并且可以化解亟待更新的既有建筑由于土地使用年限短,社会资本无法投入的问题,加快城市产业升级和功能提升。"新租约+土地年租制"中年租金的制定可根据不同建筑用途、产权、使用面积、经营利润等进行综合考虑，并建立相应的评估标准来确定；对于土地使用年限内产权人变更的，买卖双方可参考现行年租金价格和到期后价格进行协商。

（二）住房供给模式变革方向

我国住房总量短缺时期已过，当前及未来，城市及人群的结构问题是主要矛盾。住房供给模式的改革应将"可支付性"作为住房政策的重点，相应地，政府的住房管理重点应从需求侧转向供给侧。国内外的经验表明，稳住房地产投资是稳住经济大盘的关键所在，所有住房问题解决得好的国家都在住房上投入较多，因此，大力发展保障性住房建设可以兼顾稳经济和惠民生。

未来住房供给模式改革要充分考虑以下因素：一是由于城镇化和人口增长减速、劳动人口占比降低、住房补短板任务完成、刚需刚改、收入增速放缓等因素对房地产市场的不利影响，进而对中国经济增长形成的负向拉动；二是住房需求的结构性差异，人口流入地新市民的住房需求和改善性需求是需求主体面对的现实；三是目前住房供给存在的"四重四轻"问题，即重售轻租、重新轻旧、重市场轻保障、重预售（得资金）轻现房（得优品）（见图4-7）。

1. 补齐住房租赁发展短板

多渠道增加租赁住房供给。支持房地产企业通过新建、改建和租赁等方式开展住房租赁业务，切实减轻房企涉及租赁业务的土地增值税、增值税及附加、企业所得税和房产税等税收负担；保障租赁住房用地供应，将租赁住房用地纳入年度土地供应计划，单列指标、优先安排，探索租赁住房用地与居住用地混合出让模式；鼓励个人住房出租，减免个人二套住房租赁所得税。

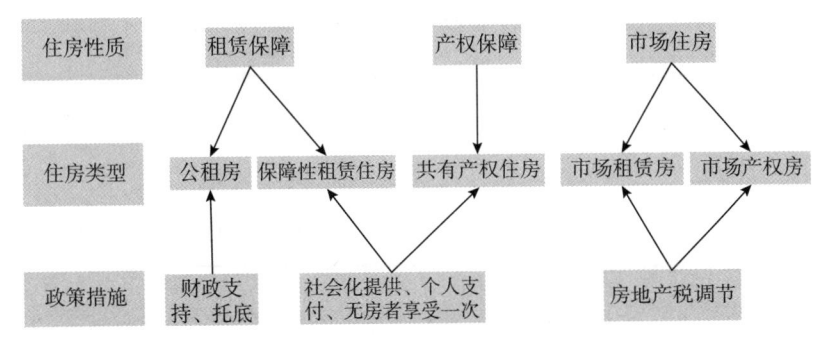

图 4-7 梯级可支付的住房供给体系

努力推动租购同权。保障租购同权，切实解决承租人同等享有教育、医疗等方面的公共服务。没有租购同权的实现，租赁居住仍只能是过渡性、暂时性的需求，不可能成为常态。

创新发展保障性租赁住房。落实好国务院办公厅 2021 年"22 号文件"《关于加快发展保障性租赁住房的意见》，探索多主体投资、多渠道供给成熟运营模式，推广利用集体经营性建设用地、企事业单位自有闲置土地和产业园区配套用地建设及通过改建、租赁补贴等方式筹集保障性租赁房源经验；加大金融支持力度，向新建、改建保障性租赁住房的企业提供专项开发贷款，开展利用租金与集体经营性建设用地使用权等抵押贷款业务，扩大将保障性租赁住房纳入基础设施领域 REITs 项目储备。

2. 完善产权式住房保障制度设计

产权式住房保障是提高住房可支付性的最有效途径。房价上涨与全要素生产效率的提升有关，因此，在大城市，房价上涨压力将会持续存在，住房保障是长期任务。租赁式保障与产权式保障都是重要的保障方式，但无论是市场租赁住房还是保障性租赁住房，都只能解决人们阶段性、临时性和过渡性的居住需求。因为，购房置业是人生中最核心的需求，一旦有经济能力，绝大多数居民都想拥有一套属于自己的住房。租赁住房的供给适应这种阶段性、临时性和过渡性需求，只能供应面积偏小的住房，否则投资风险巨大。如保障性租赁住房虽然可以降低租金收入比，但其建筑面积在70平方米以下，使用面积仅50平方米，只能满足年轻人在生孩子之前的居住需求。年轻人在租房与购买商品住房之间仍存在着巨大的支付鸿沟，迫切需要低房价住房来予以填充。在我国，填充这一鸿沟的就是产权式的保障房，即共有产权住房。

共有产权住房是介于租与购之间的住房供给新模式。共有产权住房是居民只购买一部分住房产权，以承担住房全部使用义务为前提，免费租用剩余产权住房的一种保障性住房。这种保障性住房可以在租赁住房和市场商品住房之间架起连接的桥梁，形成完善的梯级可支付的住房供给体系，满足不同收入群体在人生不同阶段差异化的住房需求。

共有产权住房在英国、美国和我国北京、上海等地均有成功的实践。未来，我国在大城市加大共有产权住房供给可以一举多得。第一，共有产权住房因降低了购房人的购房支出，可以解决大城市住房可支付性不足的问题；第二，共有产权住房因由个人出资购买，减轻了政府住房保障的财政压力；第三，共有产权住房使政府在土地出让环节让的利，可以在未来卖出剩余产权时收回，政府的保障资源可以循环使用；第四，共有产权住房可以让年轻人实现从租房到拥有产权住房的梦想，是扩大中产收入者阶层的重要工具；第五，共有产权住房可以成为一种人才激励机制，通过共有产权比例的奖励更好地留住人才；第六，共有产权住房在住房市场波动时，可以通过扩大和缩小政府产权比例的方式，引导需求，稳定住房投资。

总之，未来，如果在大城市加大满足三、四口之家所需的共有产权住房供给，则可形成梯级可支付的住房供给体系。即住房收入"双困"家庭可以申请公租房或租房补贴，由政府财政托底；新市民和年轻人可以租住保障性租赁房，由市场提供，政府支持；有一定支付能力又买不起商品住房的家庭可以购买共有产权住房，由个人负担，土地让利；有住房改善能力的家庭购买商品住房，由房地产税调节需求。

3. 支持美好生活需要的住房升级改善

长期来看，人们对美好生活的向往，包括住房条件的不断改善，"先租后买、先小后大、先旧后新"是必然的住房消费模式。近期来看，未来如果出现城镇化速度从上一个十年的年均增速 1.39，下降到 2021 年 0.8，则需要改善性需求支撑房地产市场的稳定。因此，要降低改善者的购房准入门槛。过去，住房市场需求端从严全方位调控，对购买第二套房管控较严，如北京，购买第二套住房者首付需要 80%，贷款利率上浮 15%。依据个人所得税的缴纳放开非户籍家庭在主要工作与生活所在地的第二套住房购房限制。再是优化税收政策支持。对于在一年内换房者，可退返一定比例的个人所得税和增值税。

4. 鼓励大城市率先推进现房销售（订购）

从国际经验来看，实行现房销售（可预订）是主流方式，虽然也存在预售制，但与我国的预售制有本质的不同，国外的预售相当于订购。开发企业与购房者签订预售合同，但购房者并不支付全部购房款，开发企业凭房屋销售合同向银行取得贷款，实现融资，融资成本和风险由开发企业承担，并没有转嫁给购房者和银行。

建议我国通过奖励引导的方式，阶段性调整预售制度，逐步推动实行现房销售（可预订）。可以从出让土地环节改革，探索实施订购机制，通过公开预订、支付定金等方式预售。

目前，在现房预售上，一些大城市已经率先开始了探索。2014年7月9日，上海市挂出一宗黄浦区五里桥街道的纯住宅地块，成为商品房现售首个试点项目。海南在2020年直接成为我国首个全面推行现房销售的省份。2021年以来，北京、杭州、福州、合肥、西安、宁波等城市均在土拍环节试点现房销售，而且现房销售面积也在逐步扩大。例如，北京于2021年第二轮集中土拍时首次试点竞现房销售面积地块——大兴区黄村海户新村地块，最终该项目中将有近一半的商品房实行"现房销售"。到2022年8月22日发布的第三批次集中供地公告，超70%的地块有现房销售规定。

5. 创新存量住房更新模式

探索住宅专项维修资金补充机制。我国内地的住宅小区重视建设不重视维护，如同等房龄的住宅小区，香港的品质要优质很多。重要原因之一是，香港从佣金制的物业管理费中提取部分资金用于住宅小区的保值增值。我国内地住宅小区的物业管理费一般是包干制，根据《住宅专项维修资金管理办法》，购房者在购买新房时需缴纳2%~5%的房屋专项维修资金。但由于一次缴纳，多次使用，旧住宅小区短板较多，维修资金总量不够，老旧小区更新需要政府的财政补贴。建议除在新房购买时收取房屋专项维修资金外，在二手房交易时也收取一定比例的费用，或从征收的增值税中划出一定比例资金，循环补充到该小区的房屋专项维修资金之中，在政府的扶持下，主要依靠小区自身的力量保持旧小区的更新与品质。

鼓励住宅小区原拆原建。政府可鼓励居民内部协商、自筹资金，实现原拆原建。与房地产开发项目相比，由于没有地价因素，原拆原建资金需求量小，考虑到产权人在改造后会获得明显收益，可以按照"受益者付费"的原则，在自愿的基础上，主要由产权人提供改造资金，也可以将住宅专项维修资金和住房公积金等用于更新改造。对此，政府要做好引导方、协调者、支持者，在"不（少）增户数"的前提下，综合考虑改造小区的实际情况，在容积率、间距等规划指标上适当放宽，在土地用途上适当调整，在土地使用年限上重新计算，在税费上给予减免，为户外市政设施改造提供资金支持，对部分困难群众采用共有产权机制等，以调动业主积极性，增强改造效果，促进项目落地。对于租住直管公房和自管公房的住户，可考虑允许其出资后可拥有部分或全部房屋产权，提高参与意愿。

（三）房地产金融模式变革方向

1. 优化完善住房公积金制度

一是发挥公积金在住房保障制度中的支柱作用，扩大住房公积金对于居民住房的支持范围，从购房支持扩展到租房、共有产权住房、适老化改造等方面，实现住房公积金制度与住房市场体系和保障体系建设的协同发展；二是全面推进住房公积金制度扩围，出台鼓励和支持政策扩面的相关政策，如将暂时缓缴、降低缴存比例、自愿缴存、财政补贴等政策工具高效结合起来，尤其对于个体工商户、灵活就业人员等群体而言，应进一步鼓励其自愿缴纳公积金；三是系统构建住房公积金信息共享平台，在住房公积金的提取、贷款发放、增值收益的使用以及基金投资四个方面进行优化；四是建立公积金区域协同、代际互助以及住房公积金个人账户存款利率的形成机制，实现住房公积金与其他社会保障制度联动，密织我国的社会安全保障网。

2. 大宗物业公募REITs运作

在供给端，鉴于房地产行业的高资金密集特征，房企融资模式改革应有堵有疏，坚持降负债方向不变，但同时要拓宽房企权益融资渠道，增加直接融资比重，加速发展公募REITs、资本市场融资等权益融资模式，降低房地产企业对银行的依赖和风险。

将房企持有运营类的物业如公寓、商业和写字楼等纳入公募REITs运作。利用REITs在基础设施领域的政策基础，推动房企将持有运营类的项目从房地产融资管理中剥离出来并纳入公募REITs运作，深化金融供给侧结构性改革。公募REITs从资本市场募集的权益资金也可以作为房企"非销售类"资产的退出通道，有效降低房企负债率，实现产业和金融的良性循环。利用公募REITs将大宗物业的整体经营与流动性相结合，有效盘活存量资产，强化资本市场服务实体经济的能力。

3. 畅通资本市场融资渠道

打开房企A股融资通道，重启房企IPO。加强资本市场服务实体经济的能力，疏通增发、配股融资路径，通过新股本的进入，增加房企股本金，对冲资产下跌推高的负债率，降低房企财务风险，用市场的力量化解风险。

4. 大力发展私募股权基金

支持持有型不动产私募股权投资。优化当前房企融资结构，基金业协会、保险资管协会等应对私募股权投资给予政策支持，鼓励持有型不动产私募股权基金收购房企资产，加快产品审核备案流程，防范债务风险继续扩大，缓解房企流动性风险；打通不动产私募股权基金退出通道，加强与大宗物业公募REITs的衔接配合，有效降低房企杠杆率。

5. 严格房企融资监管

严控房企违规自融。严格房企持股金融机构监管，加强对关联交易的有效监管，严格审核房企旗下金融机构资金池类产品的发行，包括诸多期限灵活、收益固定的理财产品，防止房企资本无序扩张；创新房企非债务融资监管方式，规范房企投资、采购、施工合同签订，明确"明股实债""供应链融资""商票融资"的约束条款，避免"隐形杠杆"。

（四）房地产企业经营模式变革方向

房地产企业旧的经营模式可以概括为，以高杠杆、高负债、高周转为主的开发销售模式。未来应遵循行业从"成长期"到"成熟期"的规律，推动房地产企业经营模式改革。随着房地产行业走向成熟，优化开发业务、增加轻资产运营、开拓存量业务、瞄准成长期业务、塑造资产管理能力均是房企经营模式改革可选的方向。具体体现在，房企的开发模式从"三高"向轻重并举的开发、运营、服务一体化转型；房企的盈利模式从单纯增量开发向增加存量更新转型；房企的融资模式从高负债到多元股权转型；房企的目标模式从追求规模和扩张速度向品牌和品质提升转型。

1. 优化开发业务：品质住宅与产业链协同提升

未来随着新房市场总体规模缩小，房企竞争加剧，房企需以企业经营的利润、周转、杠杆为基点，在内部运营的各环节上进行系统性优化，开发高品质产品与产业链策略协调，从而提升整体运营效率，实现开发的品质变化（见表4-1）。

表 4-1　围绕开发业务的产业链、服务业务协调

品质住宅	产品线	运营效率与居住品质并重
	新应用	新材料、新工艺等
	创新	出租储藏空间、立体停车场等，培养置业者与企业双赢思维
产业链	品质导向	● 建材、家居、家电、装配式、科技赋能，对住宅品质的提升 ● 装配式建筑：注重室内装修的整体厨浴、公共部分装修等
	新业务	● 合作关系：可以是战略采购，也可以是委托合作研发；对增长性强的产品可以采取控股、参股或投资 ● 以新业务角度的产业链协调模式，可以考虑在开发业务与存量住宅改造上共同应用，增强对新业务的市场拉动效果
服务	社区增值服务	● 政策鼓励探索"物业服务＋生活服务"模式，满足居民多样化、多层次的居住生活需求 ● 养老、家政、健康、房屋经纪、智慧化物业管理等
绿色	ESG（环境、社会和公司治理）可持续发展	● 政策强力倡导绿色环保，绿色金融对绿色建筑的扶持增加 ● 企业重视ESG，有利于发展外延、内部治理与融资

房企过去的业务布局大多是围绕传统住宅开发，形成向心式或单链式布局。现在，伴随增量开发规模见顶和不确定性的增加，越来越多的房企开始将存量持有业务、轻资产类业务板块提上与开发板块同等并行的战略高度。以万科为例，它已经开始从传统地产开发初步转型为"开发、经营、服务"并重的发展模式，并且万科在开发、运营、服务这三大板块获得了细分版图的"蛋糕"，并占据了领导者地位。其中，服务赛道，万物云2022年上半年营收144亿元，预计全年物业服务就有300亿元左右的可观营收；而在商业赛道，万科2022年上半年商业营收已经达到41亿元。

"双碳"背景下，节能减排、绿色建筑成为房地产行业发展的新机遇。越来越多的房企，尤其是大型房企已将ESG理念贯穿业务模式、风险管理以及决策流程。此外，房企也应当使用装配式施工等高

效、环保的施工方法，进一步推动行业实现转型升级。

2. 增加轻资产业务：代建、运营、服务、改造

（1）代建：政府代建、资本代建、商业代建

资本代建模式即品牌房企与外部资本对接，为其投资项目提供全过程开发管理服务，实现"资本＋代建"双赢；政府代建模式是品牌房企与政府安置房建设对接，承接安置房、限价房等保障性住房和大型公共服务配套的建设管理，由品牌房企的专业团队承担项目开发任务，并根据项目协议收取分红、佣金或奖励；政府代建项目的利润较低，但也可获得更多的社会资源。商业代建，与土地确权的房地产项目对接，由委托方提供土地并承担全部或主要的投资，代建方根据项目方的需要向项目输出品牌，派驻专业的开发团队，承担开发任务，提升产品的市场价值，并为符合要求的部分项目提供融资服务。

代建业务前景巨大。根据中国指数研究院数据，2010—2020年中国房地产代建市场年新签合约项目数量及建筑面积年复合增速均超24%，预计2025年国内代建潜在市场面积有望增至9.1亿平方米。

（2）运营：商业运营管理技术输出

这一模式针对商业地产。品牌企业提供从前期定位规划、招商到开业及后期运营管理的全流程支持，以及管理团队、技术团队的输出。品牌企业转变角色成为一家独立的商业公司，以"轻资产"的模式快速扩张。

（3）服务：社区O2O服务

在这一模式下，房企从开发商变成社区服务商，在已经入住的社

区为业主提供社区O2O（线上线下商务）服务。房企通过移动互联网进行推广和普及社区O2O服务，整合线下资源为业主提供一站式服务。因此，地产商能够掌握社区用户的大数据，并能进一步开发用户的潜在价值。其间，地产商通过并购物业公司及为物业公司提供顾问服务来推进社区O2O服务，并购物业公司后通过实施标准化、集约化、自动化的物业管理服务来降低成本、提升效率，大幅提高物业服务的盈利能力。

（4）改造：住宅适老化改造

一般来说是将适老产品植入成熟的城市社区，从规划、开发、运营、服务整个环节，提供适合老年人的产品和生活配套，满足老年人与子女既相对独立又共同居住的需求。根据第七次全国人口普查数据，中国老龄化趋势明显，适老化改造市场需求增大。

3. 开拓存量业务：城市更新

城市更新是通过对城市存量建筑资源的维护、改造、拆建、扩充等方式推进土地资源的重新优化配置、提高存量资源的利用效率、促进城市功能的全面或局部升级、实现居住条件的改善和生活品质的提高、增强城市活力与市场竞争力、推动产业结构转换和升级的城市发展过程。

我国已经步入城镇化的中后期，城市建设由大规模增量建设转为存量提质改造和增量结构调整并重，城市发展进入更新阶段，国家也推出了实施城市更新行动战略。房地产企业可以存量空间功能提升为导向，积极参与城市更新业务，提供高效的产业空间、宜居的居住空间以及和谐的公共空间，将城市更新作为房企转型的方向。

房企参与城市更新需要提升科技力、产业力、文化力、设计力、运营力五大方面的专业化能力。更新范围包括产业空间、公共空间和居住空间。其中，老旧小区改造是城市更新的重要内容，基础类、提升类、完善类更新的需求大，2025年之前需将2000年前竣工的老旧小区约21.9万个更新完毕。

4. 瞄准成长期业务：塑造资产管理能力

与房企开发业务的线性增长曲线不同，房地产资产管理业务基于市场的存量核心资产，集合市场金融资源，可以在适合的市场阶段，呈现快速扩张态势。从房企角度，伴随开发业务的成熟，资产管理也将成为其核心业务之一。过往房企侧重通过"现金流滚资产"模式，实现大量存量持有型物业的积累。当前市场环境对该模式的支撑度降低，因此，企业应该注重持有型物业的研发、管理能力的培养，而非短期实现资产规模。

房地产资产管理的目标是实现增值，企业是否具备增值能力是核心。这种能力包括：研发、项目改造、招商与运营、金融操作等。当前真正具备这种系统能力的本土企业还是极少的，多数企业是在探索培养中，能力竞争处于起点状态。很多房地产资管企业往往通过寻找价值洼地的目标项目，实现溢价效果，而非通过资产管理能力实现增值。因此，未来企业资产管理能力将更为核心。

海外企业经验显示，房地产资产管理业务具备非线性上涨的可能性，并且是城市化中后阶段的成长性业务，是房地产行业走向成熟期的重要业务。从房企角度，需要具备资源对接的业务能力，才能不放弃这种业务成长的机会。

5. 紧扣政策机遇：参与保租房供给和城中村改造

房地产行业是一个城市最为重要的基础性产业，是为城市发展提供必需生产资料和必要生活资料的产业。房地产行业的基础性和重要性决定其必然会受到政策的管制。房地产企业的投资也需要紧扣政府政策要求，抓住政策机遇。如为解决新市民、青年人等群体的住房困难问题，2021年7月国务院办公厅发布了《关于加快发展保障性租赁住房的意见》，之后为筹集保障性租赁住房给出了一系列非居改住、税收优惠、金融支持等政策。中国银保监会、住建部在2022年3月联合印发的《关于银行保险机构支持保障性租赁住房发展的指导意见》提出，要发挥好国家开发银行的作用，加大对保障性租赁住房项目的中长期信贷支持，支持商业银行提供专业化、多元化金融服务。引导保险机构为保障性租赁住房提供资金和保障支持。40个重点城市计划在"十四五"期间新增保障性租赁住房650万套（间），这为开发企业经营转型提供了重要的政策和市场契机。

当前部分房企紧跟政策导向，积极布局长租房领域，为它们的业务稳健发展提供了有力支持。例如，招商形成了"壹栈人才公寓""壹间精品公寓""壹棠/CM+服务式公寓"三大产品系，覆盖青年人才、白领及高端人才的租住需求；华润有巢旗下划分了高端服务式公寓、白领公寓、青年公寓、城中村更新公寓等不同的产品线，来进行差异化的市场定位。同时，2022年我国首批保租房REITs的面世及其上市后的强劲表现，也给予了保租房供应企业很大的发展信心。

2023年4月和7月中央政治局会议均提出要积极稳妥推进超大、特大城市的城中村改造，未来将出台相应的支持政策，这为那些产业链比较长、有多个运营板块、信誉好、融资能力强的综合性房地产企业参与未来的城中村改造提供了政策机会。所以抓住政策机遇，是房企向新发展模式转型，实现可持续发展的必由之路。

第五章

房地产行业可持续发展之投资布局

一、房地产投资区域布局调整

房地产投资是城市开发建设的重要组成部分,支撑了居住、商业、服务等生产生活空间的需要。区位选择是房地产开发企业进行投资首先考虑的事项。在当前城镇化逐步向后期迈进,城镇住房短缺问题基本解决的背景下,未来能够继续吸引人口流入且已经具备较强经济实力和产业基础的地区,将迎来房地产行业更多投资。基于此,本章通过选取适合的指标构建投资评级体系,来识别具有投资潜力的重点区域,并结合都市圈和大中城市房地产投资、销售等指标,对房地产投资布局变化进行分析。

(一) 房地产开发投资布局评估

城市是人口集中、经济发展和创新活动的核心区域。人口流入、产业集聚、创新活动和服务功能共同形成了城市发展的潜力。房地产开发投资既是城市投资的重要组成部分，其规模和潜力又受到城市发展潜力大小的影响。因而，通过研究人口规模、房价水平、居民收入、土地供求、城市 GDP 和创新能力等因素，可以对城市房地产开发潜力进行判断。

1. 评价体系与指标选取

（1）评价体系

采用层次分析法与熵权法相结合的方式，对城市房地产投资潜力进行评价，提高评价指标的有效性和科学性。评价体系中将房地产投资城市潜力分为需求规模、供给规模和城市能级三个维度。为了客观合理地反映出我国房地产投资潜力整体状况，遵循指标选取的系统性、科学性、代表性、可获得性和可操作性等原则，从三个维度选取十个评价指标，形成房地产投资城市潜力评价指标体系，见表5-1。

表5-1 房地产投资城市潜力评价指标体系

准则层	指标名称	指标计算/说明	指标属性
需求规模潜力	人口集聚	2010—2020年城镇人口年均增长规模（万人）	正向
	商品住房销售	2018—2021年年均商品房销售面积（万平方米）	负向
	可支付能力	2021年房价收入比	正向
供给规模潜力	开发投资规模	2018—2021年年均房地产开发完成投资额（亿元）	正向
	住宅用地供需关系	2018—2021年年均住宅用地供应面积÷2020年城镇人口规模	负向
城市能级	经济规模	GDP总量（亿元）	正向
	经济水平	人均GDP（元）	正向
	经济活力	2010—2020年GDP年均增速（%）	正向
	公共环境	2020年财务支出÷总人口（万元/万人）	正向
	创新能力	2020年专利数÷总人口（件/万人）	正向

需求规模潜力选取人口集聚、商品住房销售、可支付能力三个指标。城镇人口增长是住房刚性需求的基本动力，城镇人口增长规模越大，城镇住房需求越大；商品住房销售情况反映着市场实际销售情况，是不同需求的集中反映；支付压力是住房价格与收入关系的反映，支付压力大意味着需要通过加大住房投资来缓解居住压力。

供给规模潜力选取开发投资规模和住宅用地供需关系两个指标。开发投资规模使用房地产开发完成投资额，该值越大意味着住房投资潜力越大。用地供需关系采用住宅用地供应面积与城镇人口规模的比值，来反映新增土地供应能力，该指标数值越小，反映土地供应量越不足，住房供需矛盾越突出。

城市能级是经济、科技、服务环境等综合的结果，选取的经济规模、经济水平、经济活力、公共环境和创新能力五个指标，是城市综合发展能力的体现。经济维度用GDP总量、人均GDP和多年经济增速来表示；公共环境是城市基础设施、公共服务和经济、文化等软环境的综合体现；财政支出是关键影响因素，因而选取了人均财政支出指标表示；创新能力采取人均专利数来表征。

（2）指标选取

我们选择全国271个地级市作为评价对象（西藏与港澳台地区由于数据量不足，不作为研究对象）。研究采取主观和客观结合的方式确定指标权重。一是为了避免不同维度指标数量差异引起的各维度权重差异过大，基于专家经验确立的准则层指标权重分别为0.33、0.33、0.34；二是采用熵值法确定指标层权重，体现数据特征。

①数据标准化。

我们采用Max-Min标准化的方法，根据公式5-1、公式5-2对数据进行标准化处理。

$$X_{ij}^* = \frac{x_{ij} - \text{Min}(x_{ij})}{\text{Max}(x_{ij}) - \text{Min}(x_{ij})} \quad （正向指标） \qquad (5-1)$$

$$X_{ij}^* = \frac{\text{Max}(x_{ij}) - x_{ij}}{\text{Max}(x_{ij}) - \text{Min}(x_{ij})} \quad （负向指标） \qquad (5-2)$$

② 指标权重的确定。

用规范化后的指标值根据信息论中对信息熵的公式 5-3 计算熵值 e_j，用公式 5-4 计算每个指标对应的权重 W_j。

$$e_j = \frac{1}{\ln(m)} \times \sum_{i=1}^{271} h_{ij} \ln(h_{ij}), h_{ij} = \frac{X_{ij}^*}{\sum_{i=1}^{271} X_{ij}^*} \qquad (5-3)$$

$$W_j = \frac{1 - e_j}{\sum_{i=1}^{10}(1 - e_j)} \qquad (5-4)$$

将指标层与准则层的权重进行加权计算，求得最终各指标综合权重，见表 5-2。通过综合权重与各指标标准化值，计算得到各城市房地产投资潜力综合评分。

表 5-2　房地产投资城市潜力评价指标权重

准则层	准则层权重	指标名称	指标层权重	综合权重
需求规模潜力	0.33	人口集聚	0.25	0.08
		商品住房销售	0.48	0.16
		可支付能力	0.27	0.09
供给规模潜力	0.33	开发投资规模	0.97	0.32
		住宅用地供需关系	0.03	0.01
城市能级	0.34	经济规模	0.39	0.13
		经济水平	0.13	0.04
		经济活力	0.04	0.01
		公共环境	0.14	0.05
		创新能力	0.30	0.10

2. 房地产投资城市潜力评价结果

根据评价结果，基于ArcGIS（地理信息系统平台）将全国271个地级市综合评分、供给规模潜力、需求规模潜力与城市能级的数据进行可视化处理，并在ArcGIS上将综合评分及三个维度使用Natural Breaks（自然断点法）分为高值区、较高值区、中值区、较低值区和低值区。

（1）综合评分

从得分数值看，各城市房地产投资城市潜力综合评分差异较大，综合评分最高值为0.73，最低值为0.04。投资潜力最高的十个城市分别是上海、重庆、深圳、北京、广州、杭州、苏州、郑州、成都、武汉，包含了四个一线城市，以及省会城市和经济强市。最后十名的城市大多位于东北地区，城镇化水平高、城镇人口增长缓慢，经济增速缓慢，房地产投资潜力相对较低。较低值区和低值区分别占总体的27%、55%。高值区和较高值区数量较少，分别为10个、14个，分别占总体的3%、5%。

从区域布局看，综合评分总体分布态势呈现出从东部沿海向中西部内陆递减、从中心城市向周边城市递减的规律。高值区和较高值区呈离散分布，这些地区是经济增长和人口集聚的主要区域，商品住房与商业地产需求旺盛，供应充足，房地产综合水平高，是房地产市场的一、二线热门城市。中值区的城市主要分布在东部沿海地区以及中西部省会部分城市。较低值区主要分布在中部和东部内陆地区。低值区主要分布在东北和西部地区，东北地区城市面临人口的流出和经济转型压力，一些城市房地产投资面临较大的商品房去化压力；而西部地区自然环境承载约束较大，大多数城市规模受到限制，降低了房地产投资潜力。

（2）需求规模潜力

从投资需求规模潜力看，各地发展差异较大，投资需求最高值为0.79，最低值为0.01。投资需求以较低值区和低值区为主，两者的地区数量分别占到总体的30%和45%。而高值区和较高值区数量较少，分别为3个和21个，占总体的1%和7%。高值区和较高值区呈离散分布，主要为各省省会城市、计划单列市及少量都市圈大城市。它们是城镇人口集聚的重要区域，也是人口流入规模最大的区域，房地产发展具有商品房价格高、住房与商业需求旺盛的特点，是中国房地产市场一、二线热门城市。中值区主要集中在东部沿海、黄淮海平原地区以及东北和西部的少数中心城市，这些地区大多人口密集，是经济社会发展的核心城市，在持续城镇化过程形成了较大的房地产供应需求。较低值区和低值区主要分布在东北、西部省份和中部的湖南、湖北，福建的闽西及广东的粤北、粤西等地区，这些地区中心城市人口增长速度缓慢，腹地人口流出较为明显，房价收入比相对合理，市场供需关系相对稳定，一些地区已出现供给过剩问题。

（3）供给规模潜力

房地产投资供给端体现在房地产投资规模及房地产供需关系两个方面，其中投资规模是房价和开发规模的综合体现。从得分数值看，各地投资供给差异显著，投资需求最高值为0.997，最低值为0.020。较低值区和低值区分别占总体的30%和54%。高值区和较高值区数量较少，分别为7个和13个，占总体的2%和4%。从区域布局看，上海、重庆、北京、杭州、郑州、广州、深圳是供给高值区，武汉、苏州、天津、成都、南京、西安、佛山、昆明、福州、青岛、长沙、宁波、济南是供给较高值区，这些地区主要为省会城市、计划单列市。北京、上海、广州、深圳等一线城市尽管开发规模体量不高，但由于较高的地价和房价，使得投资规模很大；而其他省会城市，因为大量人口增长带来住房需求的大幅提升，促使形成较大投资规模，从而提升了投资规模。中值区主要包括东部和中部地区的部分大城市；较低值区主要分布在中部和东部地区，低值区主要分布在东北和中西部地区。从投资供给端看，中国房地产投资潜力主要分布在大城市及都市圈核心城市，这些地区是未来中国房地产发展的主要区域，也是活力最足的区域；中西部地区房地产投资供给规模较小。

（4）城市能级

城市能级是经济、创新、服务、环境的综合体现，表征各城市发展水平和对周边地域的影响力。综合经济、财政、创新等多个指标看，各地能级差异较大，投资需求最高值为0.79，最低值为0.04。较低值区和低值区分别占总体的29%和50%。高值区和较高值区数量较少，分别为5个和24个，占总体的2%和8%。高值区和较高值区主要分布在东部地区，其中高值区全部分布在东部地区，较高值区75%分布在东部地区，这些城市经济体量大、GDP增长速度快，是区域政治、经济和社会服务中心，公共环境水平与创新能力水平高。中值区主要集中在东部沿海以及东北和西部的少数中心城市，这些城市大多具有较高的经济条件与创新能力，也是经济社会发展的核心城市。较低值区广泛分布在中部和西部地区；低值区主要集中在东北和西部地区，这些地区经济水平低、公共服务品质不高、创新能力不足，城市的综合发展水平还不高。

比较各个分维度，不同维度得分结果在空间上分布并不完全一致。如房地产投资需求维度与中国人口分布、人口密度高度相关。其中，黄淮海平原地区人口稠密，众多地级市需求维度均位于中值区，而在供给规模上大多为较低值区，城市能级上大多为低值区，反映了该地区城市房地产投资更多体现了本地城镇化需求，但投资规模和城市发展能力较低。而对于长三角、珠三角等经济发达、产业旺盛的地区，除了人口流入影响，也已经形成了较强的经济支持、环境支撑、创新支撑，城市房地产投资潜力大。

总体上，东部沿海都市圈及中西部核心城市是中国房地产投资的主要区域。但这些地区面临较高的房价、土地供应约束，应当加大供给规模，优化供给结构，保持房地产市场调控政策连续性。中心城市外围的区域中心城市，是城镇化的潜力区和人口流入的重要区域，也将带动房地产投资的持续扩张。对于大多数中西部城市，特别是人口流出的东北城市，应当加快建立房地产投资建设的新机制，建立"人、房、地、财"协调机制，对土地供应规模进行严格控制。

（二）房地产投资布局趋势

基于前文的房地产投资潜力评价，可以发现大城市及其周边是房地产市场重点投资区域。根据2021年平安银行课题研究成果《都市圈发展与房地产投资展望》提出的都市圈范围，进一步分析都市圈房地产投资潜力格局，并结合70个大中城市的情况分析近年来房地产开发投资变化趋势如下。

1. 都市圈房地产投资潜力格局
（1）都市圈房地产投资潜力差异情况

从房地产投资潜力看，在28个都市圈中，有13个投资潜力超过全国平均投资潜力，15个投资潜力低于全国平均投资潜力（见图5-1）。排名前五位的都市圈分别为珠三角都市连绵区、长三角都市连绵区、首都都市圈、重庆都市圈、厦门都市圈。排名后五位的都市圈分别为沈阳都市圈、兰州都市圈、长春都市圈、南宁都市圈、太原都市圈，主要分布于中西部内陆地区与东北地区。

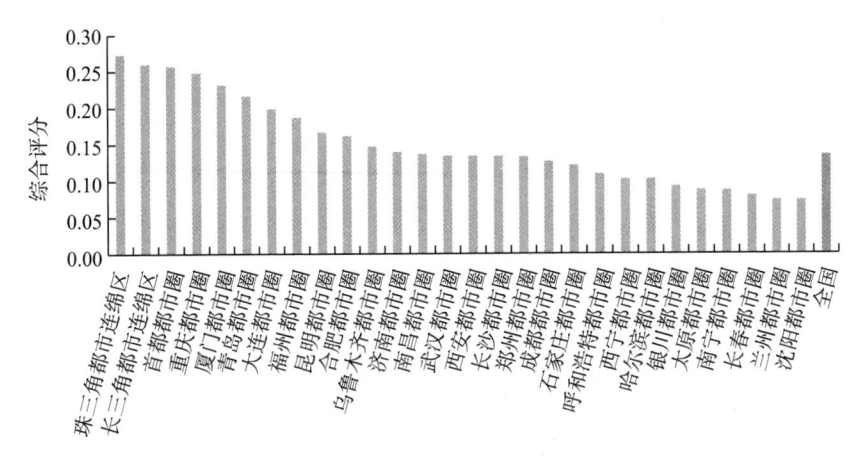

图 5-1　都市圈房地产投资潜力差异

注：都市圈名单来自之前发布的《都市圈发展与房地产投资展望》，投资潜力为计算得出的地级市情况，此处按照都市圈进行汇总。

（2）都市圈房地产投资关键指标比较

从年均城镇人口增长看，年均城镇人口增加规模超过 10 万人的有郑州都市圈、石家庄都市圈、大连都市圈、长三角都市连绵区、首都都市圈、青岛都市圈、珠三角都市连绵区、重庆都市圈。年均城镇人口增加规模低于 5 万人的有沈阳都市圈、哈尔滨都市圈、长春都市圈、银川都市圈、兰州都市圈、太原都市圈、西宁都市圈，主要分布于中西部内陆地区与东北地区（见图 5-2）。

从房地产投资规模看，排名前五位的都市圈为重庆都市圈、首都都市圈、珠三角都市连绵区、长三角都市连绵区、青岛都市圈。排名后五位的都市圈为银川都市圈、兰州都市圈、沈阳都市圈、太原都市圈、长春都市圈，主要位于西部和东北地区。

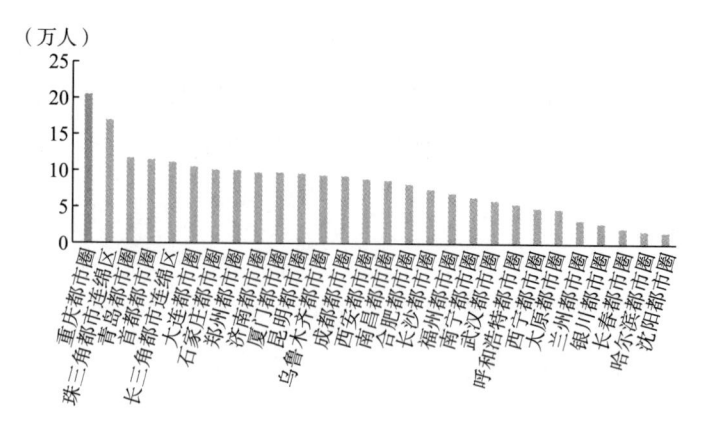

图 5-2　2010—2020 年都市圈年均城镇人口增加规模

资料来源：第六次、第七次全国人口普查数据，作者整理。

从商品房销售面积看，排名前五位的都市圈为重庆都市圈、青岛都市圈、长三角都市连绵区、厦门都市圈、珠三角都市连绵区（见图 5-3）。其中，重庆都市圈商品房销售面积遥遥领先，超过位于第二的青岛都市圈 84%。排名后五位的都市圈为银川都市圈、兰州都市圈、沈阳都市圈、太原都市圈、长春都市圈，主要位于北方内陆地区。

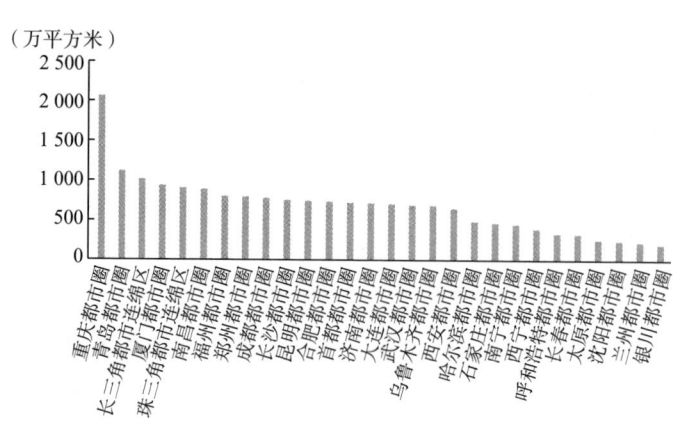

图 5-3　2018—2021 年都市圈年均商品房销售面积

资料来源：国家信息中心，作者整理。

2. 大中城市房地产投资变化分析

基于第六次、第七次全国人口普查数据，2010—2020年，70个大中城市的城镇增加人口占全国城镇人口增加总量的49.56%，是城乡人口的主要流入地，住房需求旺盛。大中城市仍将是房地产投资关注的核心区域。

（1）70城房地产投资潜力比较

总体来看，70城[①]房地产投资潜力总体高于全国平均水平。全国房地产投资潜力平均综合评分为0.14，70城平均综合评分为0.25，将近全国平均水平的两倍。一、二、三线城市的平均综合评分也高于全国平均水平（见图5-4）。

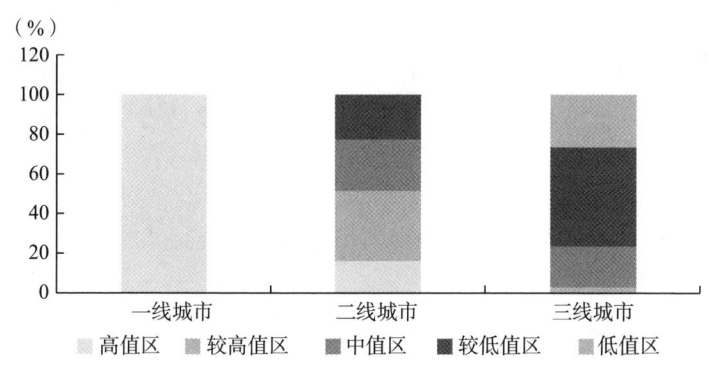

图5-4 全国70个大中城市投资潜力

资料来源：作者整理。

[①] 一线城市包括北京、上海、广州、深圳等四个城市；二线城市包括天津、石家庄、太原、呼和浩特、沈阳、大连、长春、哈尔滨、南京、杭州、宁波、合肥、福州、厦门、南昌、济南、青岛、郑州、武汉、长沙、南宁、海口、重庆、成都、贵阳、昆明、西安、兰州、西宁、银川、乌鲁木齐等31个城市；三线城市包括唐山、秦皇岛、包头、丹东、锦州、吉林、牡丹江、无锡、徐州、扬州、温州、金华、蚌埠、安庆、泉州、九江、赣州、烟台、济宁、洛阳、平顶山、宜昌、襄阳、岳阳、常德、韶关、湛江、惠州、桂林、北海、三亚、泸州、南充、遵义、大理等35个城市。其中"大理"未列入房地产投资潜力评价范围，此处不做考虑。

从一、二、三线城市看，各线城市房地产投资潜力综合评分差异较大，一线潜力高于二线，二线高于三线。一线城市平均综合评分为0.67，均位于高值区；二线城市平均综合评分为0.31，分布在高值区、较高值区、中值区及较低值区；三线城市平均综合评分为0.15，以较低值区为主。70城中，投资潜力最高的前十个城市均属于一、二线城市，投资潜力最低的十个城市均属于三线城市。

（2）70城房地产投资关键指标比较

2017—2022年，全国70个大中城市商品房销售面积总量基本保持稳定，房地产开发完成投资额总量呈先上升后下降态势，70城之间房地产投资持续分化。

一是商品房销售面积持续分化。2018年以来，70城商品房销售面积总体平稳，分城市类型看，一线城市与三线城市商品房销售面积增速2018—2022年呈先上升后下降态势，二线城市商品房销售面积增速呈徘徊下降趋势（见表5-3）。

表5-3　2018—2022年全国70个大中城市商品房销售面积增速

单位：%

城市能级	城市	2018年	2019年	2020年	2021年	2022年	近五年变化
一线城市	深圳市	8	12	13	-10	-13	
	北京市	-20	35	3	14	-6	
	广州市	-12	-6	5	13	-21	
	上海市	5	-4	5	5	-1	
	年化增速	-5	3	6	6	-10	
二线城市	厦门市	0	2	15	-5	—	
	南京市	-15	8	0	14	-38	
	杭州市	-18	-10	12	32	-38	
	宁波市	5	6	8	-14	-30	
	天津市	-15	18	-12	10	-32	
	合肥市	8	-5	12	24	-21	
	青岛市	-5	-9	0	-1	-5	

续表

城市能级	城市	2018年	2019年	2020年	2021年	2022年	近五年变化
二线城市	武汉市	3	−9	−21	2	—	
	成都市	−6	−4	4	−1	−24	
	郑州市	20	−3	−5	−21	−17	
	重庆市	−3	−7	1	1	−28	
	长沙市	6	−2	2	9	−35	
	西安市	8	−12	8	−27	12	
	海口市	−28	12	5	4	−44	
	大连市	−8	−15	8	−4	−37	
	济南市	2	−7	16	16	−20	
	福州市	2	0	11	13	−19	
	太原市	6	−12	5	5	—	
	长春市	12	4	−21	−3	−47	
	南昌市	15	3	−7	14	—	
	贵阳市	4	−2	12	15	−25	
	兰州市	−9	7	18	−5	−65	
	昆明市	5	0	−2	−31	−37	
	沈阳市	4	7	−5	−21	−41	
	呼和浩特市	25	−18	27	−25	−53	
	乌鲁木齐市	−1	7	9	8	−41	
	石家庄市	−23	−7	−26	9	—	
	哈尔滨市	−16	−7	−20	−21	—	
	南宁市	13	3	2	−19	−11	
	银川市	3	11	11	−15	−37	
	西宁市	−14	−3	−7	−24	−56	
	年化增速	**0**	**−3**	**0**	**−2**	**—**	
三线城市	无锡市	17	0	12	0	−25	
	三亚市	14	−51	−36	65	−7	
	惠州市	1	4	7	−12	−19	
	温州市	9	−2	6	−26	−24	
	烟台市	11	0	−12	2	−12	
	扬州市	−15	−3	12	1	−19	
	金华市	9	4	20	10	−36	
	唐山市	−12	−2	13	−19	−44	
	泉州市	14	9	−3	8	−6	
	秦皇岛市	−12	5	15	−41	—	

续表

城市能级	城市	2018年	2019年	2020年	2021年	2022年	近五年变化
三线城市	包头市	6	−3	−6	−28	−25	
	丹东市	0	−22	2	−10	−46	
	济宁市	1	4	12	11	−11	
	吉林市	−6	−13	−5	0	−46	
	徐州市	6	18	12	0	−28	
	牡丹江市	1	−5	−17	−31	−34	
	宜昌市	22	12	−18	48	−24	
	洛阳市	−16	15	11	−2	−14	
	韶关市	2	−26	−2	1	−26	
	锦州市	−22	−23	−7	40	−37	
	遵义市	24	−11	2	−11	−36	
	湛江市	−7	−3	12	−11	−31	
	襄阳市	5	−4	−25	31	−20	
	蚌埠市	8	−9	8	−26	−40	
	岳阳市	22	5	2	−11	−29	
	北海市	9	−2	−22	1	−32	
	平顶山市	16	4	−8	1	−10	
	安庆市	12	−23	5	11	−19	
	泸州市	15	10	9	3	−19	
	赣州市	1	4	9	17	−6	
	南充市	61	33	0	8	−36	
	常德市	7	10	1	−7	−23	
	桂林市	12	18	−1	−8	−37	
	九江市	13	9	12	15	−8	
	大理州	10	−14	37	−38	2	
	年化增速	7	2	4	−2	—	
	年化增速	2	−1	2	−2	—	

数据来源：国家信息中心、部分城市统计公报，作者整理。

二是住宅用地成交面积变化也呈分化态势。2018—2020年，70城住宅用地成交面积规模持续扩大，但增速呈下滑态势；2020—2022年，70城住宅用地成交面积规模连续收缩，增速连续两年为负值。一线城市中，深圳2018—2020年保持较大规模的土地成交面积增速；广州住宅用地成交面积增速下滑明显，增速从2018年的33%降至

2021年的-17%。二线城市中,大多城市住宅用地成交规模下降,31个城市中有25个增速为负值,其中郑州市增速从2018年的-12%降至2021年的-26%。长沙市是二线城市中唯一的连续四年增速为正值的城市,但其增速仍然呈现下滑趋势,从2018年的42%,降至2021年的23%。35个三线城市中有29个城市在2021年增速为负值,大多数城市住宅用地出让规模收缩。

2022年,一、二线城市住宅用地成交面积增速均为负值,住宅用地成交规模下降;三线城市增速为正值。一线城市中,仅深圳市增速为正值,上海市增速为负值且最低。31个二线城市中有22个增速为负值,其中长春市增速最低。35个三线城市中有19个增速为正值,16个增速为负值,包头、北海等城市增速持续下滑(见表5-4)。

表5-4　2018—2022年全国70个大中城市住宅用地成交面积增速

单位:%

城市能级	城市	2018年	2019年	2020年	2021年	2022年	近五年变化
一线城市	深圳市	177	96	329	-5	11	
	北京市	-51	21	-10	14	-14	
	广州市	33	21	10	-17	-17	
	上海市	-17	53	9	18	-46	
	年化增速	**-20**	**36**	**12**	**6**	**-30**	
二线城市	厦门市	-21	39	46	3	-12	
	南京市	-20	46	22	-11	-31	
	杭州市	-11	53	-7	-1	-16	
	宁波市	-31	63	-25	-13	-10	
	天津市	19	29	-27	-8	-43	
	合肥市	-12	41	-21	-9	161	
	青岛市	38	40	-9	-37	-32	
	武汉市	-5	13	34	-24	-67	
	成都市	37	8	-16	7	-8	
	郑州市	-12	7	-21	-26	25	
	重庆市	6	-4	9	-24	-28	
	长沙市	42	73	1	23	-34	
	西安市	-8	-20	50	-47	57	

续表

城市能级	城市	2018年	2019年	2020年	2021年	2022年	近五年变化
二线城市	海口市	−23	82	−49	−17	94	
	大连市	−40	298	5	−19	−41	
	济南市	5	−28	−15	33	−39	
	福州市	−13	111	−31	−20	−3	
	太原市	24	35	1	−59	4	
	长春市	−4	120	13	−7	−89	
	南昌市	−8	1	125	−67	91	
	贵阳市	−25	84	−3	−57	83	
	兰州市	111	17	74	−39	−61	
	昆明市	9	68	−30	−81	−30	
	沈阳市	47	53	19	−26	−73	
	呼和浩特市	86	1	14	−37	−49	
	乌鲁木齐市	111	4	156	−79	−27	
	石家庄市	−4	13	−34	−26	33	
	哈尔滨市	13	34	94	−61	−42	
	南宁市	16	28	4	−43	−9	
	银川市	0	51	−48	0	59	
	西宁市	−39	6	−15	101	−55	
	年化增速	**5**	**26**	**6**	**−29**	**−20**	
三线城市	无锡市	−26	31	43	9	−5	
	三亚市	−100	32 710	18	−48	148	
	惠州市	−44	46	179	−70	−46	
	温州市	−26	14	15	0	−31	
	烟台市	208	−49	67	−44	−56	
	扬州市	28	20	40	−8	0	
	金华市	5	−19	25	82	30	
	唐山市	43	16	−12	−38	31	
	泉州市	14	1	17	−1	48	
	秦皇岛市	−36	58	20	−46	171	
	包头市	101	−34	−9	−48	−56	
	丹东市	−12	32	105	−24	−70	
	济宁市	43	−3	−35	12	28	
	吉林市	−33	−16	273	−84	−71	
	徐州市	−50	27	5	−32	44	

续表

城市能级	城市	2018年	2019年	2020年	2021年	2022年	近五年变化
三线城市	牡丹江市	204	−62	8	−43	−84	
	宜昌市	12	−24	15	−82	801	
	洛阳市	62	39	−36	−8	3	
	韶关市	−49	156	16	−23	−22	
	锦州市	−13	21	8	−83	75	
	遵义市	38	46	−31	−34	19	
	湛江市	−20	18	175	−36	−10	
	襄阳市	15	10	40	−58	24	
	蚌埠市	34	28	−20	−51	−5	
	岳阳市	141	−36	−42	139	5	
	北海市	148	68	−22	−60	−37	
	平顶山市	33	48	−3	−26	2	
	安庆市	1	25	−16	−13	30	
	泸州市	31	−46	17	−54	59	
	赣州市	55	12	−20	−3	−22	
	南充市	19	51	−19	−48	2	
	常德市	13	42	−13	−63	18	
	桂林市	56	0	7	−59	7	
	九江市	−35	52	−3	24	−21	
	大理州	30	−56	−54	62	−58	
	年化增速	11	11	0	−27	10	
	年化增速	5	21	4	−26	−11	

数据来源：Wind，作者整理。

三是投资强度持续分化。2018—2022年，70城房地产开发投资规模总体呈先扩大后收缩态势。一线城市中，深圳市增速先下降后上升，广州市、上海市增速先上升后下降；二线城市中，30个城市中有24个在2022年增速为负值，其中，西宁市经历连续五年负增长，乌鲁木齐市经历连续四年负增长；三线城市中，2018—2021年35个城市增速基本平稳，2022年35个城市中有26个增速为负值，其中遵义市增幅为−45%，桂林市增速为−43%。

二、房地产投资业态选择

1998年全面实施城镇住房市场化改革以来，为补齐住房短板及满足城镇化需求，房地产市场进入了以增量建设为主的发展阶段，形成了以开发业务为主的投资业态，并围绕开发业务拓展物业管理、商业管理等传统服务业务。目前，全国商品房存量规模已经很大，越来越多大城市逐步进入增量建设与存量交易并重的阶段。近年来，开发企业主动从开发商向城市运营商、服务商转型，向行业细分领域、消费短板领域和既有空间整合领域拓展。

进入高质量发展新阶段，房地产投资业态要以居住、商业、办公等需求为导向优化商品房开发业务，以品牌服务输出为导向增加轻资产运营服务业务，以存量空间功能提升为导向积极参与城市更新业务，以投资持有运营为导向提升资产管理业务和拓展保租房业务，从以开发价值为主向开发收益与运营服务收益并重的阶段转变（见图5-5）。

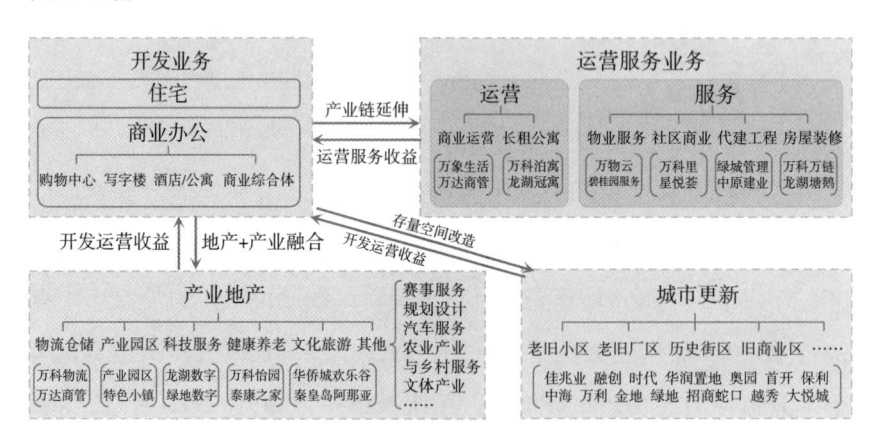

图5-5　房地产开发企业投资领域转型

资料来源：作者整理。

（一）优化商品住房开发业务

1. 商品住房仍有需求红利

当前，我国住房绝对短缺问题基本得到解决。根据第七次全国人口普查数据，2020年全国城镇人均住房面积达到38.6平方米，人民群众对住房的需求已经从"有没有"向"好不好"转变。但同时，地区间住房发展差距大，人口大量流入地区住房条件还不佳；改善性、舒适性、享受性住房需求还未得到满足。

（1）地区间住房发展差距大

2020年，全国城市家庭户人均住房间数为0.99间，尚未达到"人均一间房"的居住水平。其中，城市家庭户达到"人均一间房"居住水平的有16个省份，以中西部地区为主；东北地区、内蒙古、海南、宁夏居民住房水平偏低，城市和镇范围内的家庭户均未达到"人均一间房"水平，人均住房面积也较小，这些地区经济增长速度慢、经济水平低，影响居民住房水平的提升。东部地区人口流入较多的省市，城市家庭户住房水平多数未达到"人均一间房"，包括北京、天津、上海、浙江、福建、广东等省市。

与国际比较，我国城镇住房仍有发展空间。日本、韩国、联邦德国、美国、英国的城市化率在达到70%之前，住房建设量迅速增长，此后城市化率和住房建设的增长均逐步放缓。由于国际上各国的住房面积是按使用面积计算，在进行国际比较时，我国城镇人均住房建筑面积需折算为使用面积。按照1.33倍经过折算后，2020年我国城镇人均住房使用面积为29平方米，其中城市为27.4平方米，镇为31.7平方米。日、美、德、法等国的人均住房面积均高出我国城镇人均居住面积10平方米以上。我国城镇住房未来发展仍有很大的新增建设需求。

（2）住宅开发增量开始由增转降

从住宅开发规模变化情况来看，商品住宅开发投资、新开工面积处于高位运行，但2019年以来增速持续放缓（见图5-6）。住宅投资方面，2021年住宅投资为111 173亿元，比上年增长6.4%，达到历史最高值；但2022年住宅投资为100 646亿元，下降9.5%。新开工面积方面，2019年住宅新开工面积达到历史最高，之后增速为负；2021年住宅新开工面积为146 379万平方米，下降10.9%；2022年住宅新开工面积为88 135万平方米，下降39.8%。

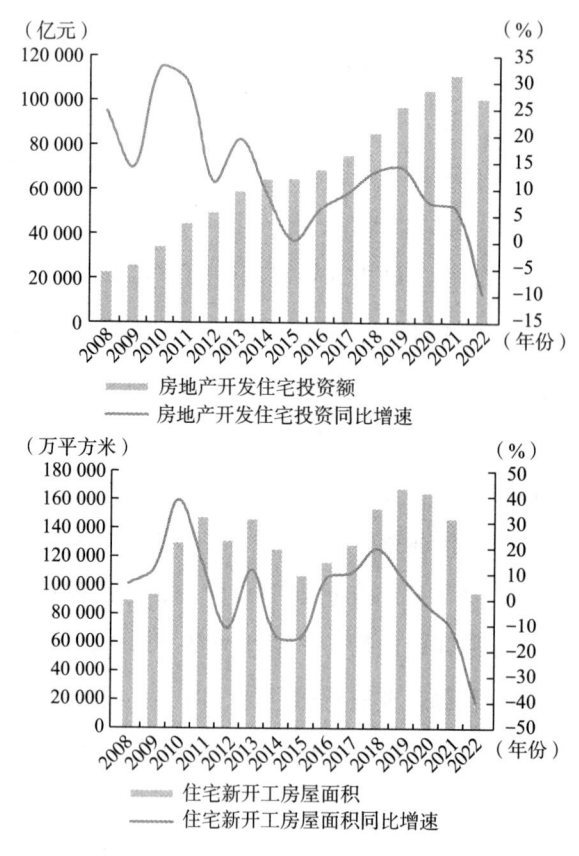

图5-6 房地产开发住宅投资额与住宅新开工房屋面积情况

资料来源：国家统计局，作者整理。

2022年底中国城镇化率达到65.22%，未来，城镇化速度放缓，带来的住房需求呈现总量下降并逐步企稳态势，住宅地产业态重心将由增量向增量和存量并重发展，房企新房获利的空间会逐步缩小，一些房地产商已经或正在减少和退出开发业务。

（3）以需求为导向调整住宅产品类型

产品系列多元化。大多房企形成了独具特色的住宅产品线，建造不同类型的住房产品满足不同消费群体需求。如保利发展公司在住宅产品方面，形成尊居、善居、品居、安居系列，代表品牌有"天字"系列、"和光"系列等，满足不同消费群体的选择。

产品建设绿色化。聚焦"双碳"目标机遇，房企推动绿色建筑、装配式建筑建设，形成新的产品优势和融资优势。2022年上半年，保利发展公司新开工项目绿色建筑一星及以上设计标准共271万平方米；万科新增满足绿色建筑一星及以上等级标准的房地产开发项目共25个，新增绿色仓库三星认证项目16个；金地集团G-WISE绿色健康住宅体系已在公司体系内全面展开应用，推进各区域、各项目采取绿色建筑设计并进行绿色建筑申报。

居住环境科技化。依托智慧科技转型是房地产行业大势所趋，数智化科技正在成为企业发展的核心竞争力。如万科物业旗下全资子公司万睿科技，打造现代化的物业管理模式和智慧生活方案；绿城发布智慧园App（手机应用程序），以科技赋能住宅，搭建美好智慧生活；雅居乐·乐活家首次提出全屋智慧整装，满足客户对呈现智能化产品多样化的需求。此外，部分房企积极推动房地产与信息通信建设的深度融合，如金科服务与中国电信、绿地与中国铁塔达成战略合作，共同推进5G（第五代移动通信技术）智慧生活、智慧社区、智慧城市以及智慧楼宇建设。

2. 商业办公地产需要转型

（1）商业地产面临诸多挑战

商业地产市场供需两端均走弱。受宏观政策调整影响，国内商业地产开发增速逐步放缓。2018年以来，全国商业营业用房和办公楼投资占房地产投资的比重均呈现下降趋势，投资同比增速先增长后下降，2022年负增长明显。商业营业用房和办公楼新开工面积占商品房新开工面积的比重也呈现出类似的变化趋势；在增速上，2020年以来呈现持续下降的趋势，2022年新开工面积大幅减少。与此对应，城市商业办公用地供求均缩量，地方政府供地更加谨慎，企业拿地也相对更趋理性（见图5-7）。

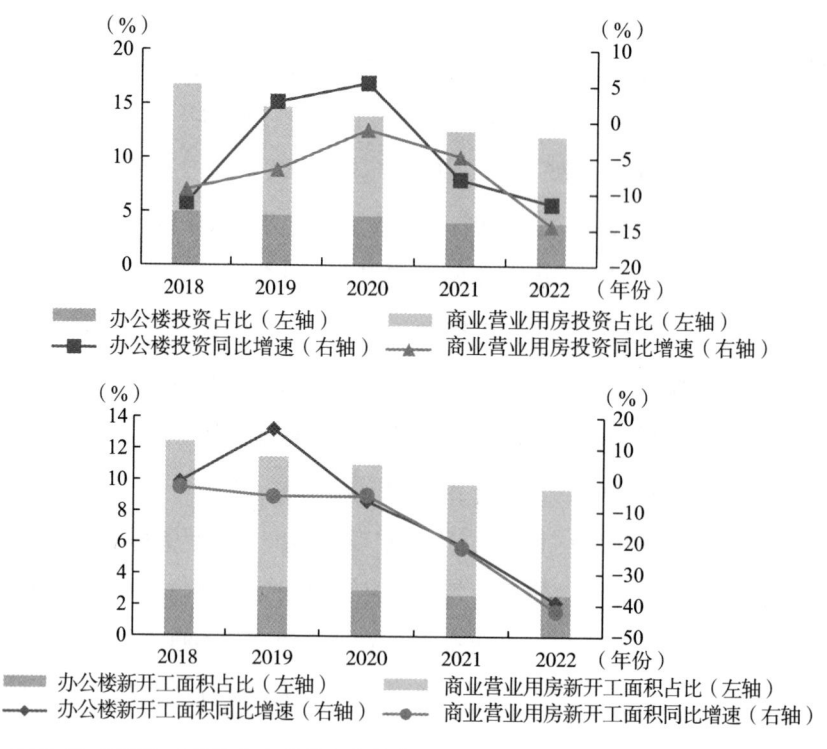

图5-7　2018—2022年办公楼和商业营业用房投资、新开工面积占比及增速情况

资料来源：国家统计局，作者整理。

当前，商业地产发展面临同质竞争及电商的冲击。一是商业地产土地供应在很大程度上超出城市产业发展速度所需要的规模，透支产业发展的土地资源需求。目前，商业地产存在高供应量和高空置率问题，一线城市商业地产市场也出现产业发展和甲级写字楼需求错配的问题。二是当前国内商业地产及其细分市场发展总体上饱和，增量放缓，存量竞争激烈，购物中心、酒店、写字楼等商业市场竞争激烈。三是随着互联网、大数据、云计算等数字技术的广泛应用，以网络购物、移动支付为代表的新兴消费模式迅猛发展，线上消费日益普及。新冠疫情暴发以来，线上消费出现了全面提速态势，推动直播电商、社区电商、互联网医疗、在线教育等新业态、新服务、新模式加速涌现，对商业地产形成冲击。

（2）商业地产加快转型

在商业地产中各种产品是并存的。人口结构变化，包括二孩、三孩政策放开及老龄化，新兴消费群体的崛起正引发商业地产生态的巨变。加上消费者需求层次变化、中产群体扩大、消费加速升级、扩大内需驱动、城市更新带动、资产管理转型等为商业地产带来结构性的发展机会。未来，商业地产可与城市综合体、街区复兴结合；办公地产产品向全流程增值服务叠加，推动新型办公兴起。

商业购物中心存在结构性市场机会。城市更新、TOD（以公共交通为导向的开发）、商业轻资产上市、业态供给侧结构性改革等多重环境要素叠加，为区域型购物中心带来发展新机遇。一是开发优质资产。龙湖在"网格化布局"战略加持之下加快了发展步伐，截至目前，在全国开业购物中心达54座，已布局全国28城，覆盖华西、华东、环渤海、华南、华中五大区域，拥有项目超过100个。华润置地也在积极获取一、二线城市商业地块，建设万象系商业项目。二是强化运营能力推动存量更新。千篇一律的老牌购物中心、商场，将会因为内容更新跟不上消费需求变化、缺少突出优势和竞争力而逐渐"消失"。大悦城等企业以运营能力撬动资金杠杆，存量更新将是获取项目的重要渠道。

写字楼市场供大于求格局短期内难以改善。甲级写字楼空置率处于高位，整体市场回暖尚需时日。写字楼租金仍处于下行通道，空置率上涨带来去化压力，租户对租赁成本及灵活性诉求强烈，需求疲软将继续抑制写字楼租金增长，写字楼盈利压力加大。因此，应关注人口和经济较强支撑、办公楼市场需求旺盛的城市，或潜在供应量较小且第三产业尤其是高技术服务业发展相对较好的城市。

服务式公寓存在结构性市场机会。2016年以来，长租公寓市场政策经历了加大培育和规范发展两个阶段。长租公寓回报率普遍处于1%~2%的水平，回报率水平低。随着国家租购并举制度确立和保租房建设推进，万科、龙湖、旭辉、华润等企业积极参与投资、持有、运营长租公寓业务。未来与政府、国有企业、村集体等积极合作，开发企业以自持、合作开发、代建、代管等多种方式参与长租公寓建设，通过加强运营服务能力提升和产业链的协同合作，在细分市场上提供更加专业化的产品和服务。

（二）拓展专业化运营业务

1. 商业地产运营

发展以运营服务为优势的商业轻资产运营模式已成为行业共识。2020年，星盛商业成功上市，成为港股纯商业运营服务的第一股，商业轻资产运营模式亦日趋成熟。商业运营以轻资产拓展为重要战略方向，依托丰富的运营经验和品牌影响力，通过培养专业的人才队伍，为委托方定制个性化的运营方案、优化资源配置，利用自身招商引资能力，盘活存量资产。房地产企业在商业运营领域将从以售为主转向"轻重并举"，再到向轻资产方向倾斜转变。

以万达为例，2015年4月，万达首次提出万达广场轻资产战略，核心就是由专业的投资者负责投资，而由万达负责输出品牌管理和运营。轻资产战略主要涉及两种形式，一是投资类万达广场，投资者出钱，万达负责找地、建设、招商和运营；二是合作类万达广场，投资者出地又出钱，万达输出品牌，负责项目选址、规划设计、工程建设、招商运营。2021年，万达集团新开业51座万达广场，其中轻资产占比为67%。

此外，一些房地产开发商对商业地产的开发以标准化的形式扩张，产品线不单纯是商业地产的一种品牌概念，而是代表商业地产企业从开发建设、招商运营，甚至投资决策方面的标准化程度和管控体系的健全。以龙湖地产产品线为例，形成了龙湖天街、龙湖星悦荟、龙湖MOCO家居生活等不同定位的商业地产产品。

2. 长租公寓运营

2016年，《国务院办公厅关于加快培育和发展住房租赁市场的若干意见》提出支持专业化、机构化住房租赁企业发展。为抑制土地过热，不少地方的住宅用地供应要求配建公租房、保障性租赁住房或自持租赁房（比例一般在10%~15%），自持租赁房由房企自持运营出租，或公租房无偿移交政府作为保障房。事实上，除了强制配建，诸多大房企已经主动布局，并通过竞拍纯租赁地块、参股集体用地开发、参与城市更新、收购存量物业改造等方式，创立长租公寓品牌，培育新业务增长点。百强房企中已有超半数布局租赁住房，万科、龙湖、旭辉等是其中典型代表（见表5-5）。

表 5-5 主流房企长租公寓布局规模（截至 2022 年上半年）

房企	住房租赁品牌	管理规模（万间）	运营方式	面向群体
万科	泊寓	20.99	自持运营、输出管理	城市青年
龙湖	冠寓	>11	自持运营、输出管理	新世代人群（20~35 岁的年轻人群）
旭辉	瓴寓	>8.2	自持运营	毕业人群以及白领人群
华润置地	有巢	5.5	自持运营、输出管理	新市民、青年人等群体
招商蛇口	招商伊敦	3.7	自持运营、输出管理	不同阶层、不同年龄段租房人群
中骏集团	中骏方隅	3.16	自持运营	中高收入的租房群体

资料来源：作者基于公开资料整理。

截至 2022 年上半年，万科泊寓作为全国规模领先的集中式公寓提供商，已布局全国 33 个城市，实现营业收入 14.8 亿元，同比增长 12.3%，累计运营管理长租公寓 20.99 万间，累计开业房间数 16.95 万间，整体出租率达到 94.0%。龙湖冠寓已布局 30 余个高量级城市，开业规模稳居行业第二，2022 年上半年实现租金收入 11.8 亿元，同比增长 11%，累计开业房间数超 11 万间，期末出租率为 93.3%。旭辉瓴寓聚焦上海、北京、南京、杭州、成都、深圳六大核心城市，已拓房间数超 8.2 万间，运营超 30 个大型租赁社区。碧桂园、朗诗、华润等也在全国布局。未来随着各种用于建设租赁住房的土地积极推出，形成租赁住房供应，长租公寓运营的市场规模将会大幅增加，届时长租公寓运营企业将迎来重大发展机遇。相寓、魔方公寓、乐乎公寓等租赁住房专业运营机构也早已进入市场。它们主要以"二房东"模式参与进来，通过包租物业、装修改造和溢价出租，来赚取租金差和运营服务费。

（三）增加管理服务业务

房地产企业除提供产品，也重视拓展服务型业务，通过服务获取更多的增值收益。目前，房地产企业在资本市场上估值较低，通过拓展新的业务领域和提供新的服务，房地产企业从传统的开发商转型为配套商、服务商，不仅能获取新的利润增长点，而且也有利于提高企业的估值空间。

1. 物业管理服务

物业服务业务与开发业务关联度较高，潜在市场巨大。物业服务业务是房地产企业最早延伸的领域之一，在多数上市企业营业收入中除开发物业外，是营业收入最高的业务。万科、碧桂园、保利、中海等房地产企业将物业服务业务作为发展重点，目前已实现规模化运营，且业绩增长相对较好。如2021年万物云项目覆盖全国一、二线城市，实现营业收入（含向万科集团提供服务的收入）240.4亿元，同比增长32.1%。其中，社区空间服务收入134.6亿元，占比56.0%，同比增长22.9%；商企和城市空间服务收入87.2亿元，占比36.2%，同比增长38.1%。

从未来发展看，物业服务市场将逐步进入高速发展期和应用成熟期。物业服务与房产、家装、金融的协同价值越来越显著，人工智能、大数据、"互联网+"等的发展也将使物业服务市场更加成熟。基于不同建筑产品与客户群体对物业服务的差异化需求，各企业也在不断拓展物业服务内容。如碧桂园、万科、保利、融创等国内百强物业服务中心，除提供基础物业管理服务外，均加快发展租售业务。保利物业致力于全业态管理，形成以社区居住物业服务为核心，以全域化管理、城市服务为引领的综合服务能力。万科旗下的万物云与科技服务结合，打造信息化服务平台，并覆盖"住、商、城"全域空间服务。因此，物业服务未来仍是房地产企业延伸自身产业链、价值链的重要方向。

2. 社区商业服务

当前人们的消费结构、消费需求、消费渠道、消费观念都发生了深刻变化，更多的消费者希望体验有温度、有质感的美好生活方式，这为社区商业的加速发展奠定了基础。目前，房地产企业发展社区商业，主要有两类，一类是作为住宅配套而提供的服务，主要是邻里中心，如万科邻里家、绿地邻里中心、金科美邻街等。其选址基本都是依托住宅项目而定，规模体量一般在3万平方米及以下；另一类是社区型购物中心，规模体量一般在3万~6万平方米。布局上，不同房地产企业选择各异，如万科生活中心偏向市郊，绿地乐和城偏向住宅集聚、商业缺乏区域，龙湖星悦荟一般选址高端人群集中或具有某种特质的区域，金科美邻广场、金科美邻汇落地区域中心或市郊。

后疫情时代，居民社区商业消费行为得以延续，日常消费转向社区超市、便利店、电商等平台，社区团购模式流行。虽然社区商业发展很快，但是还没有达到饱和的程度。国外经验表明，当人均GDP突破3 000美元时，社区商业所占消费零售总额的比重一般在40%~60%。而中国的社区商业在整个社会商业总支出中所占的比重不到30%，与发达国家相比仍有很大差距，这表明社区商业未来仍有较大的发展空间。

3. 代建工程服务

代建是由土地拥有方委托有项目开发建设经验的机构承接，双方通过合作实现共同盈利的一种开发模式。早期，我国代建业务集中在政府项目，之后受房地产市场政策调控影响，一些三、四线城市的本地房企与头部房企合作，加速产品销售，商业代建逐步成为代建企业的主要项目类型。之后还拓展到了资本代建。三种主要的代建类型见表 5-6。

表 5-6 代建业务的三种主要类型

模式	委托方	委托方诉求	项目资金来源	合作方式
政府代建	政府机构	创造社会效益，遏制寻租	委托方	与政府安置房、经济适用房、公租房等保障性住房及公共服务设施等政府投资项目对接
商业代建	以开发能力偏弱的中小房企、地方城投等为主	提高盈利能力，抵御市场风险	委托方	由委托方提供土地并承担全部或主要开发资金，代建方根据委托方需要向项目输出品牌，派驻专业开发团队承担开发全程服务
资本代建	具有房地产投资需求的金融机构（信托、保险、地产基金等）	资本收益最大化	委托方提供部分或全部资金支持	与财团、基金、信托等各类金融投资机构对接，金融机构负责资金募集，房企负责寻找合适的房地产项目并承担开发任务

资料来源：作者整理。

当前市场正加速涌现新的代建需求。一是地方国企托底拿地后开发的代建需求。2021 年下半年以来，大量土地储备被地方国资托底获得（如宁波、苏州 2022 年第一批供地，均有超七成地块被地方国企竞得）。据调研，这些地方国企多数受限于自身融资、操盘及品牌溢价能力，并未打算亲自操盘，有较强意愿寻求合作开发或项目代建。二是金融机构涉房类不良资产盘活的代建需求。四大AMC（资产管理公司）地产类不良资产占比约为50%，市场下行期间，AMC更偏向主动将不良资产改造为优质资产，而非像以往那样，直接转卖给房企或其他金融机构。此外，不少信托公司也被动接盘了一些房地产项目，急需寻找代建方。三是保障性租赁住房的代建需求。"十四五"时期，全国40个重点城市计划新增保障性租赁住房650万套（间），孕育了大量代建需求。

从中长期看，代建具备极大并且可持续的成长空间。据相关机构估算，"十四五"期间，全国新签代建建筑面积有望由2021年的1亿平方米增长到2025年的2.3亿平方米，年均复合增长23.5%，按3 500元每平方米的建安投入估算，五年内累计投资金额将达到2.8万亿元。目前已有绿城、建业、华润、保利、金地、建发、雅居乐、朗诗、中交、滨江、旭辉、世茂、万科等近40家百强房企，通过成立公司或设立专门的业务板块涉足代建。其中，绿城管理是行业龙头，成为第一家上市代建企业；中原建业是两家上市代建企业之一，深耕河南；华润置地是政府代建的最大参与方；金地管理、建发建管、招商蛇口、雅居乐房管、朗诗绿色管理等的代建业务初具规模；其他房企多处于起步阶段。多数房企主要聚焦商业代建和政府代建，部分房企正在加大资本代建的参与度。

4. 房屋装修服务

2015年起，万科万链、碧桂园橙家，以及与家居企业联手的世茂、绿地、保利等头部房企纷纷入局家装行业。碧桂园橙家上线六年，在全国30多个城市布局50家直营线下家居体验馆，2021年碧桂园服务宣布拎包入住业务范围将拓宽至家装服务业务。龙湖塘鹅是龙湖集团2021年对外发布的全新品牌，塘鹅品牌的设立是龙湖集团"空间即服务"战略的延伸，也是对已有增值服务的焕新，服务及产品覆盖房屋租售、装配式整装、家居装饰等。阳光城梦享家事业部于2021年正式成立，致力于为城市家庭提供一站式全周期的家装与居家整合服务，以"定制居家生活每一处"为品牌理念，匠心精研每个专属空间，践行"设计为先导、产品一体化、实施精细化、服务一站式"的家装定制体系，改善客户新居入住体验。

据亿欧智库测算，截至2023年，中国家装行业市场规模达到3.54万亿元。作为万亿元的超大规模市场，家装是一种让产品的张力实现高溢价的方式。然而，房企入局家装市场的风险也不可忽略。2015年，万科以家装公司万科链家入局，2020年万科与链家合作家装的转型以失败告终，万科从家装平台万链抽身而退，为其他入局房企敲响了警钟。虽然房地产巨头拥有规模、资金、资源等众多优势，但装修行业经过多年的发展，已形成了自己专业化的服务和供应链，有一定的行业壁垒，房企进入装修行业，会面临诸多难题。

（四）拓展产业地产

推动房地产行业与实体产业的融合发展，是房企转型的重要方向之一。已有大量房企在产业领域实施布局。伴随基础设施公募REITs等一系列利好政策落地，具有成熟运营项目的产业运营商将拥有更多的融资和退出通道，在市场竞争中占得先机。

1. 物流仓储

近几年基于国内物流行业的稳健增长，物流仓储费用逐年增加。2021年，中国物流保管费用达到了5.6万亿元，同比增长了8.8%，占物流行业总费用规模的33.5%。但高端物流地产设施缺口仍然明显，国内物流地产行业仍具有较大发展空间。后疫情时代，国内经济的逆势增长，带动消费总量攀升，共同为物流地产行业的发展提供动力。

随着国家不断加大物流基础设施投入力度，尤其是重点推进冷链物流产业发展，万科、招商、海航、碧桂园、绿地、华夏幸福、远洋等房地产企业借助发展机遇和自身丰富的重资产开发运营管理经验，纷纷布局物流地产。房企布局物流地产主要可以分为房企主导、"房企+物流企业"以及"房企+电商企业"三种模式。

克而瑞的研究报告指出，虽然物流地产需求旺盛，未来发展前景广阔，收益回报可观，还能够实现资本闭环，但对于房企业务而言，仍难以起到支撑作用。

2.产业园区

在各地政策引导下，创新发展要素将持续向特色园区聚焦，特色产业园区将呈现引领性的发展态势。中粮地产、招商蛇口等部分房地产企业选择在产业园区、科技园布局以寻找转型之路，在产业园区业务上快速拓展。房企进入并通过"地产+产业+公共服务+专业服务"方式拓展产业园区业务，一些企业开始结合信息化技术搭建智慧化服务平台。

安信证券报告显示，50强房企中约有66%已经参与了产业园区项目，龙头房企参与比例更高，房企参与的产业园区项目以智能制造、医疗健康和文旅农业为主，其中智能制造是最主要的类型。例如，招商蛇口运营管理的网谷、意库和智慧城三条产品线共计25个项目（含建设期），布局15个城市，规划建筑面积475万平方米。同时，利用园区平台，招商蛇口还大力开展产业投资与创新孵化，强化"产业+基金"模式，实现"投贷联动"。

3. 科技服务

物联网、移动互联网等新兴技术不断发展,"地产+科技+生活"成为社会发展的必然趋势。房企已经积极探索将科技应用到开发、管理、运营和服务等不同产品、业态及场景中,提升管理服务效能(见表5-7)。如房企探索智慧人居,为自身产品找到新的价值增长点,提升产品溢价,满足客户对居住需求的更高要求。

表5-7 代表房企智慧科技布局

企业	旗下科技企业	进入领域	技术体系	应用场景
碧桂园	博智林机器人有限公司、千玺机器人集团有限公司	建筑SSGF高质量建造体系、物业人工智能+服务	以建筑机器人、新型装配式建筑、建筑信息模型技术为核心的智能建造体系	建造、餐饮、医疗、农业、社区服务
龙湖集团	龙湖数字科技公司	地产科技领域	算法和地理信息系统、智能管家、智能管理后台、智能语音客服	帮助龙湖在四大主航道业务(传统地产、商业地产、冠寓、智慧服务)及创新业务线实现既有模式的转型
绿地控股	绿地数字科技有限公司	智慧系统、金融科技	ToA(瞄准消费者市场)端:金融科技平台——权易宝;ToB(面向企业客户)端:供应链金融科技平台;ToC(针对个人消费者)端:G优尊享荟服务平台	涵盖智慧理财、资金融通、休闲酒旅、康养教育、房地产、基建等
万科	万物云空间科技服务股份有限公司	智慧城市服务领域	万物云的人工智能、物联网以及流程即服务解决方案,在空间里实现远程和混合运营	社区、商企和城市空间

资料来源:作者基于公开资料整理。

2021年以来，各类相关政策密集出台，不仅为房地产企业科技化升级提供了战略方向，也为企业科技化升级提供了政策支持。2022年3月5日，《政府工作报告》提出"深入实施创新驱动发展战略，巩固壮大实体经济根基，推进科技创新，促进产业优化升级"。住建部《"十四五"住房和城乡建设科技发展规划》指出，重点发展绿色低碳、数字化、智能化、工业化、产业化技术，为房地产科技升级提供战略方向。当前，房地产行业正在从追求量的增长向质的提升转变，房地产科技化将是未来发展的大势所趋。

4. 康养地产

中国老年人口多、老龄化速度快，公共养老机构规模不足，使得康养地产的市场需求旺盛。万科、远洋、保利等开发企业早在2013年就开始涉足养老业务，还有保险企业和养老机构也涉足这一业务。目前，布局康养地产的企业众多，呈现分散化竞争格局，市场集中度较低。部分中高端康养品牌开始脱颖而出，如泰康之家、保利、绿城、万科等。

以万科为例看康养地产发展趋势。2013—2016年，万科旗下先后推出了"橡树汇""智汇坊""幸福家""嘉园""随园之家"五个社区嵌入式养老品牌。但部分项目仍是销售模式，养老服务功能并未得到充分体现。2016年后，养老业务作为万科集团重点发展对象，成为转型"城市配套服务商"新定位的重要支点之一，经过集团层面整合内部品牌资源，形成了以随园、怡园和嘉园为核心的三大主力品牌。2019年，万科康养业务已布局16个城市，共储备带床位项目52个，可提供床位1万张以上。无床位的日照/居家服务项目约120个，无床位项目主要集中在苏浙地区。然而，近几年万科年报中较少提及康养地产的发展情况，其发展较为缓慢。

我国处于积极应对人口老龄化的战略机遇期，老年群体收入、养老消费理念等还处于转变期，大多康养地产需求未得到充分释放。加上持有型康养地产政策体系不完善，盈利模式有待提升。总体上，康养地产仍处于发展阶段。未来，应对老龄社会服务需求，专业化将是康养服务的必由之路。

5. 文旅地产

随着我国旅游市场的迅猛发展，文旅项目成为房地产战略转型的重要方向。数据显示，超过 1/3 的百强房企进入文旅地产领域。然而自 2016 年起，文旅地产连续多年维持着 2%~4% 的低增长率。据统计，2021 年全国新增文旅地产项目总计 212 个，同比增长率仅 1.1%。随着土地红利、刚需红利、金融红利的消失，整体市场已进入低增长时代。受疫情影响，2020 年以来旅游行业遭受巨大打击，制约了文旅地产的发展。

近年来旅游行业发展出现新形态，微度假引领旅游消费潮流，高端游、小众游和定制游成为重要挖掘点，云旅游开辟发展新空间等。未来，高质量发展、高效益经营、精细化运营和精细化服务方是发展之路，房地产企业应当根据自身优势选择具体模式，如游乐地产模式、度假地产模式、旅居养老模式、农业观光模式、策展式主题模式、轻文旅集合体模式等（见表 5-8）。

表 5-8 文旅地产未来发展模式

模式	展现形式	代表项目
游乐地产模式	以游乐产业，带动项目人气，再以地产开发快速回收投资成本	华侨城世界之窗、民俗村、欢乐谷、顺德欢乐海岸 PLUS
度假地产模式	先做度假和环境，培育度假市场，再进行住宅地产开发	海口观澜湖、秦皇岛阿那亚

续表

模式	展现形式	代表项目
旅居养老模式	以康养产业作为文旅地产开发的主题	绿城乌镇雅园
农业观光模式	以农业观光和体验作为度假主题，这类项目多以花海、果林、农场等为主要卖点	花七森林
策展式主题模式	围绕都市年轻人和亲子家庭一族的轻体验式的策展式轻文旅	上海 TeamLab 光影艺术展览
轻文旅集合体模式	紧贴都市圈周边，结合住宿、体育、乐园、研学、餐饮等多类业态，以"露营+"为核心的非标住宿，构建成一个独立的度假生态系统	珠海星乐度露营公园项目

资料来源：作者整理。

6. 其他产业地产

房地产企业跨行业的横向布局，除了物流仓储、产业园区、科技服务、健康养老、文化旅游，还包括赛事服务、规划设计、汽车服务、农业产业与乡村服务、文体产业、金融业务、教育产业以及设施建设等多元化领域（见表5-9）。万科、碧桂园等头部房企还进入了农业生产和乡村振兴领域。

表5-9 部分头部房企布局的其他产业地产

产业领域	业务类型	代表企业
赛事服务	赛事服务、场馆运营、商业和酒店服务	保利集团、华润置地、佳兆业
规划设计	规划及建筑设计	中海地产
汽车服务	4S店业务	绿地
农业产业与乡村服务	生猪养殖、日常餐饮、农业科技、农业食品	万科食品事业部、碧桂园农业等
文体产业	文化传媒、体育运动	万科松花湖、万达影业、保利影业等

续表

产业领域	业务类型	代表企业
金融业务	CMBS（商业按揭支持证券）、ABS（资产支持证券）、类REITs、ESG绿色贷款	金茂、碧桂园、招商蛇口、华润置地
教育产业	全日制学校、学前教育、户外教育、课程研发、民办教育、公办教育、素质教育	万科梅沙教育、德英乐教育
设施建设	投资建设、工程施工、建筑装饰、建筑设计、绿色建材、设备制造、建筑材料贸易	绿地大基建全产业链

资料来源：各企业年报，作者整理。

（五）进入城市更新领域

1. 房企拓展城市更新业务

在增量型业态收缩的同时，全国的住宅存量已经非常庞大，据相关统计，2023年前后中国房地产的市值为400多万亿元。房地产向存量要产能、要机会、要效益，已成为业界的共识。房地产企业进入城市更新领域，也成为业态选择的重要内容。

从房企机构设置上看，2021年以来，房企加速构建与城市更新业务拓展相匹配的组织架构及管理体系。许多房企专门成立城市更新业务部门开展工作。如万科南方区域公司2020年把城市更新提升为和办公、商业、EPC（设计采购施工）&代建、养老、酒店同级别的独立业务，2021年3月又成立城市更新公司。招商蛇口、远洋集团、中国奥园等多家企业也积极布局城市更新业务，将城市更新业务作为未来重要的发力点。

2. 合作开发运营是重要形式

城市更新业务资金量大，占用周期长，对综合能力的要求高，以合作形式可以降低资金成本、提升运营收益。目前，合作主要聚焦在全国品牌房企与本土深耕房企、房企与金融资本、房企与政府之间。合作开发已经成为房企进军城市更新，或者强化企业在更新领域优势的重要途径。

一是与本地企业合作。本地企业对当地的情况更加熟悉。如2021年3月，龙湖与海南农垦投资签订协议，充分发挥各自优势，在海南加强城市综合体开发、城市更新、乡村振兴、文旅康养、智慧服务等方面的合作。

二是房企借助前期与金融机构在开发领域的深度合作，获得金融机构在资金层面的持续性支持，金融机构也能够将更多的信贷额度投放到国家政策鼓励的城市更新行业。2021年初以来房企频繁与金融机构开展城市更新战略合作，如2021年2月平安不动产与俊发签订战略合作框架协议，重点围绕城市更新这一新型城市发展命题发挥各自优势，实现资源互补。

三是与政府达成战略合作，有利于房企提升与政府的沟通效率，规避风险。企业往往可以获得规划政策、土地政策以及财税补贴等支持。但是，能够获得金融机构与政府支持的企业多为国有企业或在城市更新领域有优势的大型房企。2021年1月，远洋集团与重庆市江北区政府签署《长安三工厂片区城市更新项目合作框架协议》，双方合作将长安三工厂片区打造为集总部经济、高端商业和智能健康住宅于一体的城市商业新名片。华润与深圳市政府签订战略合作框架协议，围绕龙华区打造"数字龙华、都市核心"，以"城市建设运营"为切入点，在智慧城市、城市更新、商业项目布局等领域开展全方位合作。

三、拿地模式与动态

受金融监管政策收紧及市场环境下行影响,房地产企业获取土地不再单纯追求规模导向,而是更加注重销售回款和现金流稳健,及时调整了拿地策略,一些房企将投资决策权限上收,拿地更加谨慎,并通过多渠道获取土地。

(一)房企拿地策略调整

在拿地方式上,除了传统招拍挂和并购拿地,房企通过参与旧改、合作、股权收购、产业勾地、TOD模式开发等渠道获取土地。从投资策略来看,房企投资策略重视"以销定投"、"多渠道拿地"和"严控投资利润率"。

1. 注重"以销定投"控制拿地规模

受货币政策、金融管制、疫情防控等影响,2020年以来房地产市场经历了较大幅度波动。2021年上半年,在第一轮集中供地的热度带动下,房企拿地积极,特别是规模房企拿地积极性高、拿地规模更大,上市房企的平均拿地销售比高于行业平均水平。由于部分热门城市地区土地溢价率高,土地和金融管理部门2021年6月后加大房企拿地资金要求,要求投资金额不得超过销售额的40%。部分地区还推行带高标准方案拿地等方式,加强土地市场管控。房企不得不采取"以销定投"战略拿地,加快销售回款去杠杆。民营企业在现金流承压环境下,城市土地市场转冷,房企拿地规模大幅缩小。

2. 注重"多渠道拿地"降低开发成本

多渠道拿地成为部分区域型房企的主要策略。如弘阳、时代中国、奥园、佳兆业等区域型房企，提出要坚持审慎的投资态度；奥园提出全年拿地销售比将控制在 0.2 以下。还有企业将资金重点投向勾地或收并购项目，例如，弘阳、时代中国、三盛均表示更倾向于通过勾地、收并购、城市更新等渠道获取新项目。针对部分核心一、二线城市，龙光、佳兆业、合生创展等粤系房企通过旧改来获取城市中心地块。

3. 注重"投资利润率"保障持续发展

2020 年以来，房地产市场呈现"量增利减"的新形势，房企盈利水平持续降低。在市场下行环境下，部分房企通过投资端严控利润率，保证企业盈利空间。例如，融信要求将拿地毛利率控制在 15%~20%、IRR（内部收益率）在 30% 左右；万科、旭辉提出严控投资质量也体现了相同的策略。2022 年房企投资仍然以谨慎为主，在拿地金额不得超过销售额的 40% 的红线范围内，房企的首要工作仍是促进销售、回款，提升财务稳健性。

（二）房企拿地模式类型

1. 合作拿地

合作拿地即建立合作关系拿地，是一种降低成本拿地的方式。一是外来企业与当地房企合作拿地，帮助企业进入全新的市场。与深耕本地多年、熟知当地政商环境的企业合作，能够降低外来企业进入门槛、有效规避市场风险。这在全国大型企业和本地企业合作开发中较为突出，双方企业进行战略开发，实现土地资源储备与丰富开发资源、资金、经验的优势互补。二是与科技企业、地产商合作拿地。地产开发商提供资金，运营商提供产业导入和培育能力，双方组建联合体拿地，事后再根据收益分成。三是与政府平台公司、国企合作，这些企业往往会拥有大量的一级开发用地。此外，还有中小企业抱团联合拿地。

以2022年中国房地产企业销售业绩15强企业为例，2019—2022年15强企业都有通过合作拿地方式获取的土地，但企业间合作拿地差异明显（见表5-10）。

表5-10 2019—2022年15强企业合作拿地情况

企业	合作拿地面积占拿地面积比重（%）				合作拿地面积（万平方米）				近四年合作拿地面积变化
	2019年	2020年	2021年	2022年	2019年	2020年	2021年	2022年	
碧桂园	32	0	2	0	730	4	7	0	
万科地产	52	62	48	49	962	816	434	59	
保利发展	62	66	56	28	686	527	441	66	
中海发展	4	2	18	5	14	8	54	7	
华润置地	18	14	11	28	104	22	18	53	
招商蛇口	79	63	54	51	437	278	214	78	
融创中国	3	23	40	0	27	59	145	0	
金地集团	18	18	11	50	92	24	33	6	
绿城中国	6	9	20	34	12	19	28	15	
龙湖集团	50	55	42	59	252	277	76	86	
中国金茂	26	41	14	43	93	96	30	11	
滨江集团	35	5	32	37	41	5	33	36	
绿地控股	15	15	43	0	177	112	54	0	
旭辉集团	50	24	7	64	194	73	10	7	
新城发展	13	6	22	0	90	33	103	0	

资料来源：Wind，作者整理。

从合作拿地比重看，万科地产、保利发展、招商蛇口、龙湖集团通过合作方式拿地的规模较大，部分年份合作拿地比重超过50%。从变化角度看，碧桂园和保利发展无论是合作拿地面积，还是合作拿地面积占拿地面积比重，均呈现明显下降趋势；万科地产、华润置地、招商蛇口、金地集团、龙湖集团、中国金茂、旭辉集团等七家房企在2019—2021年合作拿地面积占拿地面积比重呈现下降趋势，然而在2022年合作拿地面积占比均有所提高，尤其是中国金茂、旭辉集团、金地集团大幅提高。

2. 股权收购拿地

股权收购拿地即受让方通过收并购出让企业达到获取土地的目的。土地出让方会先将公司其余资产清理，仅保留土地资产，再将公司股权全部转让给受让方，受让方通过收购股权间接获得土地。股权拿地相比于"招拍挂"拿地流程更简单，收购该公司股权即可自动获得土地的所有权。但从市场情况来看，除非经营困难，否则项目方极少会主动出让土地。该模式要求前期调查充分，避免出现影响项目开发的风险事项，导致项目无法开发，变成沉淀资产。

收并购是企业多元化投资的重要渠道之一，多家房企表示2022年将在审慎投资的基础上，积极寻求优质的收并购项目。如越秀地产预计将按照40%的投资强度进行收并购铺排，旭辉集团则预计将有200亿~300亿元的并购贷额度，可能增加企业收并购的拿地力度。2022年末及2023年初，房地产涉房收并购迎来一波小高峰。据克而瑞研究中心统计，2022年12月，重点监测房企共涉及48笔并购交易，披露交易金额的有32笔，总交易对价约528亿元，环比大幅增加72.4%。2022年底，收并购热度回升显著，房企加快资产处置和资金回笼速度。2023年，在政策和资金的支持推动下，房地产行业重组并购有望加快。

3. 产业勾地

产业勾地即地方政府为促进招商引资，与议价能力较高的企业在产业导入、产值、税收、项目规划指标、地价、开发建设等条件上进行"勾兑"，双方达成一致意向后，对外设置一系列排他门槛，通过公开程序获取土地。在产业勾地过程中，政府作为主导的一方，以土地吸引产业促进地方经济发展。对于房企来说，产业勾地相比"招拍挂"拿地成本更低，受到企业青睐。

在相当一段时间内，产业勾地是企业拿地的重要方式。一是利用商业地产拿地。商业地产与传统地产容易形成联动效应，相对其他多元化业务进入门槛较低。二是利用文旅康养类产业拿地。2020年，华侨城新增25个项目中14个为文旅产业用地，建筑面积占总新增比重达67.2%。然而，地方政府对于产业勾地方式的管控越来越严格。河南、北京、海口、济南等多省市明确发文，要求住宅、商业等不得与其他产业用地捆绑，杜绝了"产业勾地"的可能。

4. 旧改拿地

旧城改造属城市更新项目范畴。旧改拿地很多情况下可以定向出让，一定程度上避免了竞争。旧改地块大部分位于中心区域，是城市的稀缺资源。此外，旧改有一定的专业门槛，而非价高者得，给了本地企业发展的机会。但同时，旧改拿地也有一定风险。旧改项目涉及拿地、融资、规划、拆迁等多个环节，对企业统筹资源、经营管理和资金筹措能力要求很高；旧改项目开发周期还存在一定的不确定性，这与房地产高周转方式差异很大。

2021年，住建部明确要求实施城市更新行动要严控大拆大建大搬迁，不大规模、短时间拆迁城中村等城市连片旧区。此后，城市更新市场热度有所下降。2021年以来，富力、宝能、奥园、升龙均有退出或减持旧改项目的动作。各大房企纷纷调整策略，如民企与国企积极寻求合作，以期发挥各自优势。例如，时代中国谋求退出后，由科学城集团负责开发广州黄埔岗贝村、双井村与裕丰围村；世茂集团宣布退出后，由广州粤泰集团负责开发深圳横岗四联贤合村项目。

2022年6月21日，国家发改委印发的《"十四五"新型城镇化实施方案》，明确有序推进城市更新改造，大多数热门城市也公布了城市更新规划。2023年7月，国务院常务会议审议通过《关于在超大特大城市积极稳步推进城中村改造的指导意见》，会议指出，在超大特大城市积极稳步实施城中村改造是改善民生、扩大内需、推动城市高质量发展的一项重要举措。从长远来看，由于新增土地供应限制，各地方政府对城市空间内存量用地的关注提升，将催生一些位置优越、产权清晰、土地廉价的老旧住区、园区、街区等提升改造，旧改土地市场也会一直存在。

5.TOD模式开发拿地

TOD是以轨道交通为导向的开发模式，通常是以高铁、轻轨、公交等公共交通站点为中心，以400~800米为半径，建立中心广场或城市中心的一种城市开发模式。TOD模式源自美国，在日本等国家城市更新过程中使用也十分普遍。2020年底，我国（除港澳台）共有44个城市开通运营城市轨道交通线路233条，城市轨道交通发展使TOD模式开发具有巨大的潜力。TOD项目能够实现土地溢价与物业增值，具有较强的轨道专业性，且出让地块总体面积巨大，因此地块出让单价较低。但是，也有项目进入门槛高、需与当地政府保持沟通、耗资规模大、项目周期长、投资回报慢等问题，对参与企业融资能力要求较高。越秀、龙湖、中骏等企业在一、二线热门城市通过TOD模式获取商业地产或综合体项目。

（三）房企拿地动态

多地疫情反复加上金融调控政策影响，2021年下半年开始房地产市场面临着前所未有的挑战。2022年上半年疫情多发，使得商品房销售规模出现大幅下降，房地产开发投资累计同比较大幅度负增长。以2022年上半年中国房地产企业销售业绩十强企业[①]为对象，通过拿地数据[②]对房地产企业投资区位变化进行分析。

1. 头部房企拿地规模大幅收缩

开发企业主动降杠杆、避风险，收缩投资规模。2021年下半年开始，拿地面积、拿地数量与拿地金额均呈现下滑趋势。从拿地规模看，十家房企在2019—2022年拿地面积分别为8 745万平方米、5 077万平方米、3 854万平方米、1 058万平方米，呈大幅下降趋势，2022年拿地面积不到2021年的1/3。从拿地数量看，十家房企在2019—2021年拿地数量分别为1 356宗、776宗、587宗、208宗，同样呈下降趋势；2022年拿地数量不及2021年的一半。从拿地金额看，十家房企在2019—2022年拿地金额分别为11 537亿元、8 681亿元、8 827亿元、4 455亿元，整体呈现下降趋势；2022年拿地金额仅为2021年的一半左右。

2. 头部房企向一、二线城市布局

将房地产企业拿地所在城市分为一、二、三线和其他城市。一、二、三线为国家统计局对70个大中城市的划分，其他城市为不包含

---

① 十家企业为碧桂园、保利发展、万科地产、中海地产、华润置地、招商蛇口、绿城中国、融创中国、金地集团以及龙湖集团。
② 各城市统计口径具体如下：北京、上海、深圳、武汉、厦门、海口、佛山、东莞等八个市统计口径为全市，广州、天津、南京、成都、西安、青岛、宁波、大连、沈阳、苏州、太原、长沙、济南、郑州、合肥、哈尔滨、长春、南昌、福州、无锡、贵阳、南宁、昆明、银川、乌鲁木齐、常州、温州、唐山、烟台、嘉兴等30个城市统计口径为市辖区，重庆市统计口径为主城九区，杭州市统计口径为主城区；拿地数据限制为住宅用地用途数据，包含城镇单一住宅用地、城镇混合住宅用地。

在70个城市的其他地区。从十家企业看，二线城市和其他城市拿地面积占比、拿地数量占比、拿地金额占比三个指标均最高，一线城市和三线城市占比较低。这与城市分类数量相关，但也反映出头部房地产开发企业进行全国布局。从变化看，头部房企拿地向一、二线城市转移，即一、二线城市住宅用地成交呈现上涨的趋势，三线城市与其他城市呈现下降的趋势，企业拿地从低能级城市向高能级城市转移的趋势。

从拿地面积与拿地数量看，一线城市在2019年和2020年拿地面积与拿地数量占比基本持平，2021年、2022年占比显著提高；二线城市在2019—2022年拿地面积与拿地数量占比呈现上升趋势，2022年占比均达到53%，与一线城市占比之和分别达到75%和82%。三线城市拿地面积与拿地数量占比呈现下降趋势，2019—2020年占比有所提高，此后便逐年下降；其他城市在2019—2022年的拿地面积与拿地数量占比逐年下降，2022年占比分别低至18%和14%（见图5-8）。

从拿地金额看，十家房企在一线城市拿地金额占比逐年提高，且提高幅度逐年增长，2021—2022年从24%大幅提升至45%；二线城市拿地金额与拿地数量和拿地面积的变化趋势不同，呈现了波动下降趋势；三线城市和其他城市拿地金额占比在2022年显著下降。

3. 头部房企存在布局选择差异

十家头部房企拿地在城市选择上存在一定差异。一、二线城市拿地呈现总体上升趋势，三线城市与其他城市呈现总体下降的趋势。除碧桂园之外的九家房企近年来基本以一、二线城市拿地为主。碧桂园长期在中国三、四线城市进行房地产开发，以三线和其他城市拿地为主，2021年仍以其他城市拿地为主。万科地产、保利发展、中国海外发展、招商蛇口、绿城中国拿地向一、二线城市转移，其中，保利发展、招商蛇口向一、二线城市转移最为明显；龙湖集团长期以来以二线城市拿地为主，2022年向一线城市转移。

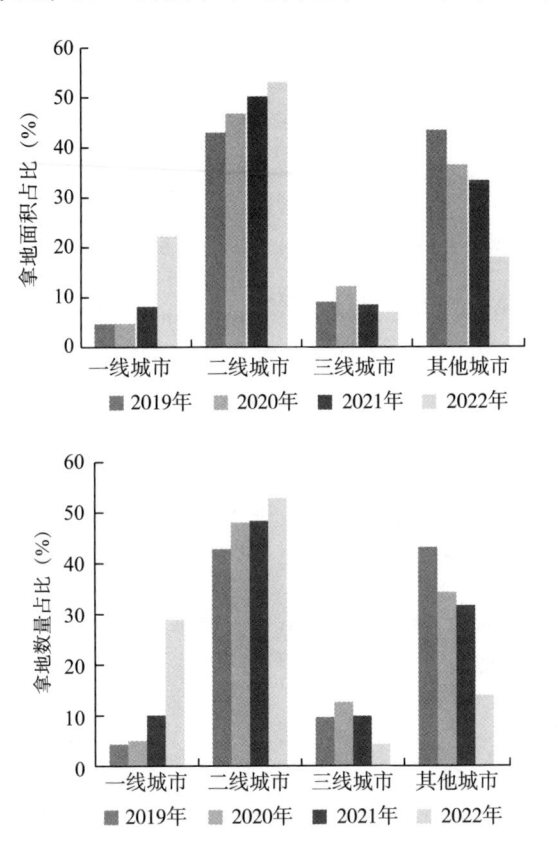

图 5-8　2019—2022 年各线城市拿地面积与拿地数量占比情况

资料来源：Wind，作者整理。

四、开发运营模式

在房地产行业快速发展的过程中，基于土地开发、房地产开发形成了多种开发运营模式。以商品房销售为主要特征的开发—销售模式是我国房地产行业最为主要的开发运营模式。同时，商业地产中除了销售，还存在持有—运营模式。伴随房地产行业发展阶段的转变，现有开发运营模式及结构也将逐步调整。

（一）开发—销售模式优化

1. 房企主导的开发—销售模式

我国房地产开发经营核心模式可以归纳为"拿地—开发—销售"的循环模式（见图5-9）。具体来说，首先，开发企业以包括自有资金在内的自筹资金，通过土地招拍挂等方式取得出让土地使用权；其次，开发企业通过资金杠杆（包括房地产开发贷款、施工企业垫资、商品房预售等）撬动资金链，实施房地产开发；再次，通过商品房销售回款，完成整个资金循环；最后进入下一轮循环。在这种开发模式下，开发企业承担了巨大的融资压力，为了维持资金链运作，必须通过出售来回收资金并偿还银行贷款和企业债务。这就决定了现有的房地产开发经营必须以销售为主。

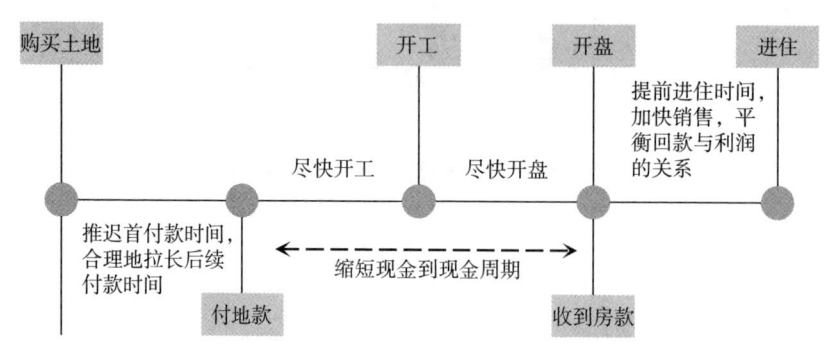

图5-9 我国房地产开发商高周转模式

在这个过程中，传统的房地产开发企业同时扮演着投资者、开发者、经营者等多个角色，主导了整个开发经营过程。这一模式与我国房地产发展阶段和产品类型密切相关。

一是开发对象以商品住宅为主。我国房地产开发主要是开发传统住宅，这在一定程度上与我国当前所处的发展阶段有关。过去20年，我国处于快速城镇化过程中，城镇人口快速增加，主观上和客观上都需要建设大量的住宅以满足日益增长的居住需求。从房地产开发投资、建设和销售等不同环节看，住宅都占据着房地产开发的主体地位。如2003—2021年住宅开发投资占房地产开发投资的比重一直在67%~76%。从住宅开发占房地产开发的比重看，商品住宅开发占房地产开发投资的比重在70%左右，2016—2021年住宅投资比重出现增大，2022年1—8月占比达到76%的最高值。

二是盈利以销售为主。在房地产开发企业主营业务收入中，商品房销售收入占比从2003年的89%上升到2020年的95%，销售占据绝对的主体地位。以万科2021年财报为例，在万科集团营业收入中，来自房地产开发及相关资产经营业务的营业收入为4 299.3亿元，占比95.0%；来自物业服务的营业收入为198.3亿元，占比4.4%，其他业务收入占比低。

2. 以"三高"为特征的开发—销售模式受到限制

过去房地产开发企业通过采取"高负债、高杠杆、高周转"的房地产开发模式，来获取更高的开发收益。目前，国内上市房企资产负债率普遍在80%以上，远高于制造行业负债水平，依托财务杠杆撬动快速开发。除了财务杠杆，房企还通过预售制获取经营杠杆，通过合作开发获取合作杠杆。在高杠杆前提下，房企通过快销商品房实现产品和资金的双重"高周转"。万科早在2008年就提出"5986"模式，即拿地5个月即动工，9个月销售，第一个月售出80%，产品的60%是住宅。碧桂园的"高周转"模式采取"456"策略，在《碧桂园集团进度计划管理办法（2016年版）》中规定，"4个月开盘、5.5个月资金回正、6个月资金再周转"。

"三高"模式必须有持续上涨的"高房价"给予支持。随着调控政策收紧，房价上涨空间受到控制，房企融资监管趋严，产品高周转失灵，高负债、高杠杆的风险更加凸显。"三线四档"政策对高杠杆房企的有息负债规模增速进行管控，房企以往"借新还旧"的模式难以持续。房地产贷款集中度管理政策进一步收紧房企开发贷款，缩窄房企融资渠道。再加上整体市场承压的背景，"高负债、高杠杆、高周转"的开发—销售模式难以为继。

3."房地产新模式"势在必行

在开发—销售模式下，房地产项目完成以后向目标消费群体出售。该模式的优点在于程序简单、资金回流快、后续服务较少。其缺点在于无法取得房地产带来的增值以及运营后期稳定的现金流收益。这种模式与我国过去以住宅类地产（长租公寓除外）为主的开发阶段相适应。

在防控风险及城镇化中后期等的新环境下，以增量为主的"三高"模式需要转型。2021年12月的中央经济工作会议上，首次提出房地产行业要探索新的发展模式。2022年的全国两会和国务院金融稳定发展委员会会议上，再度明确提及行业要探索新发展模式，房地产企业要应对向新发展模式转型的配套措施。从一系列政策的定调来看，探索房地产行业新发展模式的改革势在必行。

未来，房地产开发经营模式转型方向有以下几个方面：一是由开发—销售模式为主向开发—销售与开发—持有模式并重转变，增加开发—持有—运营模式。这与房地产行业新的业态增加密切相关。二是开发—销售模式中住宅产品由预售逐步转变为现售，增加现售商品比重。这可以降低开发过程中的经营杠杆，降低资金的高周转追求，提升行业发展稳健性和住宅产品质量，降低烂尾风险。此外，还应推动住宅产品由毛坯房向精装房转变，采用个性化定制系统，提高产品质量，推动绿色生产和装修。

（二）专业化运营服务模式不断拓展

过去，房地产市场基本解决的是供求矛盾的问题，住宅以销售为主，目的是迅速回收资金，用于扩大再生产，循环往复，生产出更多的住宅。随着人们收入的增加，住宅供不应求的矛盾基本解决，养老地产、旅游地产、物流地产等纷纷兴起，这些地产类型本质上是以服务为核心，要求持有物业。因此从房地产市场发展阶段看，开发—销售模式占比会逐渐降低，而开发—持有—运营模式占比会逐渐上升。

随着房地产行业走向成熟，优化开发业务、增加轻资产运营、开拓存量业务、瞄准成长期业务、塑造资产管理能力均是房企经营模式改革可选择的方向。房企的开发销售模式将从"三高"向轻重并举的开发、运营、服务一体化转型；房企的盈利模式将从单纯的增量开发向增加存量更新转型。未来，低负债、低杠杆的经营模式将是房地产企业新发展模式的重要方向。

1. 开发—持有—运营模式

开发—持有—运营模式是指开发商开发建设运营并长期持有，运营期间以出租的形式回收资金，运营期间也可以资产证券化的形式退出。该模式的优点在于：一是可以获得长期稳定的租金收入；二是可以获得物业、医疗、康体等运营服务性收入。该模式不仅需要企业具备专业化的运营管理能力，也需要政府给予税收支持，还需要金融工具的创新。其缺点在于：一是前期资金需求量大，对开发商的实力要求较高；二是资金回笼慢，存在一定的资金风险。这种模式在商业地产、长租公寓、旅游地产、养老地产等方面应用比较多。

（1）基金参与持有型

基金参与持有型分为轻资产和重资产模式，都要通过房地产私募基金或信托投资基金（PE、REITs）持有资产，再由专业化运营企业或基金自身负责实施有机更新和开展运营管理，实现专业化运作。

凯德模式是典型的资本持有运营模式，先通过投资基金支持零售不动产运营，再通过零售不动产运营所产生的资产溢价使投资基金得到较大收益。具体而言，凯德模式是将投资开发或收购的项目打包装入私募基金或者信托基金，自己持有该基金部分股权，另一部分股权由诸如养老基金、保险基金等海外机构投资者持有。待项目运营稳定并实现资产增值后，再以REITs的方式退出，从而进行循环投资。

凯德模式介绍

凯德模式集运营和投资于一体，运营机构同时作为投资管理人，打通投资建设、运营管理和投资退出整条产业链。

（1）盈利模式：基础费用＋额外收入

以地产金融平台为动力的全产业链是凯德模式的核心。这一模式通过投资管理＋房地产金融平台＋招商运营，能够成功实现以金融资本（私募基金与信托基金REITs）为主导，以商业地产开发收购、管理运营为载体，既能实现稳定的租金收益和持有项目增值收益，又能获取金融业务发展带来的高收益。凯德模式下，收益来自基础管理费和额外收入。

（2）融资方式：PE+REITs

以房地产前端私募基金和后端REITs为核心的金融平台是凯德模式融资的主要方式。

（3）基金特点

第一，凯德主导运作基金产品，但所持的权益比例适中。第二，优质商业资产进入信托资产包，平衡了投资回收和长期回报问题。第三，信托产品以稳健的收益保障健康发展。

（2）开发商参与持有型

长租公寓就是典型的开发商持有、开发商或专业公司经营模式。2016年后，部分城市加大自持土地供给和出让租赁地块，北京、上海、杭州、广州、南京等各地都相继试行，租赁住宅用地供给也从价高者得调整为以竞拍自持面积或者保障房面积的方式来提供，从而鼓励开发商建设长租公寓。

2021年以来全国重点城市加大保障性租赁住房建设力度，地方国有企业、民营房地产开发企业均可参与建设和运营，并享受规定的土地、税收、财政支持，但要遵守租金管控、户型管控和租赁年限要求。以万科为代表的房企广泛参与到保障性租赁住房开发建设中。具有开发商背景的公寓管理公司可以充分利用母公司手中的闲置住房资源加以自持（或由集团自持），借助集团信用进行低成本融资，在长租公寓领域有一定的先发优势。

（3）持有运营金融政策持续深化

以长租公寓为例，开发商建设一个长租公寓至少20年才能回本。REITs作为开发—持有—运营模式重要的支持工具之一，其相关政策正在不断深化。对长租公寓还有针对性的金融支持政策。作为政策支持的长租公寓，除一般的融资方式，即银行贷款外，还有专项债和资产证券化等融资方式。

第一，租赁住房专项债。租赁住房专项公司债券是我国推行租赁住房过程中一个重要的融资工具探索，与资产证券化存在的巨大差别在于，租赁住房专项债是事前融资工具，就是在项目建设之前就可以通过发债融资，融到钱以后拿来建房、装修、经营。2018年3月，龙湖集团完成国内首单住房租赁专项债券发行，募集资金将主要用于集团在上海、成都等一、二线城市的长租公寓项目建设。之后葛洲坝、保利、建发地产等进行了发行。随着保障性租赁住房建设的推进，各地开始发行用于保障性租赁住房建设的地方政府专项债券。

第二，资产证券化。相比这种事前融资的专项债，作为事后融资工具的资产证券化开始时间更早。相比发债看重公司资质，资产证券化更重视底层资产的资质，一些涉足长租公寓较早的创业型公司已探索用资产证券化的方式来融资。中信证券·自如1号房租分期信托受益权资产支持专项计划、魔方公寓信托受益权资产支持专项计划、新派公寓权益型房托资产支持专项计划、新派公寓权益型房托资产支持专项计划和招商创融—招商蛇口长租公寓第一期资产支持专项计划，包含重资产的CMBS、类REITs和轻资产的租金收益权ABS。

2. 专业开发、专业代建模式

在项目开发运营的过程中，一方在不控股的情况下，借助制度安排，通过投入少量资金以及输出品牌和管理，可获得项目的整体运营权，撬动更多的资金，嫁接外部资源。专业开发、开发代建就是房企以轻资产方式参与开发过程的发展模式。按代建方资本参与程度由浅到深划分，代建可分为纯收取服务费代建模式、配资代建模式和股权式代建模式。

(1) 纯收取服务费代建模式

代建方不占股权，根据业主需求输出品牌，派驻专业开发团队，承担开发任务，提升产品的市场价值，赚取代建服务费用。目前，多数代建企业以此类模式参与。

以代建业中处于龙头地位的绿城管理集团为例。绿城管理集团将中国代建发展划分成三种模式，"代建1.0"是指政府代建，"代建2.0"是指商业代建，"代建3.0"则是代建业务的资本服务，即引入资本市场力量。目前，国内代建业仍以政府代建及商业代建为主，绿城管理已经积极参与"代建3.0"，未来探索发展的"代建4.0"以按需定制、分级认证及优质优价等原则，打造出委托方、供货商、购房者多方共赢的平台体系。"代建4.0"主要包括：一是确立代建业内的标准，成为其他代建商效仿的崭新模式，例如，对项目的分级认证及对供货商的分级管理等；二是为投资方提供一套完整的解决方案，从委托商的要求到代建商项目的实践，提供一个效率化的方式，让两者处理开发过程中遇到的问题；三是打造一个平台让多方合作共赢，相互发挥所长，将品牌的价值输出，为开发商及委托商创造价值。

(2) 配资代建模式

代建方除提供代建服务外，还为资金不足的业主引荐金融资本。投资方与代建方归属同一集团的居多，如金地管理与稳盛投资、金诚信小贷等，赚取代建费和引入资本服务费。此外，对于特别优质的项目，代建方母公司也会为项目提供担保，赚取担保服务费（见图5-10）。

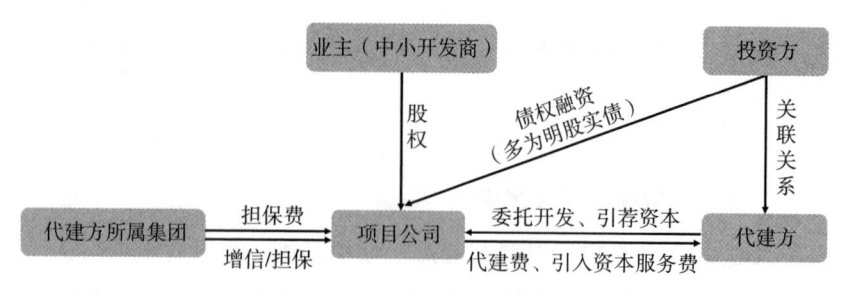

图 5-10　配资代建简易模式

（3）股权式代建模式

代建方持有项目小比例股权，通常低于 30%，并提供代建服务，与业主共担风险，赚取代建服务费、股权收益等，即"小股操盘"。滨江、朗诗、中交、万科等房企以此类模式参与较多。

早在 2014 年，万科在借鉴了铁狮门和凯德置地的经营模式基础上提出了小股操盘的模式。万科在合作项目中不控股，以出让股权的方式降低在单一项目上的资金沉淀，通过输出品牌和管理的方式运营房地产项目，进而提高公司的资金使用效率和公司回报率。从小股操盘项目来看，房企逐步摆脱了过去单纯对项目收益的依赖，实现了项目收益股权分配、管理费、融资渠道以及手续费等多元的收入弹性，本质上是公司管理能力、品牌优势、融资渠道以及工业化体系的综合实力变现。

3. 轻资产服务输出模式

轻资产运营模式下的企业以专业化带来的管理服务和增值收益为目标。企业追求自身资产轻型化，减少对项目的资金沉淀，降低对银行的依赖，促使融资渠道更加多元化。轻资产运营模式注重更"低"的资金投入、更"精"的资产质量、更"轻"的资产形态、更"高"的知识运用。房地产企业轻资产运营模式需要资源整合能力、价值创新能力、跨自治管理能力、学习能力和动态能力，为企业轻资产模式的长久运行提供合理的保障。

（1）以信息技术应用为核心的品牌输出

传统物业服务模式是物业管理企业整合资源，委托物业服务中心（子公司）进行日常维护服务，进而收取物业费用。而社区服务平台模式主要是以构建社区服务数据中心、商家生态圈、服务生态圈为核心竞争力。

其一，社区服务数据中心。社区服务以数据为基础，通过硬件及软件采集客户在社区服务中的行为、交易以及商务数据，进而在分析后为商家提供优化社区服务产品的建议，信息网络化减少了决策与实施之间的时间滞后，加快了企业对市场竞争的动态反应速度，提高了对住户需求信息的反馈速度，从而提高了服务质量和服务效率。

其二，社区服务的商家生态圈。通过数据中心分析，制定商家标准，实现在商家可复制化后快速拓展社区产业中的商家数量，使得商家生态圈能够提供给用户完整的服务。商家包括但不限于专业公司、银行、搬家公司、钟点工、装饰公司等，通过数据分析和动态调整，还能形成基于平台的商家生态体系。商家生态圈主要围绕客户的需求做调研，以更好地充实商家生态圈，更好地为客户服务。

其三，社区服务的服务生态圈。社区服务的最终目的是将服务更好地提供给客户，落地服务都将以与客户产生互动并受到认可为最终目的，社区服务的范畴不仅仅是提供基本的社区服务（物业、安全和智能管理等），还将衍生到离客户最近的生活中，例如普遍需求的1 000米生活圈（购物、学校、电影院、医疗服务和培训机构等），又如更具个性化、精细化的500米生活圈（餐饮、健身、出行服务和金融服务等）。客户在社区服务中的行为、交易以及商家数据都能够被及时采集进入社区服务数据中心。

（2）以增值服务为核心的品牌输出

轻资产模式除了提供基本服务，更为重要的是提供增值服务。增值服务在不同轻资产业务中的表现存在差异，如在长租公寓领域表现为综合功能性服务，在商业地产领域表现为产业增值服务等。

第一，综合功能性服务。长租公寓不仅仅提供常规的物业管理，一切以满足白领的生活要求来配置，零售、干洗、生鲜配送、健身、美容、书吧等各种社区服务均采用专业化的外包方式。除居住外，年轻租客对生活、娱乐、社交、居家消费有很大的需求。作为长租公寓或者物业服务商，可以从各个角度提升租客的生活品质，提供生活便利，从而增强用户的黏性，提升续住率和品牌影响力，并且有利于探索更多的非租金盈利模式。万科泊寓在很多城市与地方国有保障房企业合作，通过项目选址、前期设计、中期运营、后期维护的全过程参与，输出泊寓长租管理模式，帮助合作方提升租金收益和入住率。

第二，产业增值服务。产业增值在不同业态下表现出不同的形式，如在联合办公业态下，表现为法律咨询、税务咨询、融资支持、创业支持、社群空间等。在产业园区业态下提供产业孵化、法律咨询和融资支持等。

第三，体验式服务。对于现代商业地产，消费者感官体验也越来越趋向于全方位发展，即不仅是一个感官参与的体验，而是多个感官共同参与的体验，是一种全身心投入的体验。大致可以分为以下三类。第一，初级体验模式。就是"购物+餐饮+娱乐"模式，主要强调的是业态的组合，对物业特色方面的要求不高，能满足一般消费者初步体验的需求。国内大多购房中心还属于该模式。第二，中级体验模式。在初级体验模式只注重业态组合的模式上，大规模增加了建筑形态和内部装饰的变化，使得业态组合与物业形态有机地融合，更能激发消费者的热情。第三，高级体验模式。这种模式给消费者带来了文化的冲击，它是最能使人感觉到愉悦的全方位参与的行为方式。

第六章

房地产行业可持续发展之融资模式

在银行业金融机构实施房地产贷款集中度管理制度，既能对房地产企业依靠负债高价拿地、粗放扩张进行限制，也能对过多银行资金流入房地产市场进行控制，促使房地产行业降负债、降杠杆。但受行政调控、土地"两集中"等政策叠加以及疫情影响，商品房销售不畅，房地产开发企业的现金流承压，更多企业进入红线行列，部分开发企业违约、项目停工，房地产行业面临巨大挑战。2021年四季度以来房地产融资环境改善，但受新冠疫情影响，房地产行业融资压力依然很大。2022年底，央行等监管部门出台房地产金融支持政策，拓宽房地产企业信贷、债券、股权等融资渠道。在推动房地产发展新模式、房地产健康发展与良性循环的政策导向下，应当积极探索匹配新的房地产可持续发展融资模式。

一、"三条红线"实施近况及评析

(一)"三条红线"政策及实施近况

2020年8月20日,住建部、央行联合召开重点房地产企业座谈会,包括碧桂园、万科地产、融创中国、中梁控股、保利发展、新城控股、中海集团、华侨城、绿地控股、华润置地和阳光城在内的12家房企参会,提出在落实房地产长效机制基础上,形成重点房地产企业资金监测和融资管理规则。2021年初,试点企业由最初的12家扩容至30家,纳入试点后,房企需按月报送财务数据,按季回顾总结,每半年末和年末决定是否调档。规定到2023年6月底,12家试点房企的"三条红线"指标必须全部达标,2023年底所有房企实现达标。

经过近两年的试点和调整,"三线四档"政策逐渐明晰,规则更加完善。房地产行业融资环境持续收紧,房企举债扩张、高杠杆拿地模式受到严格限制。开发企业采取一系列措施降负债、降杠杆,取得了一定成效,但也出现了少数开发企业债务违约和项目停工的现象。

以2021年中国房地产企业销售榜50家上市房企为例[①]分析,2020年末,归为红档的企业共有四家,占比8%,分别是华发股份、祥生控股、富力地产和绿地控股;归为橙档的企业有两家,占比4%,分别为首开股份和保利置业;归为黄档的企业共21家,占比42%;三线均未

[①] 由克而瑞研究中心公布,分别为碧桂园、万科地产、保利地产、中海地产、招商蛇口、华润置地、绿地控股、龙湖集团、金地集团、绿城中国、旭辉集团、中国金茂、新城控股、中南置地、金科集团、阳光城、中梁控股、建发房产、滨江集团、龙光集团、融信中国、正荣地产、中国铁建、雅居乐、美的置业、远洋集团、荣盛发展、华发股份、富力地产、祥生控股、越秀地产、首开股份、新希望地产、禹洲集团、中骏集团、合景泰富、宝龙地产、保利置业、金辉股份、时代中国、中国电建、弘阳地产、海伦堡、华宇集团、路劲集团、德信中国、华侨城、大悦城、中交房地产、建业地产。

踩的绿档企业共23家，占比46%，有超过半数企业存在踩线行为。

到2022年，除去祥生控股、中国电建和海伦堡，红档企业数有所增加，龙光集团加入踩三线阵营；归为橙档的企业数达到八家；归为黄档的企业共十家；归为绿档的企业有20家，较2021年末减少四家（见图6-1）。

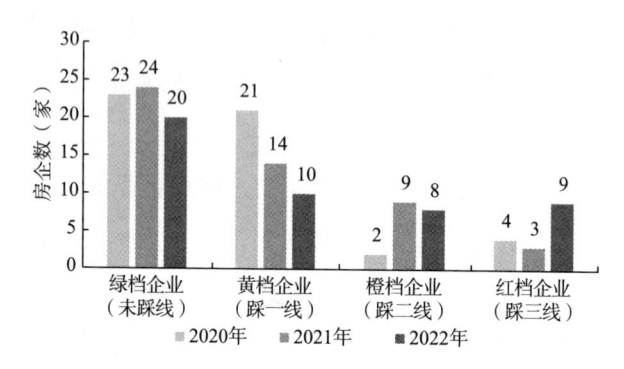

图6-1　2020—2022年50家房企"三条红线"分档情况

资料来源：中国指数研究院数据，作者整理。

受房地产市场整体下行的影响，2022年较2020年踩"红线一"房企数量有所减少，踩"红线二""红线三"房企数量却有所增加。总体上，受经济增速下滑和市场预期转弱影响，2022年商品房销售回款不畅，部分房企债务偿还压力和降杠杆压力进一步加大。

（二）"三条红线"实施评析

"三条红线"意在降低房地产开发企业负债规模，控制房地产金融风险。但长期以来我国限制房地产企业股权融资，在债权融资快速、全面限制后，房地产开发企业流动性危机出现，截至2022年，全国前30大房企中融创中国、中粮控股、世茂集团等均出现了债务违约，房地产企业融资、拿地、新开工量均出现大幅下降。

1. 房地产开发企业多渠道降低负债

"三条红线"从需求端对开发类房企的融资做出限制和监管，行业"三高"发展模式重构。政策实施后，部分房企被划归为黄档和橙档，少数房企被归为红档，有息负债规模不得增加，需要通过主动调整来降低资金压力。部分房企通过打折促销加快回款，以转让股权、转让企业、回收资金等方式偿还高成本债务，降低杠杆水平。

（1）加快销售回款

房企资金来源主要为借贷和销售回款，在"三条红线"等政策持续的背景下，降价促销、加快销售回款成为房地产企业的首要选择。2021年，各大房企纷纷加快销售回款，降价促销。如某房企进行打折促销，2021年2月全国楼盘实施七五折促销，2021年上半年合约销售均价约为8 294.7元每平方米，低于2020年上半年约为9 029.8元每平方米的水平。2022年，为促进销售回款，万科、保利、碧桂园、华润等企业通过调动各类渠道、设立特价房、成交客户抽奖、打折促销、线下带客等方式进行营销。据克而瑞数据，万科2022年下半年各月销售均价出现同比1%~10%的下滑。

（2）转让子公司股权

出售部分资产有助于企业回笼资金，部分房企通过股权变现以符合监管要求。"三条红线"实施以来，除战略性调整方面的考虑外，为满足监管指标要求，高负债房企更为密集地转让子公司项目股权。通过出售项目公司股权，企业可以更快地回笼现金从而提高公司现金短债比和流动性。华侨城2021年9—11月有十余项转让项目，涉及金额达30亿元。2022年1月，大发地产以1.95亿元转让子公司33%的股权。2022年9月，雅居乐集团公告称北京雅信、北京雅建分别向隽恒地产出售济南隽盛房地产开发有限公司39.44%、10.56%的股权，且卖方有条件同意转让及买方有条件同意接纳转让出售贷款。

（3）分拆物业上市

物业管理业务具备稳定的现金流，分拆物业上市使母公司获得资产溢价，从而能够获得更高的估值，有利于减轻母公司的财务负担，获得更多融资机会。分拆物业上市还可以突出房地产企业母公司旗下优质业务资产的经营业绩和盈利能力，优化资产负债表，调整现金短债比，为专业化管理和可持续发展创造条件。"三条红线"政策出台以来，部分房企通过分拆物业上市拓展融资渠道。据统计，2021—2023年上半年，有16家物业公司成功上市（见表6-1）。

表6-1 2021—2023年上半年物业公司上市情况

物企简称	上市时间	公司名称	募集资金
新希望服务	2021.05.25	新希望集团	7.9亿港元
越秀服务	2021.06.28	越秀集团	18亿港元
中骏商管	2021.07.02	中骏集团	17.67亿港元
朗诗绿色生活	2021.07.08	朗诗控股	2.89亿港元
领悦服务集团	2021.07.12	领地控股	2.452亿港元
融信服务	2021.07.15	融信中国	5.579亿港元
康桥悦生活	2021.07.16	康桥集团	6.44亿港元
京城佳业	2021.11.10	城建集团	3.04亿港元
德商产投服务	2021.12.17	德商集团	1.284亿港元
金茂服务	2022.03.10	中国金茂	7.82亿港元
力高健康生活	2022.03.31	力高集团	2.05亿港元
东原仁知服务	2022.04.29	迪马股份	1.398亿港元
鲁商生活服务	2022.07.08	鲁商发展	1.38亿港元
苏新服务	2022.08.24	苏新高集团	1.673亿港元
万物云	2022.09.29	万科集团	56亿港元
润华服务	2023.01.17	润华集团	1.275亿港元

资料来源：作者整理。

（4）房企收并购

"三条红线"实施以来，房企收并购数量呈现上升趋势，但并没有成为行业普遍行为。2021年，部分房企出现违约，加之融资监管趋严，房企收并购有所增加，头部优质房企和国企进行了收并购（见表6-2）。央行和银保监会也发文支持房地产企业兼并收购优质项目，收并购贷款不纳入"三条红线"管理。但由于收购过程存在信息不对称、谈判成本高、转让税费高的问题，以及房企大多不情愿出售优质资产，这使得房地产行业并未大范围开展收并购，而是更多发生在产业链关联企业间。2021年4月，碧桂园以40.32亿元完成持有蓝光嘉宝52.83%的股权；2021年12月，万科以27.88亿元获取深圳国际的深国际联合置地35.7%的股权。Wind数据显示，2020年四季度，境内房地产开发企业完成并购宗数、并购规模在当年达到顶峰，随后房企收并购数量有所下降。2022年二季度有所回升，四季度房地产行业并购金额达到近三年最高（见图6-2）。

表6-2　2022—2023年上半年部分房企收并购情况

首次披露时间	并购方	出让方	交易标的	交易金额
2022.01.05	华润万象生活	禹洲集团	禹洲物业100%的股权	10.58亿元人民币
2022.01.25	中海地产	雅居乐、世茂	利合房地产26.66%的股权、26.67%的股权	36.89亿元人民币
2022.01.28	上海地产	世茂集团	世茂北外滩100%的股权及销售债权	45亿元人民币
2022.02.14	碧桂园物业香港	中梁控股	中梁百悦智佳服务93.79%的股权	31.29亿元人民币
2022.02.18	浙江贝泽	融信中国	宁波海亮55%的股权	4.21亿元人民币
2022.03.08	中海宏洋地产	龙光集团	龙光景耀100%的股权及股东贷款	10.24亿元人民币
2022.04.28	中渝置地	富力地产	Instant Glory 50%的股权及销售贷款	26.6亿港元

续表

首次披露时间	并购方	出让方	交易标的	交易金额
2022.04.30	滨江集团	中融信托	高光置业100%的股权及相关债权	56.32亿元人民币
2022.05.19	中交地产	绍兴花美、深圳联雅	中交花创51%的股份	7.61亿元人民币
2022.12.28	华润置地	华夏幸福	华夏幸福四家全资子公司华御元（南京）、华御江（武汉）、华御汉（武汉）、华御城（深圳）100%的股份	124亿元人民币
2023.05.12	中国平安	合景泰富集团	两家子公司上海兆景、上海锦怡100%的股权	7.5亿元人民币
2023.06.20	滨江集团	建杭置业	宁波建曙50.51%的股权	8.71亿元人民币

资料来源：中国指数研究院。

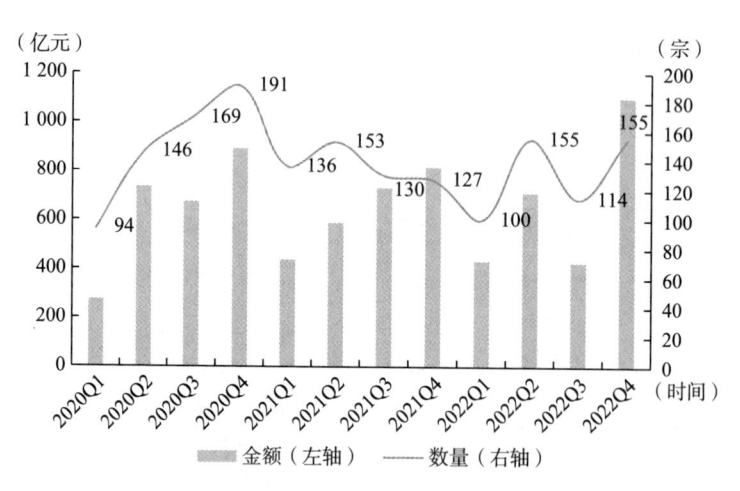

图6-2 2020年一季度—2022年四季度境内房地产开发企业并购数量交易统计

资料来源：Wind，作者整理。

2. 房地产企业拿地规模和速度下降

"三条红线"政策抑制房企过度负债拿地扩张，同时还要求重点企业"买地金额不得超年度销售额40%"。自政策实施以来，多数房企特别是民营企业主动收缩拿地规模，减少拿地开支，降低有息负债水平。2022年，叠加疫情反复和销售不畅，房地产开发购置土地面积大幅下降，同比下降53.4%，为近年来历史最低。总体上，在降杠杆、降负债的政策导向下，叠加商品房销售不佳，房企拿地规模下降，也有部分房企出现债务违约和项目停工问题。

3. 房企融资规模大幅下降

房地产企业负债"三条红线"政策出台后，部分房企债务违约、企业信用受损、资本市场评级下调、购房者开始观望、商业银行收紧贷款、地方政府严管预售款、房企出现流动性危机继续债务违约、部分项目停工、市场销量进一步下滑，陷入恶性循环，到2022年三季度末，我国房地产行业出现了历史上从未有过的融资指标、开发指标、销售指标全面负增长。

（1）房地产国内贷款增速下降

2022年，房地产开发企业到位资金148 979亿元，比上一年下降25.9%。其中，国内贷款17 388亿元，下降25.4%；利用外资78亿元，下降27.4%；自筹资金52 940亿元，下降19.1%；定金及预收款49 289亿元，下降33.3%；个人按揭贷款23 815亿元，下降26.5%。2023年上半年，房地产开发企业到位资金68 797亿元，同比下降9.8%。其中，国内贷款8 691亿元，下降11.1%；利用外资28亿元，下降49.1%；自筹资金20 561亿元，下降23.4%；定金及预收款24 275亿元，下降0.9%；个人按揭贷款12 429亿元，增长2.7%。

（2）非银类融资规模下降

从非银类融资结构看，2021年下半年开始，房地产行业进入下行周期，融资规模大幅回落。2022年房地产行业共实现非银类融资8 457.4亿元，同比下降50.7%。

据中国指数研究院统计，2021年信用债融资4 654.6亿元，海外债发行仅176.1亿元，信托融资972.1亿元，ABS融资2 654.6亿元。非银类融资2022年仍然延续了下降态势，但降幅已收窄。各渠道同比均出现下降，其中海外债、信托融资降幅最为显著；信用债成为融资主力，占2022年上半年非银类融资的55.0%（见图6-3）。2023年上半年延续了下降态势，但降幅已大幅收窄，房地产行业共实现非银类融资4 041.7亿元，同比下降16.2%。其中海外债下降34.6%，信托下降69.6%，信用债仍为融资主力。

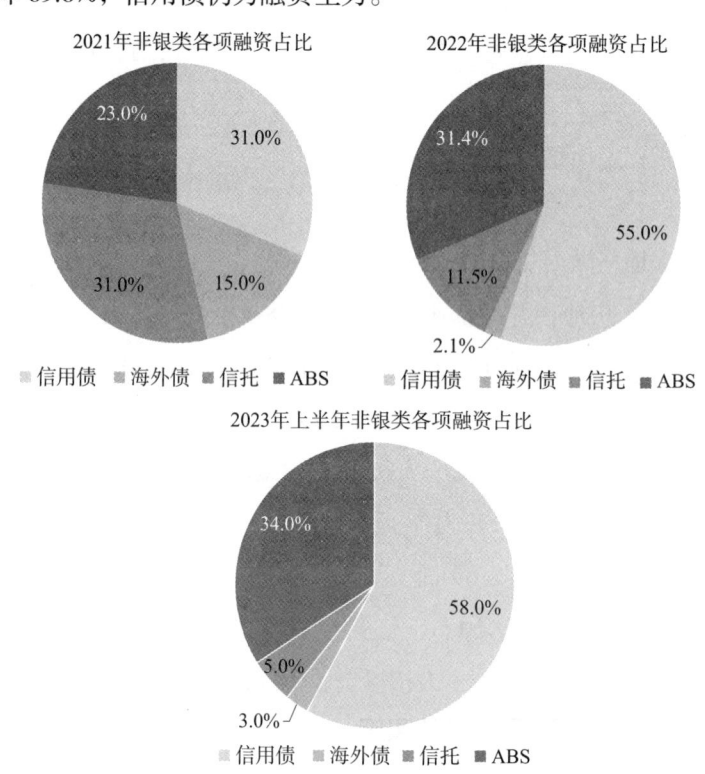

图6-3　2021—2023年上半年非银类各项融资占比

资料来源：中国指数研究院。

4. 高杠杆融资同时受到抑制

过去房地产开发企业采取"高负债、高杠杆、高周转"的开发模式。在房地产行业，由于存在预售制，以及房地产开发企业强势的甲方地位，房地产开发企业除了财务杠杆（负债），还存在没有显示在财务指标里的其他杠杆，包括经营杠杆和合作杠杆，规模较大的房企，合作杠杆相对更大。所以房地产行业杠杆很高。在"三条红线"政策之后，全社会对房企信用偏好急剧下降，高杠杆融资也难以持续。

"三条红线"政策从资金需求端对房地产融资规模和各渠道产生的总负债、净负债、现金流进行管控，通过房企融资规范化、透明化、差异化来降低房地产行业金融风险，从而达到抑制地价、房价过快增长的目标。总体上，"三条红线"限制了房企负债扩张，有助于促进行业向精细化管理和稳定发展转型。但"三条红线"政策叠加新冠疫情、预期转弱等影响，房地产企业销售回款不畅，投资规模下降，客观上加大了房地产企业开发、经营和财务等方面的压力。

二、房地产贷款集中度管理实施近况及评析

根据党中央、国务院关于进一步落实房地产长效机制、实施好房地产金融审慎管理制度的要求，央行、银保监会借鉴国际经验并结合我国国情，研究制定了房地产贷款集中度管理制度，以提高金融体系韧性和稳健性，避免银行资金"脱实向虚"，促进房地产市场平稳健康发展，推动金融、房地产同实体经济均衡发展。

（一）贷款集中度管理内容及实施

央行、银保监会于 2020 年 12 月 31 日正式发布《关于建立银行

业金融机构房地产贷款集中度管理制度的通知》，要求建立银行业金融机构房地产贷款集中度管理制度，通过对房地产贷款余额及个人住房贷款余额设置上限以及对超出管理规定要求的银行设置过渡期以进行贷款规模调整，提高金融体系韧性和稳健性，促进房地产市场平稳健康发展（见表6-3）。

表6-3 房地产贷款集中度管理要求

单位：%

银行业金融机构分档类型	房地产贷款占比上限	个人住房贷款占比上限
第一档：中资大型银行（中国工商银行、中国建设银行、中国农业银行、中国银行、国家开发银行、交通银行、中国邮政储蓄银行）	40	32.5
第二档：中资中型银行（招商银行、农业发展银行、浦发银行、中信银行、兴业银行、民生银行、光大银行、华夏银行、进出口银行、广发银行、平安银行、北京银行、上海银行、江苏银行、恒丰银行、浙商银行、渤海银行）	27.5	20
第三档：中资小型银行和非县域农合机构[1,2]	22.5	17.5
第四档：县域农合机构	17.5	12.5
第五档：村镇银行	12.5	7.5

注：1. 农合机构包括：农村商业银行、农村合作银行、农村信用合作社。
2. 不包括第二档中的城市商业银行。
其中，房地产贷款占比是指银行业金融机构房地产贷款余额占该机构人民币各项贷款余额的比例；个人住房贷款占比是指个人住房贷款余额占该机构人民币各项贷款余额的比例。

按照规定，2020年12月末银行业金融机构房地产贷款占比、个人住房贷款占比超出管理要求，超出两个百分点以内的，业务调整过渡期为自本通知实施之日起两年；超出两个百分点（含两个百分点）的，业务调整过渡期为自本通知实施之日起四年。分别设置房地产贷款占比、个人住房贷款占比业务调整过渡期。

自房地产贷款集中度管理制度实施以来，商业银行集中度超标情况有所好转，信贷结构有所优化。选取六大国行、14家中资中型银行以及十家城市银行进行分析，评价2021—2022年银行贷款集中度变化情况。

在公布数据的银行里，银行贷款集中度超标情况总体好转。2021年房地产贷款占比超过集中度要求的上市银行共有六家。其中，第二档有四家，分别为招商银行、兴业银行、北京银行和浙商银行；第三档有两家，分别为徽商银行及郑州银行。2021年个人住房贷款占比超过集中度要求的上市银行共有七家。其中，第一档有两家，分别为建设银行和邮政储蓄银行；第二档有四家，分别为招商银行、兴业银行、中信银行和北京银行；第三档的为徽商银行。2021年两个指标都超过集中度要求的上市银行共有四家。其中，第二档有三家，分别是招商银行、兴业银行和北京银行；第三档的为徽商银行。2022年，银行房地产贷款规模出现缩减，银行贷款结构优化。建设银行、邮政储蓄银行、中信银行等个人住房贷款占比由超过上限转为低于上限（见表6-4）。

表6-4 2019—2022年各银行房地产贷款及个人住房贷款占比统计

单位：%

银行业金融机构分档类型		2019年		2020年		2021年		2022年	
		房地产贷款占比	个人住房贷款占比	房地产贷款占比	个人住房贷款占比	房地产贷款占比	个人住房贷款占比	房地产贷款占比	个人住房贷款占比
第一档	工商银行	36.24	30.82	35.90	30.76	35.30	30.79	31.92	27.71
	建设银行	40.13	35.73	39.85	35.14	38.50	34.04	35.16	30.96
	农业银行	36.52	31.23	36.08	30.80	35.71	30.59	31.63	27.11
	中国银行	38.64	30.64	39.17	31.15	38.52	30.79	35.85	28.08
	交通银行	26.39	21.41	28.08	22.12	29.10	22.70	27.86	20.73
	邮储银行	35.59	34.18	35.24	33.61	35.76	33.61	34.30	31.37

续表

银行业金融机构分档类型		2019年 房地产贷款占比	2019年 个人住房贷款占比	2020年 房地产贷款占比	2020年 个人住房贷款占比	2021年 房地产贷款占比	2021年 个人住房贷款占比	2022年 房地产贷款占比	2022年 个人住房贷款占比
第二档	招商银行	32.88	24.68	33.12	25.35	31.89	24.68	29.17	22.96
	浦发银行	26.80	18.38	26.37	18.73	25.85	18.93	24.37	17.8
	中信银行	26.65	19.43	26.91	20.48	25.91	20.05	24.32	18.94
	兴业银行	33.79	26.47	34.56	26.55	32.93	25.32	29.17	22.05
	民生银行	25.69	12.04	24.76	13.37	23.62	14.72	22.62	13.84
	光大银行	23.09	15.27	23.82	16.36	23.06	17.09	21.51	15.51
	华夏银行	19.06	11.53	20.14	12.88	19.42	13.73	18.60	14.00
	广发银行	20.99	12.14	22.00	13.08	21.42	13.84	19.50	13.85
	平安银行	18.42	8.58	19.18	8.98	18.55	9.12	—	—
	北京银行	—	—	30.70	20.90	28.18	20.90	24.96	18.87
	上海银行	25.59	9.71	25.55	11.28	25.51	12.76	22.57	12.63
	恒丰银行	—	—	10.01	2.88	14.57	6.13	15.66	7.50
	渤海银行	19.60	5.16	20.17	6.34	19.27	6.74	28.17	18.58
	浙商银行	33.35	17.98	31.33	18.80	27.83	19.93	18.03	7.06
第三档	南京银行	14.02	11.19	14.21	10.79	14.72	10.57	12.64	8.61
	宁波银行	5.87	0.53	8.69	3.38	8.57	4.33	14.20	6.15
	盛京银行	15.53	7.85	21.32	8.70	20.93	9.46	20.70	8.66
	徽商银行	23.44	19.36	24.27	19.58	23.80	19.03	19.86	16.24
	天津银行	19.60	7.60	19.96	8.29	17.89	8.72	16.05	7.99
	杭州银行	22.42	14.08	24.38	14.90	20.48	14.02	18.44	12.81
	重庆银行	16.46	10.88	17.81	12.63	17.21	13.56	14.76	11.86
	郑州银行	28.96	15.34	27.96	15.11	26.05	14.13	21.34	11.41
	贵阳银行	14.75	7.41	14.25	7.29	14.50	7.02	15.76	6.84
	西安银行	22.51	11.72	21.40	13.86	19.30	13.99	17.92	13.06

资料来源：Wind，作者整理。

（二）贷款集中度实施评析

房地产贷款集中度管理旨在对银行房地产贷款以及个人住房贷款的总量进行约束，防范资金过度流向房地产领域，避免资金"脱实向虚"，防范房地产银行金融风险。

1. 分类推进、精准管控

资金过快、过量流入房地产领域带来房地产金融化趋势，加大了金融机构房地产金融风险。个人住房贷款规模持续提升也加大了家庭杠杆，影响了其他消费支出，不利于培育国内强大的消费市场。房地产贷款集中度管理按照分类设限、因地制宜、定向豁免、循序渐进进行管理，设置了合理的过渡期，明确了约束措施，是房地产金融管理的重要长效调控机制。

房地产贷款集中度管理制度出台后，各地人民银行分支机构和银保监会派出机构统筹考虑当地经济发展、房地产形势以及不同类别银行业金融机构的实际情况，经过充分论证，确定了辖区内地方法人银行房地产贷款集中度管理要求。同时，对于超出管理要求的，也会考虑各家银行业金融机构的实际情况，指导其制定过渡期调整方案，要求其合理选择业务调整方式、按年度合理分布业务调整规模，确保调整节奏相对平稳、调整工作稳妥有序。对未执行管理要求的银行业金融机构，央行、银保监会采取了额外资本要求、调整房地产资产风险权重等措施进行校正，通过种种举措的具体实施取得了一定成效。

2. 房地产银行贷款规模增速放缓

从央行公布的金融机构贷款投向统计数据来看，房地产贷款余额和个人住房贷款余额增速均已出现下降。2021年末，全国人民币房地产贷款余额 52.17 万亿元，同比增长 7.9%，比上年末增速低 3.7 个百分点；全年增加 3.81 万亿元，占同期各项贷款增量的 19.1%，比上年全年水平低 7.2 个百分点。其中，房地产开发贷款余额 12.01 万亿元，同比增长 0.9%，增速比上年末低 5.2 个百分点（见图 6-4）。个人住房贷款余额 38.32 万亿元，同比增长 11.3%，增速比上年末低 3.3 个百分点。受新冠疫情反复和市场预期转弱影响，在房地产投资和销售规模出现下降的情况下，涉房贷款增速下降，2022 年上半年房地产开发贷款余额同比已经下降情况，2022 年末，房地产开发贷款余额为 12.69 万亿元，同比增长 3.7%。另外，2022 年 3 月末、6 月末、9 月末、12 月末，全国个人住房贷款余额分别为 38.84 万亿元、38.86 万亿元、38.91 万亿元、38.8 万亿元，几乎是零增长。

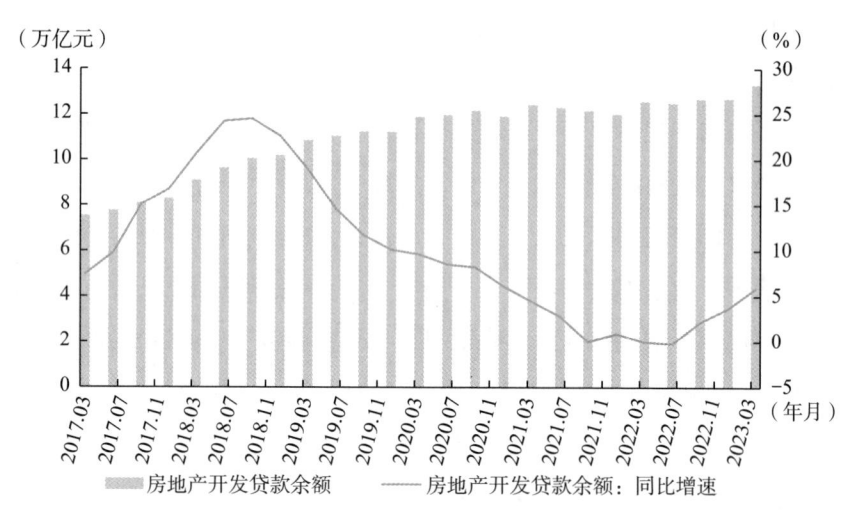

图 6-4　2017 年 3 月—2023 年 3 月中国房地产开发贷款余额统计及同比增速
资料来源：作者整理。

从变化趋势看，2017 年以来金融机构房地产贷款规模持续增加。特别是 2017—2020 年，房地产开发贷款余额由 7.41 万亿元增长到 11.91 万亿元，年均增速达到 14.29%。从增速看，2017—2018 年房地产贷款余额增速出现较大幅度上升；2018—2021年房地产贷款余额增速持续下滑，2022年上半年贷款增速为负值，下半年情况有所缓解。2023年上半年情况有所好转，房地产开发贷款取得了一定增长。个人住房贷款增速则在2016年后开始出现持续下降。

从贷款占比情况看，房地产贷款余额占各项贷款比重由2015年的14.22%快速上升至2019年的29%，达到最高峰；自2020年监管持续趋严后占比情况开始缓慢下降，从2020年底的28.7%降到2022年6月的25.7%，逐渐回归到2017年的水平。

从新增贷款分析，新增房地产贷款占全部新增贷款总额的比重在2016年底达到最高值44.82%，之后在房地产调控政策下便开始下降，2018年底以来降速加快。2022年上半年出现了大幅下降，新增房地产贷款占全部新增贷款总额比重仅为4.89%。2023年上半年呈持续下降趋势，2023年6月占比仅为0.98%。新增房地产贷款大幅下降，已超出了政策预期。

3. 引起房地产企业融资分化

"三条红线"和"两集中"管理同时实施，使得房贷资金需求端和供给端同时受到限制。我国房地产市场将逐步进入新增供应和存量交易并存阶段，房企间的竞争将更加激烈，房企分化趋势也将更加明显。银行机构在收缩贷款规模中的"避险"意识增强，部分银行对踩红线房企暂停发放开发贷款。国企和优质民企因多元化的融资渠道和出色的资金管理能力，更容易得到银行贷款支持，其市场规模和占有率将有较大提升。而区域布局欠佳、债务负担重、融资渠道窄、财务管控能力差的房企，因叠加"三条红线"管控要求，面临开发贷款边际收紧、再融资利率提高、债券发行难度增大等问题，生存空间被压缩，可能出现兼并和破产重组。

4.引导资金投向行业转型领域

监管机构在收紧房地产领域贷款规模的同时，也根据稳增长要求给予收并购资金支持。2021年12月，央行及银保监会鼓励银行稳妥有序开展并购贷款业务，重点支持优质的房地产企业兼并收购出险和困难的大型房地产企业的优质项目。2022年3月16日，银保监会召开专题会议，再次传达要鼓励支持房企的收并购融资，促进房地产行业良性循环和健康发展的信息。

根据"住有所居补齐短板"的要求，加大对保障性租赁住房建设的支持力度。2022年2月，央行、银保监会明确保障性租赁住房项目有关贷款不纳入房地产贷款集中度管理，鼓励银行业金融机构按照依法合规、风险可控、商业可持续的原则，加大对保障性租赁住房发展的支持力度。随后，保租房准许纳入公募REITs试点。这与中央经济工作会议提出的"大力发展租赁住房市场"相呼应，体现了疏堵结合的房地产调控思路，将引导资金更多地流入长租房领域，破解租赁住房供给不足的问题。显然，在进行集中度管理的同时，银行资金也发挥着补短板的作用，有序开展各项金融审慎活动，引领房企的未来布局。

三、房地产企业融资模式之国际比较

各个国家或地区所处历史阶段、经济体制和经济水平不同，在住房制度和房地产金融制度上也存在较大差异，形成了各种房地产金融模式。美国、德国、日本、新加坡等发达国家在房地产开发建设和运营融资上，积累了丰富的经验，对我国房地产企业融资具有一定的借鉴意义。

(一) 美国房地产企业融资模式

美国房地产行业起步较早，其市场和金融环境在不断繁荣发展中已非常成熟，房地产金融市场发达、制度体系健全、品种丰富。美国各类金融机构或个人均可通过不同方式参与房地产金融业务，在长期充分竞争中逐步形成了多元化的房地产融资模式。

美国房地产开发的所有环节都对应着不同的专业公司共同完成，分工细致，每个环节通过完成各自的任务获取利润，开发商、建筑商、中介商分别负责各自的环节。美国房地产企业资金来源除银行贷款、发行股票外，还包括采用发行债券、投资基金、抵押贷款证券化等方式进行筹资。美国住房开发企业的资金大多来源于多元化的股权结构，通过实行多方投资，形成多方承担风险的筹资体系。金融创新为房企融资拓宽了渠道，连接了实体经济与资本市场，降低了房企对传统银行贷款的依赖。美国政府联合各种公共机构提供低于市场利率的债务基金，支持住房开发企业开发多户住房和公共住房。

1. 银行贷款

美国房企对银行金融资本的依赖程度低。储蓄机构、商业银行、抵押银行、人寿保险公司和其他商业金融机构直接为家庭或企业提供抵押贷款业务，构成美国房地产金融一级市场。其中，商业银行为房地产企业提供了大量资金，但比例较小。商业银行是开发商短期建设贷款和中短期贷款的主要资金来源。商业银行一般偏好不超过三年的短期贷款，覆盖建设期和初始租赁期，结束后长期贷款机构介入，将其替换出来（即用长期贷款偿还短期贷款）。对于规模较大、信誉较好的开发商，商业银行有时也把贷款时限延长到五年。

2. 证券市场融资

20世纪80年代以来，随着直接以融资方式运作的抵押银行逐步占据主导地位，美国房地产抵押贷款证券化种类越来越多，在房地产金融市场中占有越来越高的市场份额。房地产抵押贷款证券化包括共有住房抵押贷款转手证券、多档抵押贷款转手证券、非机构担保多档抵押贷款转手证券、商业房地产抵押贷款支持证券、资产支持证券和债务抵押债券等。2003年以来，随着美国房地产市场复苏，商业房地产抵押贷款证券化发展速度迅猛。商业抵押贷款支持证券一般主要由私人机构发行，吉利美、房利美和房地美等住房抵押贷款机构也是重要的发行人。银行、寿险公司、养老基金等是主要的投资机构。银行将符合条件的商业地产抵押贷款转售给信托公司，后者将资产证券化打包成不同层级的债券，并发售给个人和机构投资者。通过这种结构性融资安排，使得资本市场的各类资金流向房地产市场。

3. REITs

REITs是通过发行股份或受益凭证汇集资金，由专业托管机构托管，并委托专业投资机构进行房地产投资经营管理，将取得的收益按持有份额比例分配给投资者的信托基金。美国REITs创立于1960年，创立初期发展缓慢。1986年美国国会修订《国内税收法典》，规定REITs只要将应税收入的100%进行分配，即可免征企业所得税。20世纪90年代美国房地产泡沫破灭，加上房地产专业化、规模化、集约化经营的发展，1991年开始，REITs进入了一个快速发展时期。美国房地产信托投资基金的建立，为房地产融资市场培育了大量专业化程度高的机构主体。美国REITs持有的物业类型广泛，包括公寓、酒店、基础设施、住宅、零售业、办公、数据中心等在内的房地产资产都可以成为REITs的底层资产。由于具有较高的投资收益率，美国

REITs 规模快速扩张。

4. 夹层贷款

美国在 20 世纪 80 年代出现了房地产夹层融资，企业在传统的资本市场和银行借贷之外，开辟了新的融资渠道。早期的夹层投资者以保险公司为主，后来逐渐转变成以基金和商业银行为主，基金约占 70%，商业银行占 20% 左右。夹层融资产品具有良好的流动性和较低的波动性，风险收益特征对机构投资者具有很强的吸引力，保险公司、商业银行、投资银行、养老基金、对冲基金等各类金融机构不断增加对夹层资本的投资。夹层贷款一般是短期的，贷款费用较高，利率也高于银行贷款，但能为开发商节约自有资金投入，相当于合伙投资人的性质。

5. 退休基金

退休基金在其分散化的投资战略中，越来越偏好于房地产投资，既有建设期贷款，又有长期贷款，贷款利率通常是固定的。退休基金所提供的大规模贷款非常吸引开发商，不过一般只为经验丰富的开发商所开发的大型项目提供贷款。退休基金一般会雇用一个投资咨询公司来分析项目的盈利能力。开发商要得到退休基金的支持，通常需要较长的时间，并经历复杂的过程。

此外，房地产企业还可以通过私人投资、合资等方式融资。私人投资者通常是房地产开发商最普遍的权益资金合作伙伴，这种方式具有灵活性。私人投资者也会提供债务性的投资，这也是开发商刚起步时获得建设贷款的方式。在合资协议中，开发商会被要求作为风险的第一承担方，即如果项目亏损，开发商需要首先负责偿还损失，直至达到一个预先约定的额度。

（二）德国房地产企业融资模式

德国以审慎的住房金融制度对住房金融市场进行有效控制，在市场经济发挥作用的同时通过政府进行调控，把居民住房保障作为首要政治目标之一。通过完备的法律政策、严密的住房规划，形成了以住房租赁市场为主导的市场结构。

1. 完善的住房抵押贷款市场

德国住房抵押贷款机构众多，主要有专业抵押银行、消费信贷银行、投资公司、私人房屋建筑贷款协会、担保银行、社会住房信贷协会，以及住宅互助储金信贷社等。一方面，发放无息或低息住房贷款。德国公营抵押银行和储蓄银行向低收入者、残疾人、多子女家庭提供购建住房的无息或低息住房贷款，偿还期为35~40年，低息贷款的年利率为1%。另一方面，发放住房抵押组合贷款。德国住房抵押贷款市场十分发达，购房者可以申请不同组合的住房贷款，比如20年以上的长期贷款，5~10年的中期贷款及5年以下的短期贷款组合。还可以申请一级抵押贷款、二级抵押贷款和浮动利率的短期抵押或无抵押贷款。银行贷款不仅为住宅建筑商、代理商和个人购建房发放贷款，而且为其他经营住宅的金融机构发放融资贷款。

2. 支持合作者建房政策金融

住房合作社被称为德国房价的稳定器，合作社住房是市场上重要的供给主体。截至2012年，德国有2 000个住房合作社，旗下拥有210万套住房、300万个会员，约占存量住房的5.9%，占用于出租房屋数量的9%。合作社住房作为一种中间形式，一方面可以供自己使用，另一方面也可以用于出租。德国政府对于合作社建房给予了多方面的政策扶持,包括提供贷款支持长期的低息贷款和给予借款保证。

3.建立住房储蓄制度

德国还存在极具特点的住房储蓄制度,它是为实现购建房筹资而形成的互助合作融资体系,是解决中低收入阶层住房问题的重要手段,为住房市场发展提供了坚实的金融支撑。20世纪50年代以来,随着住房建设的持续增长,住房储蓄制度得到了快速发展。德国的住房融资约40%来自住房储蓄体系,住房储蓄体系累计为住房建设提供资金超过1万亿欧元,几乎每三个德国人中就有一个与住房储蓄银行签有住房储蓄合同。住房储蓄银行的资金来源于居民住房储蓄、银行间融资、国家资金等,而资金用途仅限于为参加住房储蓄的居民发放购建房贷款。德国居民要得到住房储蓄银行的购建房贷款,必须在该银行存足相应款项;存贷款利率都是固定不变的,且贷款利率低于其他同期贷款的利率水平。

此外,德国房地产企业还可以通过房地产基金、股市等渠道融资,也可以众筹方式投资。通过众筹大大降低了普通民众参与房地产投资的门槛,使得房地产投资成为一种大众化的投资产品。

(三)日本房地产企业融资模式

二战后,日本政府、民间和个人共同投资建造住宅,政策性金融在解决住房短缺问题中发挥了重要的支持作用。随着城镇住房总量基本平衡,民间金融机构逐渐占据主导地位,支持房地产融资需求。

1.商业银行贷款

商业银行是日本金融体系的主体,主要包括都市银行(如三菱东京UFJ银行、第一劝业银行等）和地方银行（地方性的金融机构），早期主要服务于高收入阶层，以商业性贷款解决其住房资金需求，其利率相对较高，条件相对严格。20世纪60年代以来，日本商业银行的住房金融业务成倍增长，成为日本住房贷款的主要来源。为适应市场，满足借款者的各种需求，银行设计了丰富的贷款品种。商业银行的一般性住房贷款主要有：新型住房贷款、两代人合作住房贷款、两代人传承住房贷款、改建翻新贷款、公寓贷款、别墅贷款、二手住房贷款、与住宅金融公库合作住房贷款。20世纪90年代日本房地产泡沫破灭后，伴随金融自由化和房地产价格的下跌，日本商业银行逐渐进入中低收入家庭的住房建设行列。日本法律对房地产项目自身投资比例并没有明确的硬性规定，但房地产投资在审查阶段十分严格。

2. REITs

20世纪80年代末，日本经济发展增速开始放缓，而房地产泡沫的破灭使得房地产价格大跌。抵押房产的大量贬值致使金融机构破产，房地产企业也迫切需要新的融资渠道。REITs的推出和发展为房地产市场注入了大量资金，加快了房地产市场的复苏，同时REITs也通过股权分散实现了风险分散，增强了房地产市场的多样性。2001年9月，日本两大房地产巨头三菱地所和三井不动产发起房地产投资信托，标志着日本REITs落地。日本REITs对经济恢复起到两个关键作用：一是提供了一种长期稳定的金融工具，中小投资者同样被关注；二是通过募集资金，支持城市振兴和经济发展。日本REITs在广大投资者和资金需求方之间架起了一座桥梁，实现了不动产的金融商品化，也拓宽了房地产融资渠道。

日本REITs管理的资产主要投向房地产领域。2001年，东京证券交易所制定了上市规则，要求REITs管理的房地产资产占总资产的比例至少为 75%，资产限于房地产、房地产租赁等与房地产直接相关的资产，至少 50% 的资产必须产生收益，并且一年内不会出售。目前，REITs 涵盖写字楼、商业地产、住宅、仓储物流、酒店等领域，以商业办公为主，对专业运营管理和盈利能力要求较高。2016 年 12 月，日本 REITs 上市公司数达到 57 家，市值达到 12.1 万亿日元，57 家公司中综合性公司占 52%、住宅公司占 17%、写字楼公司占 14%。

3. 住宅金融公库

金融公库是日本政策性住房金融的主要形式，也曾是住房短缺时期支持住房建设的主要资金来源。1950 年《住宅金融公库法》颁布，由政府全额注资成立住宅金融公库，目的是通过住宅金融公库向建造和购买房产的个人提供长期低利息的住房贷款，并实行固定利率，还款期限也较长（一般为 35 年），保障那些难以从银行获取信贷的企业和个人的住房贷款需求，包括城市住房重建房贷款、重建改造住房贷款及建造宅基地贷款、个人建设住房贷款、租赁住房贷款、公营转让住房贷款等。

随着住房贷款利率的自由化和商业金融机构贷款业务的发展，金融公库的作用从之前的直接融资向作为商业金融机构的支援和补充转变。2001 年，住宅金融公库改为独立行政法人机构，可从事证券化业务；2007 年 4 月 1 日，住宅金融公库又改组为独立行政法人住宅金融支援机构，住宅金融支援机构只通过贷款证券化参与住房贷款的二级市场，资金全部来自证券化获得的投资资金，不享受政府补贴。2007 年以来，住宅金融支援机构贷款比例逐年降低，资金占 1/10~1/6。随着住房形势的变化，政策内容也不断充实，后来除了新建住房，还增加了对购买二手住房以及住房修缮翻新等提供贷款的规定。

（四）新加坡房地产企业融资模式

新加坡是以组屋为主、私宅为辅，以自有为主、租赁为辅的住房体系。新加坡超过 80% 的人居住在组屋，中央公积金制度发挥着重要作用，使政府"居者有其屋"计划能够顺利实施。新加坡中央公积金与住房抵押相结合，直接发挥住房金融的功能，同住房储蓄结合起来，辅以银行贷款以及发行 REITs，有效地解决了住房建设和购房的资金来源问题。

1. 中央公积金

新加坡住房金融体系以强制储蓄型的中央公积金为主、辅以商业贷款。按照中央公积金法令，所有受雇的新加坡公民和永久性居民都是公积金会员，雇员和雇主必须按雇员工薪的一定比例缴纳公积金，由雇主按月集中向公积金局缴纳。其中的一部分从雇员工资中扣除，另一部分由雇主负担。会员缴纳的公积金按照规定分别存入普通、医疗和特别三个账户，其中，普通账户（占存入款的大部分）可用于购买住房和支付保险金。新加坡基于中央公积金制度，政府协调中央公积金局和银行支持建屋发展局进行组屋建设。根据新加坡政府规定，只有新加坡公民可以买新的组屋，且组屋的价格包含政府补助。政府进行土地买卖并给予住房补助，贷款给建屋发展局进行组屋开发，向符合条件的家庭出售组屋。而商业银行主要为私人开发商提供贷款进行私人住房开发以及为私人住房购买者提供购房商业贷款。

2. 商业银行贷款

新加坡商业银行的贷款主要面向房地产私人开发商，只占有小部分住房市场。私人开发商从商业银行获得贷款进行私人住房开发，再售卖给私宅购买者以此取得收益。

3. REITs

1998年REITs登陆新加坡资本市场，仿照美国的成功经验，新加坡政府创造了很多有利于REITs发展的政策环境。如规定"当REITs将90%及以上的收入进行现金分红时，只在投资者层面征税，在REITs层面免征税"，允许公积金投资于REITs；任何个人投资者投资于REITs所获取的分红全部免税；外国公司投资REITs只需缴纳18%的所得税，REITs买卖房地产免征3%的印花税，等等。2002年第一只REITs在新加坡上市后，新加坡REITs市场蓬勃发展。

综上，我国房地产融资体系与以上四个国家有较大区别。一方面，与我国处于快速城镇化阶段密切相关，解决住房需求和补齐住房短板是主要矛盾，出售商品住房是房地产开发的主要形式。而其他四个国家大多处于城镇化后期，不同阶段的房地产投资业态和融资方式不同。另一方面，各个国家的经济制度、土地制度、住房制度有很大差异，房地产融资类型和结构也必然存在较大差异。

总体看，这些差异体现在以下四个方面。一是支持自建房的融资差异。德国、日本住房抵押贷款支持居民用于建设自建房，而我国房地产银行贷款面向开发企业，由开发企业以土地、在建工程等为抵押进行开发贷款，但我国没有面向居民自建房的贷款业务。二是股权债权融资结构差异。我国房地产企业与欧美国家一样，都可以通过直接融资、间接融资、股权融资、债权融资等方式获取资金。尽管2016年后房企直接融资比例增加，间接融资比例降低，但我国房企直接融资和股权融资的比重还是大幅低于欧美国家。这就使得过度依赖银行资金的间接融资存在较大金融风险。三是预售制度融资差异。我国建立了预售制度，通过预售为房企提前获取了无息资金，预售资金占到房地产资金的30%甚至40%，这在大多数国家和地区并不存在。部分国家存在的是订购制、预购制，并不会涉及这么大规模的预付资金。四是公募REITs的差异。上述四个国家均建立了公募REITs，其在持有运营物业发展和专业化运营机构培育上发挥了重要作用，也建立了普通居民参与房地产投资的渠道。而公募REITs的制度设计在我国还刚刚起步。

四、房地产企业融资模式变革重点

房地产行业属于资金高度密集型行业，无论是土地的购置还是住房的开发和建设均需要大量资金，加上住房项目建设周期和销售周期较长，资金是房地产开发企业赖以生存和发展的关键。我国已形成债券、股权及夹层的房地产融资体系，不同开发阶段形成了多种类型的资金筹集方式，银行贷款仍是最基本、最重要的资金来源（见图6-5）。2020年以来，"三条红线"和"两集中"管理政策出台实施，加快了房地产行业降低杠杆、降低负债的速度，抑制了负债拿地，降低了房地产行业的金融风险。未来，结合新阶段房地产开发方式和业态转型，应积极创新房地产行业的融资方式，优化银行贷款融资结构，加大股权融资比重，推动公募REITs落地，推动绿色金融等新兴融资发展。

（一）优化银行贷款融资结构

国内贷款是房地产融资的主要渠道，主要分为银行贷款和非银行贷款。开发贷和并购贷是目前主要的房企银行贷款类型，非标融资渠道中的委托贷款、银行信托资金通常也来源于银行资金。

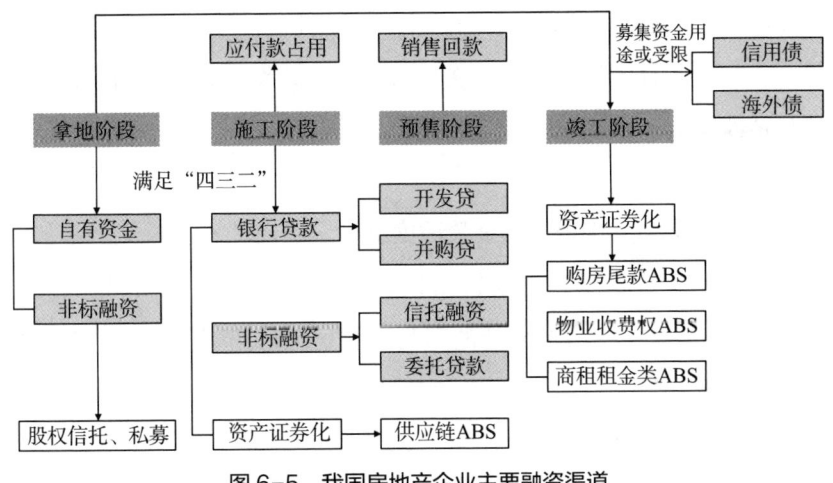

图 6-5　我国房地产企业主要融资渠道

资料来源：平安银行地产事业部整理。

1. 完善开发贷和差异化按揭贷款管理

（1）严格管控开发贷款

开发贷款是房地产开发企业在开发建设环节融资的重要方式，也是房地产银行贷款的主要类型。开发贷款支撑了房地产行业快速发展。1998—2021年房地产开发贷款余额由2 680亿元增长到12万亿元。其资金成本较其他融资方式低，但审批条件十分严格。2002—2004年逐渐形成了开发贷款的"四三二"规定（四证齐全、35%以上资本金比例、二级及以上开发商资质）。通常银行会要求房企提供土地、在建工程的抵押或股东担保等增信措施。按照监管政策要求房地产行业在土地储备贷款限制及开发贷方面需要满足"四三二"规定，除大型银行"白名单"上的房企外，中小房企和高负债房企总体获得银行贷款资金的难度较大。

自2019年开始，一些资产规模较大的银行对房地产贷款设置了总授信额度，以抵御行业集中度风险。"集中度"管理后，超过上限的银行收紧房地产贷款。2017年以来，房地产开发贷款余额同比增速在2018年9月达到最高的24.50%，此后受监管影响一直保持下降趋势。未来，预计开发贷款政策将保持稳定，开发贷款规模随房地产市场行情波动。

（2）支持个人购房按揭贷款适度增长

个人购房按揭贷款是销售回款的重要组成部分，占销售回款的1/3左右，是居民购房加杠杆的工具。在房地产市场调控中，对首套房首付比例、贷款利率及二套房首付比例、贷款利率收紧或放松，作为市场调控的重要工具加以使用。

2017年以来，伴随调控政策收紧，个人住房贷款总额不断增加。但个人住房贷款同比增长率不断下降，从2016年的38.1%降到2021年的11.3%，2022年上半年同比增速进一步下降至6.2%。2022年，央行、银保监会发布《关于调整差别化住房信贷政策有关问题的通知》，规定对于贷款购买普通自住房的居民家庭，首套住房商业性个人住房贷款利率下限调整为不低于相应期限贷款市场报价利率减20个基点，二套住房商业性个人住房贷款利率政策下限按现行规定执行。未来，根据城市房地产市场差异，应支持金融机构因城施策设定贷款比例，进行利率调整，以通过降低银行个人住房贷款利率来保障居民住房需求，支持刚需和改善性需求的个人住房贷款合理适度增长。

2. 稳妥实施房地产项目并购贷款

与其他业务相比，并购贷款业务的交易期限较长，一般不超过七年。由于银行承担较高的风险，其贷款利率达到10%。2015年银监会发布《商业银行并购贷款风险管理指引》（银监发〔2015〕5号），对并购贷款做了基本要求，以此来规范银行并购贷款行为。这一时期，房企通过并购贷款可以绕过开发贷"四三二"规定获取土地，并购贷款变相成为房企拿地融资工具。2018年上海银监局发布《关于规范开展并购贷款业务的通知》，规定并购贷款投向房地产开发土地并购或房地产开发土地项目公司股权并购的，要求拟并购土地项目应该完成在建工程开发投资总额的25%以上，不得对"四证不全"房地产项目发放任何形式的贷款；并购贷款不得投向未足额缴付土地出让金的项目，不得用于变相置换土地出让金。此后，一些地区参考了该标准执行，并购贷不再可以绕过"四三二"规定。之后并购贷规模开始缩小。2021年11月，四川银保监局关于中国农业银行成都锦城支行的行政处罚案由包括：发放并购贷款变相用于置换土地出让价款，向项目资本金投入不实的房地产企业发放贷款且贷后管理不尽职导致贷款被挪用。在深圳、北京因非标融资或并购贷款用于支付土地出让价款的行为，也受到了处罚。

2021年12月，央行、银保监会联合发布《关于做好重点房地产企业风险处置项目并购金融服务的通知》（银发〔2021〕320号），要求银行业金融机构给予房地产项目并购贷款业务支持，重点支持优质的房地产企业兼并收购出险和困难的大型房地产企业的优质项目。在政策引导下，并购贷款授信名单已从国企向民企延伸。在操作中，"四证齐全"要求仍需要在并购过程中妥善处理。而"保交楼"项目一般债务结构复杂，债权不清晰，大多难以满足政策监管要求。据报道，2022年4月，央行、银保监会专门针对12家问题房企纾困给予政策上的支持，12家出险房企的"四证不全"项目并购、涉及并购贷款置换土地出让金项目等合规性要求有所放松。

相比银行"并购贷"，房企对收购资产选择发行票据和配售股份融资则相对容易。招商蛇口2021年11月公告称，公司拟在银行间债券市场注册发行中期票据30亿元，其中将不超过15亿元用于支持产业内协同性较强的企业缓解流动性压力，方式包括但不限于置换发行人前期投入资金及后续资产投资与收购等，剩余资金用于偿还公司的银行贷款。世茂服务、碧桂园等头部房企通过港股市场配售股份等方式募集资金，启动对物业资产的并购。未来，可在项目评估基础上，适当放宽房地产并购贷款审核要求，支持通过并购方式进行兼并重组，提高行业发展质量。

3. 用好纾困基金和专项贷款"保交楼"

2022年7月底，"保交楼、稳民生"被首次写入中央政治局会议文件。2022年8月，住建部、财政部、央行等部门提出通过政策性银行专项借款方式支持已售逾期难交付的住宅项目建设交付。专项借款精准聚焦"保交楼、稳民生"，严格限定用于已售、逾期、难交付的住宅项目建设交付，实行封闭运行、专款专用。专项贷款以市场化方式运作，通过专项借款撬动、银行贷款跟进，支持已售、逾期、难交付住宅项目建设交付。2022年9月22日，国家开发银行向辽宁省沈阳市支付全国首笔"保交楼"专项借款，支持辽宁"保交楼"项目。

多地也相继设立专项纾困基金（见表6-5）。2022年8月5日，《郑州市房地产纾困基金设立运作方案》提出坚持"政府引导、多层级参与、市场化运作"原则，由中心城市基金下设纾困专项基金，规模暂定100亿元，旨在盘活问题楼盘。在扶持政策出台后，郑州各大房企积极与政府专班对接，多个纾困项目落地。郑州还与国家开发银行签订总金额为3 000亿元的贷款协议，其中1 600亿元将被用于棚改贷款，将通过收购现有安置房、房票等机制来缓解开发商流动性压力。随着专项贷款、地方纾困基金的落实，停工项目短期内逐步得到解围纾困，部分项目也已交付使用。"保交楼"行动已取得阶段性成功，据克而瑞统计，截至2022年12月31日，在32个典型城市重点监测的290个项目中，一半以上已经复工。但从长远看，还应当适应新时代房地产转型发展新特征，探索创新房地产金融方式支持房地产发展新模式，加大持有运营、并购重组、资源整合等的融资支持力度。

表6-5　2022年部分纾困基金案例

地区	基金名称	参与单位	合作方式	额度（亿元）
浙江	并购重组专项资金	浙江房协、浙商资产	搭建一个市场化运作的基金平台，通过资金面整合展开定制化的单体式救助	100
郑州	郑州国家中心城市基金	河南资产管理有限公司、郑地集团	采用母子基金方式运作，再由各区县吸引不同类型社会资本共同出资设立子基金	100
南宁	平稳房地产基金	南宁轨道地产集团、南宁交通投资集团、南宁威宁房地产公司、江苏言睿产业投资基金	围绕并购重组、资源整合等方式，参与问题楼盘盘活、推进复工复产保交付等解围纾困工作	30
湖北	纾困基金	湖北省资产管理有限公司、浙商资产管理有限公司	聚焦助企纾困，加大对全省不良资产的收购、处置力度	50
陕西	并购重组基金	陕建地产集团、中国信达	围绕房企兼并重组、资产出售、债务重组等市场需求开展合作	100

资料来源：作者整理。

（二）拓展房地产投资股权融资

自筹资金是房地产开发资金的重要来源，是用于项目建设和购置土地的资金，包括自有资金、股东投入资金和借入资金。房企发行信用债、股权型房地产信托、资产证券化产品也计入自筹资金。2015年以来信托、私募基金通过明股实债为房企提供融资，2018年以来已受到相关部门的严厉监管。加上信用债发行收紧，未来房地产行业应积极拓展股权融资，优化自筹资金结构。

1. 上市或增发融资

股权融资资金用途灵活，融资成本较低，有效降低了企业的资产负债率。2006—2009年房地产企业经历了一轮上市潮，IPO股权融资成为房地产企业融资的重要渠道。为配合房地产市场调控，避免推高地价、房价，2010年初监管层正式宣布暂停批准房地产企业上市、再融资和重大资产重组。之后只有少数房企成功在A股上市，招商蛇口和新城控股2015年12月成功上市，湖北金环、绿地控股2015年在A股借壳上市。排队待审房企许多都前往港股等市场上市，2013年旭辉控股、新城发展、金伦天地等企业赴港股上市。截至2022年9月，沪深交易所共有122家房地产上市企业，总市值1.63万亿元。

A股上市暂停后，增发成为房地产开发企业股权融资的主要方式。2014年以中茵股份、天保基建定增获得证监会批准为标志，房地产企业增发重启，当年增发375亿元。2015年和2016年房地产企业分别增发1 212亿元和1 121亿元，增长迅猛。按照规定，增发资金不得用于购置土地。2017年2月，证监会对《上市公司非公开发行股票实施细则》进行修订，明确将发行期首日作为定价基准日，遏制一、二级市场间的套利；增发规模不得超过总股本的20%；上市公司融资后18个月内不能启动再融资，次新股再融资将受限。在增发政策限制下，2020年房地产企业增发融资34.3亿元，远低于前几年的水平。

未来，在"三条红线""两集中"管理新规限制下，加大股权类融资是房地产行业融资方式转型的重要内容。随着上市公司日常监管体系不断完善，上市公司再融资发行条件不断明晰，未来应适度放宽房企或涉房业务企业 A 股上市和增发政策限制，特别是支持符合行业发展方向的运营管理、持有型企业上市融资。

2. 房地产私募基金

（1）基本运作方式

房地产私募基金是向特定或固定的投资人募集的房地产投资基金，是投资开发前期参与房地产开发的重要资金渠道。房地产投资基金的投资方式包括纯股权、纯债权和股权债权结合三种方式。多数基金以股权投资为主；部分基金既做股权投资也做债权投资。国内从事房地产投融资的投资公司、资产管理公司、基金管理公司和房地产信托本质上都是房地产私募基金。房地产私募基金的投资对象主要包括房地产开发项目、基础设施项目、项目公司股权、打包不良资产、项目收益权等。一般来说，房地产私募基金可按照发起人背景分为开发商主导型、传统 PE/VC 型和政策主导型三种，主要通过项目出售、项目方回购权益、类 REITs、REITs 等渠道退出。国外经验显示，房地产私募基金在销售型物业投资开发环节和持有型物业培育阶段都可以发挥资金筹措作用，房地产私募基金具体优势如图 6-6 所示。

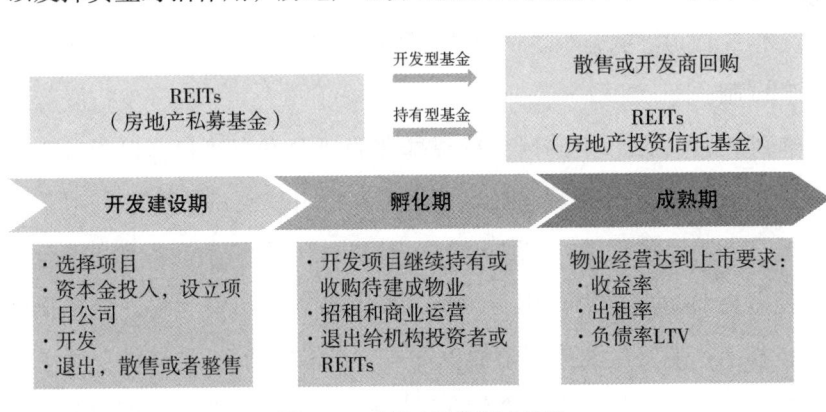

图 6-6 房地产私募基金优势

资料来源：清华大学《中国房地产发展之路》课程内容。

（2）发展与限制

2014—2015年，我国私募基金快速发展，私募基金管理人数量迅速增长。为规范私募基金业务，保护投资者合法权益，促进私募基金行业健康发展，2014年1月17日中国证券投资基金业协会发布《私募投资基金管理人登记和基金备案办法（试行）》。这一时期信托通道、委托贷款及"明股实债"房地产私募基金也得到较快发展。

为配合房地产调控需求，2017年《证券期货经营机构私募资产管理计划备案管理规范第4号》（以下简称"4号文"）发布，对私募资产管理计划投资热点城市普通住宅地产项目、向房地产开发企业提供融资用于支付土地出让价款或补充流动资金等行为进行了规范。"4号文"列举了禁止投资房地产的具体方式，包括但不限于委托贷款，嵌套信托计划及其他金融产品、受让信托受益权及其他类资产收（受）益权、以明股实债的方式受让房地产开发企业股权。还明确禁止私募产品向房地产开发企业提供融资用于支付土地出让价款、提供无明确用途的流动资金贷款，以及直接或间接为各类机构发放首付贷等违法违规行为提供便利。随着"4号文"的发布，房地产企业通过私募基金进行债权融资的渠道急剧萎缩，过往由私募基金通过银行委托贷款、信托通道、收益权、明股实债等提供债务融资的方式都受到了规范和限制。

2018年1月，中国证券投资基金业协会发布《私募投资基金备案须知》，明确指出"私募投资基金是一种由基金和投资者承担风险，并通过主动风险管理，获取风险性投资收益的投资活动。私募基金财产债务由私募基金财产本身承担，投资者以其出资为限，分享投资收益和承担风险。私募基金的投资不应是借贷活动"。文件明确了投资是私募基金经营活动的"本质"要求，不包括借贷性资产或其收益权、直接或间接从事借贷活动等。从监管要求来看，房地产股权投资基金应向投资本源回归，这也符合房地产转型的内在需要。

（3）完善私募股权基金模式

目前，房地产行业资金普遍偏紧，这给了房地产私募基金发展的机遇。以往多数基金对房地产企业或项目进行股权形式的投资，获取股权收益，但实质上仅承担了债权的风险。未来，从房地产转型的要求来看，房地产私募基金应在股权投资上发挥更多的作用，而不是各类投资基金形式的明股实债融资。

在开发贷整体规模收缩及监管要求压降融资类信托规模的大背景下，可以探讨新的操作模式。如在房企完成拿地或完成债权产品情况清算后，资管产品通过股权方式进入地产前融市场。这类融资方式不受"四三二"规定限制，预期未来其融资规模或将超过银行开发贷，在本质上或能达到监管压降、放弃有息负债总量的目标。

（三）推动资产证券化

资产证券化是持有运营商业地产、住房租赁、养老地产乃至城市更新业务的重要资金渠道。在房地产企业由开发商向运营服务商转型的过程中，需要有资产证券化融资方式进行支持。资产证券化产品主要包括以资产支持证券（ABS）、资产支持票据（ABN）为代表的债券型产品，以及类房地产信托投资基金（类 REITs）模式的权益型产品。

1. 债券型资产证券化产品发展

（1）ABS/ABN

根据发行场所不同，资产支持证券分为证监会主管的企业 ABS，央行、银监会主管的信贷 ABS 和 2012 年交易商协会推出的 ABN。随着传统融资渠道收紧，资产支持证券的发行量逐年增加，2020 年后规模有所下降。2016—2022 年 9 月，资产证券化产品以应收账款、购房尾款和商业房地产抵押贷款资产证券化为主，占到 79%。

资产证券化可以实现证券资产与发起人"破产隔离"，采取多种内外部增信方式降低投资风险。资产证券化关注资产栏目，其信用是可预测的一系列现金流，因此通过交易结构设置，可以将流动性差但预期收益稳定的资产进行资产证券化，盘活存量资产、资产负债出表改善财务结构，拓宽低成本融资渠道。

（2）CMBS/CMBN

CMBS/CMBN 是商业地产的重要融资工具。国内房地产资产证券化主要有两种模式：一种是 CMBS，即商业按揭支持证券；另一种是 CMBN，即商业地产抵押贷款支持票据。

CMBS 将单个或多个商业物业的抵押贷款组合形成基础资产，通过结构化设计，以证券形式向投资者发行。CMBS 具有发行价格低、流动性强等优点，是商业地产融资的重要选择。在美国，CMBS 占商业地产融资市场规模的 1/3。国内第一例交易所挂牌的符合国际标准的 CMBS 产品"高和招商—金茂凯晨专项资产管理计划"于 2019 年 8 月 24 日发行成功。该产品规模高达 40 亿元，创造了资产证券化产品最低发行成本的纪录，三年期优先级成本仅为 3.3%。

CMBN 属于 ABN 中商业抵押贷款的证券化，与交易所注册发行市场的 CMBS 相对应。随着交易所 CMBS 发行，银行间协会在 2016 年 12 月推出了《银行间债券市场非金融企业资产支持票据指引（修订稿）》，明确在交易结构中引入信托作为特殊目的载体，让信托型 ABN 产品得以落地。2017 年 4 月，上海世茂广场的资产证券化产品成功落地，成为境内首单银行间市场 CMBN。2019 年 6 月，全国首单物流地产 CMBN "上海宇培（集团）有限公司 2019 年度第一期资产支持票据"成功发行，总规模 6.5 亿元。该产品的标的物业分别为苏州宇臻物流园和沈阳宇航物流园。2022 年 3 月，中国海外发展成功发行绿色（碳中和）CMBS 产品，发行规模 50.01 亿元，期限为 18 年，发行主体及产品评级均为 AAA，票面利率 3.35%，产品基础资产位于上海市黄浦区黄陂南路 838 弄，由两部分组成：8.4 万平方米的甲级写字楼——上海中海国际中心，2.9 万平方米的开放式街区型购物中心——上海中海环宇荟。

2. 房地产投资信托基金加快落地

（1）类 REITs 与 REITs

我国住房租售比偏低，住房租赁企业的投资回报率较低。过往，在发行资产证券化时，住房租赁企业资信水平总体较低，发行时需要增信，导致融资成本高。加上国内住房租赁证券化政策尚未有效实施，产品仅向限定投资者发行，是私募交易性质的类 REITs，表现为以不动产为基础资产、主要以私募发行的专项计划。而 REITs 主要通过发行股份或受益凭证筹集资金，其收益主要来源于每年的租金和物业未来的升值。REITs 还具有市场波动性小于股票的特征。由于具有高分红率，是股市很好的机制标杆。标准化 REITs 与类 REITs 的差异情况见表 6-6。

表 6-6 标准化 REITs 与类 REITs 的差异

属性	标准化 REITs	类 REITs
产品属性	以权益型为主	以固定收益为主
组织形式	公司型	契约型
底层物业	多个物业	单一物业

续表

属性	标准化REITs	类REITs
资产管理	对物业进行主动管理	对物业以被动管理为主
产品期限	永续	有存续期,有效期较短,一般三年设置开放期
收益及退出方式	分红及资本增值,证券市场交易退出	优先级固定利益,次级为剩余收益;以持有到期为主
增信措施	少部分产品具有收益支持增信	多具有差额不足及流动性支持增信
法律税收特性	超过90%的分红可抵扣企业所得税	无优惠,产品有增值税

资料来源:贝壳研究院。

2014年9月,央行表态要积极稳妥开展REITs试点,住建部也表示要积极推进REITs试点。随着我国房地产市场步入存量时代以及房价的持续上涨,单个物业交易所需资金体量越来越大,在此背景下,推出REITs有着极其重要的意义。随着国内基础设施领域不动产投资信托基金试点的推进,2022年保障性租赁住房REITs开始落地。

(2)保障性租赁住房REITs落地

2020年4月,证监会、国家发改委联合发布了《关于推进基础设施领域不动产投资信托基金REITs试点相关工作的通知》,正式启动REITs试点。2021年国家发改委发布《关于进一步做好基础设施领域不动产投资信托基金(REITs)试点工作的通知》将保障性租赁住房纳入试点范围。2022年3月18日,证监会发布《深入推进公募REITs试点进一步促进投融资良性循环》,文件指出需要加快研究制定基础设施REITs扩募规则和抓紧推动保障性租赁住房公募REITs试点项目落地。2022年5月19日,国务院办公厅发布了《关于进一步盘活存量资产扩大有效投资的意见》，明确通过发行 REITs 等方式盘活基础设施存量资产、扩大有效投资的工作要求。2022 年 5 月 24 日，证监会、国家发改委联合发布《关于规范做好保障性租赁住房试点发行基础设施领域不动产投资信托基金（REITs）有关工作的通知》（证监办发〔2022〕53 号），明确了发起主体应当为开展保障性租赁住房业务的独立法人；强调了回收资金用途的严格闭环管理机制，确保净回收资金优先用于新的保障性租赁住房项目建设，或用于其他基础设施补短板重点领域；压实机构主体责任，要求发起人的控股股东、实际控制人不得挪用回收资金；加强沟通协作，证监会和国家发改委将指导沪深证券交易所、证监局和地方发改委做好推荐、审核和日常监管工作。

2022 年 8 月 31 日，红土创新深圳人才安居 REIT、中金厦门安居 REIT、华夏北京保障房中心 REIT 作为首批保障性租赁住房 REITs 试点项目正式上市，发行规模总计 37.97 亿元。首批三单保障性租赁住房 REITs 的原始权益人，都是所在城市以保障性住房为主业的国资平台。上市以来，三单保障性租赁住房 REITs 市场表现优秀，体现出市场对保租房 REITs 资产品类的高度认可。首批保障性租赁住房 REITs 试点项目的成功落地，有利于完善投融资机制，深化保障性租赁住房市场化进程，推进形成新的行业发展模式。

按照《关于规范做好保障性租赁住房试点发行基础设施领域不动产投资信托基金（REITs）有关工作的通知》第三条"严格规范回收资金用途"的要求，红土创新深圳人才安居 REIT 的招募说明书披露，原始权益人将全部募集资金以资本金方式投入募投项目，拟投入的项目包括安居福厦里 A213—0386 项目、福田区华富北棚改项目和罗湖区南湖街道船步街片区棚户区改造项目。募集资金将用于建设保障性住房，扩大深圳市保障性住房供给。中金厦门安居 REIT 的招募说明书披露，原始权益人募集资金拟投资项目均为保障性住房项目，包括但不限于浯家公寓、龙秋公寓、洪茂一期及龙泉公寓（龙泉一期、龙泉二期）。华夏北京保障房中心REIT的招募说明书披露，原始权益人北京保障房中心通过本次基础设施REITs发行盘活资产，回收资金将主要用于焦化厂剩余地块住房项目（或其他经批准同意的租赁住房项目）的建设。焦化厂剩余地块住房项目为北京焦化厂停产搬迁后在其剩余地块上建设的公租房项目。

REITs是持有型物业实现证券化的主要渠道。与上市公司相比，以"基金+REITs"模式运作的持有型物业能够更好地与资本市场对接，使资本得到更有效的配置。借鉴境外成熟市场经验，在税收政策、发行审核、市场建设、信息披露、财产登记、对外投资与海外资本进入、监督管理等方面，应逐步确立并完善REITs相关法律法规。如对住房租赁REITs设立阶段与资产取得相关的交易税费给予一定时期内的税收优惠；对REITs分红免征企业所得税，以避免重复征税等。

3.房地产资产证券化符合转型方向

房地产企业传统融资渠道受到严格监管，从房地产转型发展的需要来看，需要鼓励持有、鼓励运营，以运营现金流为基础资产的房地产资产证券化产品，对于盘活房地产企业资产、激励运营提升、实现融资具有重要意义。从金融企业的角度看，一系列强监管政策的出台，大大收缩了金融机构的原有业务，敦促其转型发展，资产证券化恰恰是其转型的重要方向。资产证券化的发展在未来具有较大的市场空间。

利用REITs在基础设施领域的政策基础，推动房企将"持有运营类"项目从房地产融资管理中剥离出来并纳入公募REITs运作，可以有效降低房企负债率，有效盘活存量资产，强化资本市场服务实体经济的能力。未来，REITs 还应当逐步拓展到商业和写字楼等持有型物业，推动专业化持有运营结构发展。

（四）积极试点推动房地产行业绿色金融

2021 年 10 月，中共中央、国务院印发的《关于完整准确全面贯彻新发展理念做好碳达峰碳中和工作的意见》，提出为确保如期实现碳达峰、碳中和，政府将积极完善投资政策、积极发展绿色金融。落实到房企层面，目前绿色融资渠道主要包括绿色贷款和绿色债券两类。在 2030"碳达峰"目标指引下，我国绿色金融体系逐步完善。房企绿色债券发行规模增长迅速，未来绿色融资将是房企融资的重要组成部分。

房地产开发作为建筑全过程中的重要一环，在"双碳"背景下，节能减排、绿色建筑俨然成为房地产行业发展的新机遇。越来越多的房企尤其是大型房企已将 ESG 理念贯穿了业务模式、风险管理以及决策流程。各地纷纷出台绿色建筑相关政策，共同促进绿色发展（见表 6-7）。

表 6-7　各地星级绿色建筑政策

城市	具体内容
北京	2021—2022 年规划城镇新建建筑全面实施绿色建筑一星以上标准，公共建筑实施绿色建筑二星以上标准
上海	新建民用建筑按绿色建筑基本级及以上标准建设，国家机关办公建筑、大型公共建筑以及其他 5 000 平方米以上政府投资项目按绿色建筑二星级及以上标准建设，超高层建筑和五个新城内新建大型公共建筑执行三星级绿色建筑标准建设
广州	2021 年起，新立项的民用建筑应按照《绿色建筑评价标准》(GB/T 50378—2019) 基本级或以上进行建设；建筑面积大于 10 万平方米的居住小区按照一星级及以上绿色建筑标准进行建设

续表

城市	具体内容
深圳	2021年起，特区内新出让土地上的新建建筑，全部按照不低于现行国家标准一星级进行建设；大型公共建筑按照不低于现行国家标准二星级进行建设
宁波	到2025年，当年城镇新建民用建筑中绿色建筑实现全覆盖，按二星级及以上绿色建筑强制性标准建设的面积占比达到全省领先水平，高星级绿色建筑持续增加

资料来源：平安银行地产金融事业部整理。

自2015年以来，我国绿色债券相关政策体系以及市场基础设施已经日趋完善，逐步实现常态化发行，目前已经成为全球第二大绿色债券发行市场。2021年，房地产企业发行绿色债券总额约608.98亿元，同比增长一倍，约占房企发债总额的7.5%，占比同比增加4.5个百分点，市场规模急剧扩大，绿色债券产品日益丰富。2022年以来，多家银行通过发行绿色金融债募集资金，支持绿色金融发展。Wind统计显示，2022年1月至2023年1月12日共有66只绿色金融债发行，发行金额达3 389.57亿元。其中，商业银行债51只，合计金额2 638.57亿元。

（五）规范房地产企业发债和信托等融资

2016年10月，央行、银监会、上交所、深交所和国家发改委等部门出台相关政策，严控房地产金融业务风险，房地产融资环境收紧。在境内融资收紧情况下，多家房企转向海外发债融资，发行资产证券化产品，与金融机构成立并购基金等。2017年、2018年海外发债融资规模分别达到387亿美元、479亿美元，远超2016年水平。2017年以前，非标融资渠道监管弱、利率高、门槛低，成为行业融资的非常规手段。非标业务扩张带来了影子银行、粗放发展、风险增大等问题。2018年，央行等四部委联合发布《关于规范金融机构资产管理业务的指导意见》（银发〔2018〕106号），对表外非标进行规范，明确禁止资金池业务、禁止资产多层嵌套、禁止通道业务。2019年6月后监管部门收紧房地产信托、海外债融资，加大对影子通道管理，严查消费贷等违规现象，房地产信托融资、海外融资规模缩小。

1. 房地产企业信用债融资

房企信用债可分为企业债、公司债、短期融资券、中期票据及定向工具等类型。在去库存背景下，2015—2016年房企信用债规模大幅增加，公司债和私募债是主要的融资方式，增长速度最快。而受调控政策收紧影响，2017年房企信用债规模出现了大幅缩小。2021年房企信用债规模也出现了缩小（见图6-7），目前公司债和中期票据成为主要的信用债融资方式。

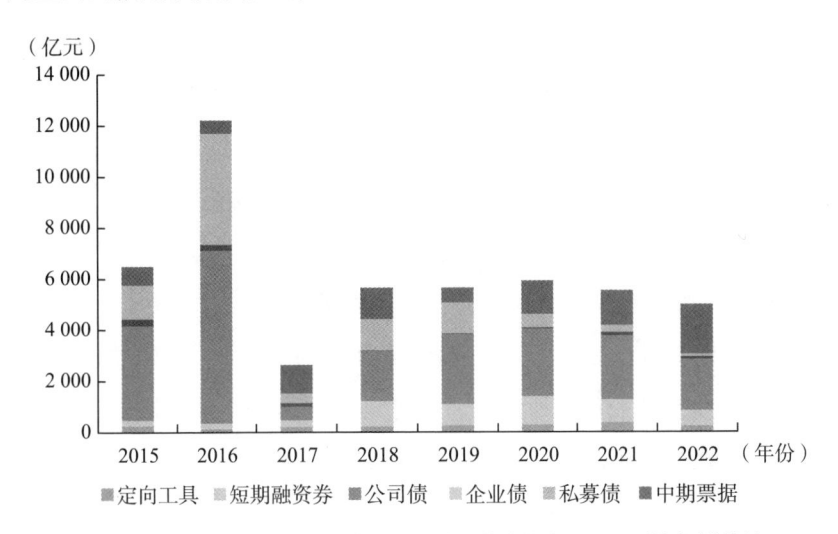

图6-7　2015—2022年房地产行业信用债发行各项工具融资规模统计

数据来源：Wind，作者整理。

房企发行企业债的要求较为严格。2016年，在《关于企业债券审核落实房地产调控政策的意见》中，严格限制房企发行企业债券融资用于商业性房地产项目，因为发行企业债券用途限制较多，发行规模一直不大。2020年，国家发改委发布《关于企业债券发行实施注册制有关事项的通知》，企业债券发行由标准制改为注册制。2021年，房地产行业共发行企业债券25只，规模达248.80亿元。

2015年证监会发布《公司债券发行与交易管理办法》，公司债的发行主体由之前的上市公司扩大到了所有公司制法人，公司债成为房地产企业融资的重要方式。2016年底，新一轮房地产调控开始后，发改委和交易所分别加强了对房地产企业债、公司债的监管。2016年10月底，上交所、深交所相继发布《关于房地产行业公司债券的分类监管方案》，实行"基础范围+综合评价指标"的分类监管标准，将房企分三类监管，公司债券募集资金不得用于购置土地。2017年，房企公司债发行规模大幅回落。2018年7月，监管层进一步收紧房企融资，禁止公司债券与票据互还，且规定只有在旧债到期，或者长租公寓领域，房企才有发行新债的可能。2021年4月，沪深交易所发布公司债审核新规，要求对踩了"三条红线"的发债房企进一步加强监管。

目前，境内债券发行募集的资金主要用于借新还旧。但受市场形势影响，房企境内信用债存量规模已经开始压缩，借新还旧难以为继。对于部分杠杆率较高的房企，其新增的境内信用债规模并不足以覆盖其到期债券的偿付规模，发生债券违约的风险大幅增加。尽管2022年违约债券数量有所减少，但考虑到许多房企债券进行了展期，2023年房地产行业债券债务依然面临很大压力。

2. 海外融资

利用外资是房地产开发企业通过发行海外债券及海外银团贷款渠

道获取外资,其利率通常较国内贷款更高。主要渠道有境外上市、海外债、海外银团贷款。当前,房企发行海外债主要有三种方式:直接境外发行、间接境外发行、红筹架构发行,其中以间接境外发行为主。海外债以美元为主,也有少量其他外币(例如新加坡元、欧元等)发行的债券。

相比于境内债券,房企在境外市场只要做好信息披露即可,发行限制较少,2019年房企境外融资达到顶峰,规模创下历史新高。2019年7月12日,国家发改委办公厅发布《关于对房地产企业发行外债申请备案登记有关要求的通知》(发改办外资〔2019〕778号),明确房地产企业发行外债只能用于置换未来一年内到期的中长期境外债务。同时,房地产企业发行外债要加强信息披露,在募集说明书等文件中需明确资金用途等情况。受政策影响,利用外资的比例有所下降。

2021年,中资美元债整体单月净融资一直不高,全年也仅实现了200多亿美元的净融资,与2020年约800亿美元的净融资相比规模大幅下滑。2022年以来,一方面受美元债利率持续上行、中美国债利率倒挂影响,海外融资成本优势减弱,企业出境融资的动力有所减弱;另一方面受房地产市场信用风险持续发酵影响,海外市场对国内信用风险的担忧持续发酵,企业尤其是民营房企,融资难度大幅提升。2022年1—7月,中资美元债规模收缩超过300亿美元。

3. 房地产信托基金

按政策要求,信托公司不得以信托资金发放土地储备贷款,发放贷款对象要满足"四三二"规定。2015年,严格控制银行信贷政策出台后,在去库存的刺激下,房地产开发企业融资需求激增,房地产企业信托融资规模进一步扩大。2015—2017年,信托资金投向房地产行业的规模由 1.29 万亿元快速增加到 2.28 万亿元。

2019 年 7 月，针对部分房地产信托业务增速过快、增量过大的信托公司，银保监会开展了约谈警示工作，要求这些信托公司控制业务增速，提高风险管控水平。2019 年 8 月，中国银保监会信托部下发《关于进一步做好下半年信托监管工作的通知》（信托函〔2019〕64号），也要求加强房地产信托合规管理和风险控制，结合信托部约谈警示督促辖内信托机构依法合规开展房地产信托业务，控制业务发展增速。从投向房地产行业的信托资金数据来看，房地产信托余额规模经历较快扩张后，从 2019 年开始收缩。截至 2021 年末，房地产信托余额为 1.76 万亿元，房地产信托余额占信托业资金余额的比重下滑至 11.74%，与 2020 年末相比下降 2.23 个百分点。

未来，在政策要求和风险可控前提下，信托公司应按照监管要求，合理投放信托资金，抑或与私募股权基金进行合作，加大房地产股权融资投放力度。

总体上，房地产行业作为国民经济的重要支柱产业，要适应发展新阶段、探索发展新模式，离不开稳定的金融环境及金融产品创新的支撑。在"三条红线""两集中"管控环境下，逐步降低房地产银行资金间接融资，鼓励房地产企业提高直接融资比例，可在上市融资、私募股权基金融资上进行政策引导和调整，畅通投管退环节；丰富资产证券化融资工具，特别是 REITs 落地发行和制度建设，支持长租公寓、商业地产、养老地产等持有运营型物业发展，支持盘活城市更新存量资产。还要结合低碳发展积极拓展绿色金融方式。同时，房地产企业适应新的融资监管要求和行业发展趋势，应当加大风险管控力度，结合自身发展优势和行业转型趋势，提升资产管理能力，及时调整融资渠道。

第七章

房地产行业可持续发展之住房品质

第七次全国人口普查（以下简称"七普"）数据显示，2020年我国住房品质在居住面积、产权性质、建筑工艺、住房设施、周边配套设施等方面都取得了长足的进步。但是，与发达国家相比，中国住房品质仍有待提升。随着住房短缺问题的逐步解决，人们对高品质住宅的需求持续增长，特别在新冠疫情期间，人们更切身感受到房屋质量、周边环境、社区管理和服务配套的重要性。推动房地产行业可持续发展，要大力提供高品质住宅，发展绿色住宅、装配式住宅和智慧住宅，推动物业管理数字化、智能化、精细化和多元化，实现好房子、好小区、好社区建设。

一、我国住房品质显著改善但仍需提升

（一）十年间住房品质持续改善

"衣食住行"是居民最基本的生活需求，从国家统计局近两年公

布的数据来看，住房消费占比仅次于食品和烟酒30%的消费占比，达到了23%。随着城镇住房短缺问题逐步解决，迈向高质量发展阶段，无论是开发商还是居民，都越来越关注住房的品质，这其中包括居住面积、产权性质、建筑工艺、住房设施、周边配套设施和小区物业管理等。

1. 人均住房面积提升

人均住房面积能够体现一国居民的居住舒适度。第七次全国人口普查数据显示，我国家庭户人均居住面积达到41.76平方米，平均每户住房间数为3.2间，平均每户居住面积达到111.18平方米。其中，城镇家庭人均居住面积为38.62平方米，与1998年的18.7平方米相比，在城镇常住人口增加4.86亿人的情况下，人均住房建筑面积增加了20平方米。其中，城市家庭人均居住面积为36.52平方米，这表明中国乡镇居民居住面积超过城市，考虑到我国城市化潜力还未完全释放，且人均居住面积还有较大提升空间，这将成为未来房地产行业发展的根本动力之一。

此外，地区之间的差异也很大，"七普"数据显示，2020年我国城市家庭平均每户住房面积是92.17平方米。其中，共有12个省份的户均居住面积超过了100平方米，此外有三个省份户均居住面积超过了110平方米；共有六个省市的户均居住面积低于80平方米，分别是广东、上海、黑龙江、北京、辽宁、吉林（见表7-1）。如果单纯从城市级别来看，2021年贝壳研究院发布的数据表明，一线城市套均面积约为95.6平方米，人均住房建筑面积约为31.9平方米（按每户三口计算）；新一线城市的套均面积约为106.3平方米，人均住房建筑面积约为35.4平方米；二线城市住房套均面积约为106.8平方米，人均住房面积约为35.6平方米。居住面积呈现"城大房小"的特征。

不同消费能级的城市之间存在明显的差距，一线城市居住面积偏低，大城市住房需求难以得到满足。

表 7-1　全国各地区家庭户均居住面积和人均住房建筑面积

单位：平方米

地区	户均居住面积	人均住房建筑面积	地区	户均居住面积	人均住房建筑面积
全国	92.17	36.52	河南	117.41	41.81
北京	77.64	33.41	湖北	109.00	41.18
天津	82.41	34.97	湖南	110.15	41.77
河北	100.77	38.08	广东	72.06	25.59
山西	93.75	36.61	广西	103.78	38.08
内蒙古	88.25	36.76	海南	90.19	32.03
辽宁	77.90	35.24	重庆	89.91	34.79
吉林	78.58	34.33	四川	93.19	37.01
黑龙江	76.97	35.49	贵州	100.03	36.26
上海	73.86	30.58	云南	100.68	41.08
江苏	107.65	40.75	西藏	107.26	51.33
浙江	88.37	36.96	陕西	95.90	39.72
安徽	98.88	37.70	甘肃	87.13	34.79
福建	93.93	35.86	青海	100.79	40.79
江西	115.46	39.36	宁夏	96.16	37.90
山东	103.07	37.68	新疆	91.07	36.07

数据来源：《第七次全国人口普查年鉴（2020 年）》。

2. 新建商品房占比提高

2020 年中国约有 14.59% 的居民通过租房解决居住需求，其中有 2.35% 的公租房 / 廉租房和 12.24% 的其他租赁住房。城市是租赁房的集中区域，高于全国和乡镇平均水平，2020 年在城市居民的住房来源中，租赁房占比超过 25.57%，其中 3.74% 为公租房 / 廉租房和 21.83% 为其他租赁住房，这与第六次全国人口普查（以下简称"六普"）数据的25.77%大体相等，说明租房比例在城市层面趋于平稳。尽管自建住房是占比最高的住房来源，但从全国来看，2010—2020年，自建房占比从62.31%下降到46.03%，且主要集中在农村和乡镇地区，2020年城市自建房比例仅为10.06%。在城市地区，购买各类住房已经成为主要的解决住房问题的渠道，其中城市新建商品房占比提高显著，由"六普"时的26.02%提高到"七普"时的34.36%，在城市住房来源中占比最高（见表7-2）。大量新建商品住房使得存量住房结构中高品质、低使用年限住房的比例提升。

表7-2 "六普"和"七普"对比：全国家庭按住房来源的构成

单位：%

地域	人口普查	租赁廉租房/公租房	租赁其他住房	购买新建商品房	购买二手房	购买原公有住房	购买经济适用房/两限房	自建住房	继承/赠予/其他
全国	七普	2.35	12.24	20.87	6.82	4.00	2.58	46.03	5.12
全国	六普	1.45	10.50	11.34	2.73	6.83	2.18	62.31	2.66
城市	七普	3.74	21.83	34.36	12.10	7.83	4.07	10.06	6.01
城市	六普	2.66	23.11	26.02	4.98	17.30	5.05	16.43	4.46
乡镇	七普	2.87	9.73	27.29	6.36	2.89	3.18	42.07	5.63
乡镇	六普	2.10	11.19	14.72	4.07	5.77	2.45	56.19	3.51

数据来源：《第六次全国人口普查年鉴（2010年）》和《第七次全国人口普查年鉴（2020年）》。

3.建筑工艺持续优化

2020年我国城镇居民居住在平房的家庭户数明显减少，居住在多层住宅的家庭户占比约为50%。2020年，城镇家庭户居住在七层以下的多层住宅占比最高，城市为57%，镇为61%；在城市中，居住在八层以上的家庭户居第二高位，占比达37%；在镇中，居住在平房中的家庭户居第二高位，占比为23.17%。

从结构变化增速来看，2020年与2010年相比，在城市中，平房占比下降幅度最大，由15.01%降至6.07%，下降了8.94%；多层住房占比有所下降，由59.78%减至56.98%，下降了2.8%；高层及超高层住房占比明显增加，由25.21%增至36.96%，提高了11.75%。在镇中，平房占比显著下降，由42.05%降至23.17%；多层住房占比有所增加，由53.23%增至60.96%；高层及超高层占比明显增加，由4.72%增至15.87%。

从建筑用材看，城镇住房中钢及钢筋混凝土结构住房占比大幅提高，与2010年相比，由41.28%增至71.71%，提高了30.43%；而其他结构住房占比均下降，混合结构住房占比由47.44%降至25.28%，下降了22.16%；砖木结构住房占比由10.28%降至2.75%，下降了7.53%；其他结构住房占比由0.59%降至0.26%，下降了0.33%。总体上，住宅安全性能提升。

4. 住房成套率明显提升

城市住房设施条件总体好于全国平均水平。2010—2020年城市有厨房的住房占比由91.80%增至96.94%，全国占比由84.66%增至96.48%；城市有管道自来水的住房占比由93.18%增至97.80%，全国占比由64.58%增至91.33%；城市有洗澡设施的住房占比由77.55%增至95.20%，全国占比由54.39%增至88.41%；城市有厕所的住房占比由89.08%增至98.22%（见表7-3）。此外，城乡间住房设施差距不断缩小。2010—2020年全国层面的住房设施改善幅度更大，意味着农村和乡镇的住宅设施水平得到了更大的提升，如镇的有厕所住房占比由72.47%增至96.55%，与城市的差距大幅缩小。

住房设施的改善也大幅提高了城镇居民的住房成套率。一般而言，同时拥有厨房和厕所的住房称为成套住房，2020年城镇家庭户居住成套住房的占比达到95.9%，相比2010年提高了大约20%。其中，城市住房成套率为96.1%，比2010年增加了15%；镇住房成套率为95.6%，相比2010年增加了大约30%。分省份看，2020年只有云南省和西藏自治区城镇家庭户居住成套住房的占比低于90%，非成套住房主要位于镇。由于无厨房或厕所的住房大多为老旧住宅，而2010—2020年实施了大规模的棚户区改造，对于住房成套率的提升起到了关键推动作用。

表7-3 "六普"和"七普"数据对比：家庭住房设施占比

单位：%

区域	人口普查	厨房	电	燃气	其他	管道自来水	洗澡设施	厕所
全国	七普	96.48	18.00	67.22	14.78	91.33	88.41	96.55
全国	六普	84.66	9.17	42.82	48.02	64.58	54.39	72.47
城市	七普	96.94	11.61	85.70	2.69	97.80	95.20	98.22
城市	六普	91.80	9.57	80.69	9.74	93.18	77.55	89.08

数据来源：《第六次全国人口普查年鉴（2010年）》和《第七次全国人口普查年鉴（2020年）》。

（二）住有宜居仍需持续提升住房品质

1. 大城市人均住房面积仍然较低

根据发达国家发展的历史经验，英国、法国、德国、日本和美国的城市化率在达到70%之前，住房建设量均呈迅速增长的态势，此后的城市化率和住房建设增长率便有所放缓。通过国际对比可以看出，2020年我国城镇人均住房套内使用面积为29平方米（在假设得房率为75%的情况下，人均使用面积＝人均住房建筑面积÷1.33），比2008年的英国还少2平方米。日、美、德、法等国的人均住房面积均高出我国城镇人均居住面积10平方米以上。我国一线城市（北上广）

的人均住房面积与日本关东大都市圈之间差 7.7~9.6 平方米,小于中国与日本两国层面的差距（10.4 平方米）,这表明在更低层级的城市,人均住房面积的国际差距更大（见表 7-4）。考虑到我国 2022 年的城镇化率为 65.22%,距离 70% 尚有空间,且当前人均住房面积仍与发达国家有不小的差距,因此我国的城镇住房需求仍有较大的空间。

表7-4 英、法、德、美、日、中人均住房面积比较

国家／地区	年份	人均住房面积（平方米）
日本	2013	39.4
关东大都市圈	2013	33.9
美国	2021	67
德国	2020	47.4
法国	2021	40
英国	2008	31.4
中国	2020	29
北京	2020	26.2
上海	2020	24.3
广州	2020	26.0

注：为了进行国际比较,我国城镇人均住房建筑面积需折算为实际面积。按照国家统计局的标准：住房使用面积 = 住房建筑面积 ÷ 1.33。

资料来源：日本经济数据集（2017）、Entranze、第七次全国人口普查数据。

2. 老旧小区住房短板明显

我国城镇存在大量建成年代较早、建设标准较低、基础设施老化、配套设施不完善、未建立长效管理机制等的老旧小区,依然存在环境脏乱差、物业服务缺失等问题。具体而言包括以下几点。一是燃气、供水、供热、排水、供电、通信等管线管道,整治楼栋内人行走道、排风烟道、通风井道、上下小道等存在的老化和安全隐患。二是适老化和适儿化设施、无障碍设施、安防、智能信包箱及快件箱、公共卫生、教育、文化休闲、体育健身、物业用房等配套设施匮乏,难

以满足需求。三是管理模式、管理规约、业主议事规则及物业服务等缺乏，有些老旧小区物业服务费收缴困难，管理混乱。

2019年以来住建部加快推进改造提升建成年代较早、失养失修失管、设施短板明显、居民改造意愿强烈的住宅小区（含单栋住宅楼），重点改造2000年底前建成需改造的城镇老旧小区。2023年，住建部等部委提出持续推进城镇老旧小区改造，精准补短板、强弱项，加快消除住房和小区安全隐患，全面提升城镇老旧小区和社区居住环境、设施条件和服务功能，推动建设安全健康、设施完善、管理有序的完整社区。将扎实抓好"楼道革命""环境革命""管理革命"这三个重点作为实施老旧小区住宅性能、小区配套和社区治理的重要抓手。

3. 新建住房综合品质不高

《住宅性能评定标准》（GB/T 50362—2022）于2023年2月1日起实施，该标准将住宅性能分为适用性能、环境性能、经济性能、安全性能、耐久性能五个方面，并进行综合评定。而在我国大规模房地产开发时期，房企注重快周转，以提高速度、开发规模为首要目标，压缩房屋设计、绿色建材、建筑施工等成本投入，且长期以毛坯房为主，精装交付比例低。限价政策实施也一定程度上加大房企对新建住房成本的控制。总体上，我国新建住房存在整体性能和综合品质不高、空间适应性差、卫生间漏水反味、房间隔音效果差、收纳空间不足和适老设施不全等问题，在五个维度上均有不足，也难以体现地方建筑特色。还有一些项目新建楼房交付后，存在外墙窗户漏雨渗水、户型结构不合理、配套不全等问题。新建住房的住户维权新闻常见于公开报道。

2023年1月，住建部提出要大力提高住房品质，为人民群众建设好房子，大力提升物业服务，让人民群众生活更方便、更舒心。而满足人民对更好居住环境的需求，房子本身的设计要体现户型、楼层、装修、采光、通风的优点，小区内外的配套服务要体现优质的环境、完善的配套设施、和谐互助的文化氛围等，以更好地满足人民对"好房子"和"宜居"的需求。

二、住房品质需求驱动房地产高质量发展

（一）人口结构变化推动改善性需求增加

伴随城镇化增速放缓，我国城镇化逐步进入城镇新增人口规模降低的阶段，这促使城镇人口规模结构发生了变化。现阶段，我国具有首次改善性需求的客户（30~40岁）基数已逐步超过首次置业的客户（20~30岁）基数，并且由于人口出生率的不断下降，在可以预见的未来，两者之间的差距会进一步加大。因而，改善性需求将成为当下与未来我国房地产行业发展的主要推动力（见图7-1）。

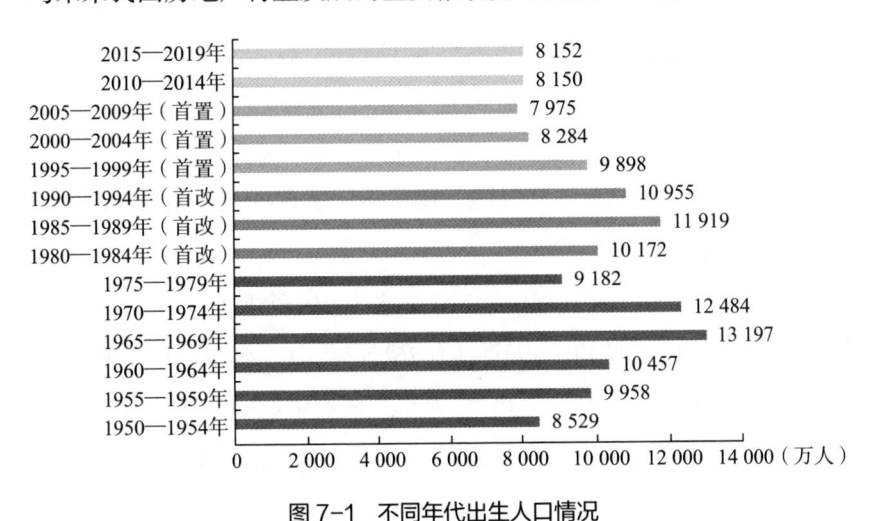

年代	出生人口（万人）
2015—2019年	8 152
2010—2014年	8 150
2005—2009年（首置）	7 975
2000—2004年（首置）	8 284
1995—1999年（首置）	9 898
1990—1994年（首改）	10 955
1985—1989年（首改）	11 919
1980—1984年（首改）	10 172
1975—1979年	9 182
1970—1974年	12 484
1965—1969年	13 197
1960—1964年	10 457
1955—1959年	9 958
1950—1954年	8 529

图7-1 不同年代出生人口情况

数据来源：历年《中国人口统计年鉴》。

2020—2022年，克而瑞全国重点监控112城成交数据显示，就成交套数而言，在一、二线城市，80~90平方米以下成交比例全面下降，100~140平方米成交比例增大，该现象在一线城市更为突出。此外，城市层级越低，更大面积段的户型交易占比就越高。就成交户型而言，各级城市中三、四房成交比例都出现了明显的上升，并且三房成交更加突出，其占比为50%~60%，两房成交比例出现了1.3%~8.0%的下降。

无论是人口年龄结构变化还是成交结构变化，城镇住房改善性需求都较为旺盛，在房地产供给和销售中的占比将会进一步提升。

（二）住房品质需求从房屋到社区内外延伸

住宅产品的建设标准不断提高，体现在从毛坯房到精装修住房，再到配有优质服务的绿色环保住房的升级过程。利用调查问卷的数据对住房品质的市场需求进行具体的分析。我们针对住房品质问题设计了调查问卷，分析消费者在住房消费领域需求的变化。问卷总计回收517份，通过分析发现：在居住品质改善方面，购房者会根据自身的收入水平、年龄结构、婚育情况做出不同的选择，并且注重居住区的生态环境、建筑环境和人文环境，需求从房屋自身向周边配套设施与社区邻里关系等外部延伸。

样本统计描述如下：①受访样本来自101个城市，主要来自二线城市和三、四线城市，占比约为76%，其中二线城市的占比约为40%，三、四线城市的占比约为36%；②从年龄段来看，受访样本以"90后"群体为主，占比总和约为51%，其次是"80后"，占比约为25%，而"70后"的占比约为24%；③从性别分布来看，受访样本的男女比例约为1.4∶1，男性受访者偏多，这可能与男性有着更强的购房需求相关；④从婚姻状况来看，受访样本以已婚群体为主，占比约为62%；⑤从收入情况来看，受访样本以中等收入群体为主。月收入在5 000元以下的受访者占比达到了41%，38%的受访者月收入在5 000~10 000元，月收入在10 000~20 000元的受访者占比为12%，而月收入在20 000元以上的受访者仅占9%。

1. 社区设施配套不足影响居住品质

从调查数据可知，私家车配套设施和社区自有配套不足这两项不满意的人群占比最高，分别为43.4%和29.4%。其中，私家车配套设施主要包括：停车不便、未实现人车分流、车库品质不高等；而社区自有配套主要包括：社区商业、儿童和老年活动空间等。此外，分别有17.5%、15.8%和7.7%的人群认为存在社区活动空间不足、公共区域与绿化品质不高、物业管理水平不高等问题。而购房者对房屋本身还较为满意，仅有5.3%和4.6%的人群认为精装修和户型设计方面存在不足。结果表明，当前居住体验提升的重点还在于小区的内部环境和配套设施。

2. 改善品质是换房的首要考虑因素

随着住房刚需问题得到缓解，改善性购房消费在房屋交易市场的比例不断提高。在计划换房的受访者中，约41.8%的受访者是为了居住品质的改善，有2.3%和4.8%的受访者是为了休闲度假和给自己养老，均可以看作改善居住品质的需求。约15.1%和14.4%的受访者是为子女购房和解决子女教育问题，用于投资的占比为10.4%，返乡置业和为父母购房的占比分别为0.1%和2.2%，其他换房理由的占比为2%。品质改善成为人们换房的最主要原因，占比接近50%。

换房需求明显受到代际、收入和城市等级的影响。在已购房人群中，约 45.7% 的受访者表示未来有换房打算，而有换房意向的受访者主要是为了子女教育和改善居住环境。调查中，"90后"的换房需求最强烈，约 57.4% 的受访"90后"计划未来换房，"80后"的这一比例约为 38.5%。"90后"人口基数大，且已经到了首次改善住房的年龄，相较于其他代际，"90后"对自身未来的发展显得更有信心，同时考虑到生育和抚养后代的需求，"90后"的换房需求是最旺盛的。"80后"的换房意愿则主要是满足子女教育和父母养老。不同收入家庭的换房需求存在明显差异，月收入在 5 000 元以下的家庭有约 44.2% 有换房意愿，月收入在 5 000~20 000 元的家族换房意愿约为 42%，而月收入在 20 000 元以上的家庭在未来有换房意愿的占比则大幅提升，占到了约 62%。月收入超过 20 000 元的家庭是改善性需求最旺盛的群体。

3. 住房品质追求健康、享受、安全和个性

受访者在改善性住房上愿意为四个方面买单。第一，为健康买单，大部分受访者愿意支付更多成本以得到健康舒适的居住环境，其中，健康舒适的社区景观环境、绿色健康环保的选材和环境是受访者最为看重的，其占比分别高达 61.7%、37.7%，另外还有 25.0% 的受访者希望能充分考虑老人需求的空间设计。第二，为享受买单，受访者对于产品的需求已开始从"占有"升级到"享受"，受访者愿意为提高生活舒适及享受功能多付钱，受访者消费在升级，例如，超过 25% 的受访者期待高品质、人性化的地下车库，场景化的阳台设计，大面宽的横厅户型等，另有超过 20% 的受访者期待功能齐全且先进的精装修配置，高品质的大堂及电梯间，这些体现了人们对居住享受的追求。第三，为安全买单，新冠疫情让人们深刻认识到了社区安全的重要性，在调查中，分别有 25.3% 和 24.2% 的受访者希望能够拥有

保证私密性和舒适度的套房式主卧以及安装社区无接触通行系统。第四，为个性买单，许多"85后""90后"受访者成长于家庭经济条件较好的时代，社会文化也更开放多元，因此他们也更有个性，在消费上更有主见和个性化偏好。例如，有17.7%的受访者青睐开放便捷的厨房空间，实现与餐厅互动，还有4.4%的受访者希望能充分考虑宠物需求的空间设计（见图7-2）。因此，开发商在产品上若能提供一些个性化的选择空间，则更能获得他们的认同。

项目	百分比(%)
充分考虑宠物需求的空间设计	4.4
开放便捷的厨房空间，实现与餐厅互动	17.7
高品质的大堂及电梯间	21.9
功能齐全且先进的精装修配置（如中央空调、地暖、新风等）	22.8
社区无接触通行系统（使用人脸识别自动启闭门技术）	24.2
充分考虑老人需求的空间设计	25.0
保证私密性和舒适度的套房式主卧	25.3
大面宽的横厅户型	27.6
场景化的阳台设计	29.6
高品质、人性化的地下车库	30.8
绿色健康环保的选材和环境	37.7
健康舒适的社区景观环境	61.7

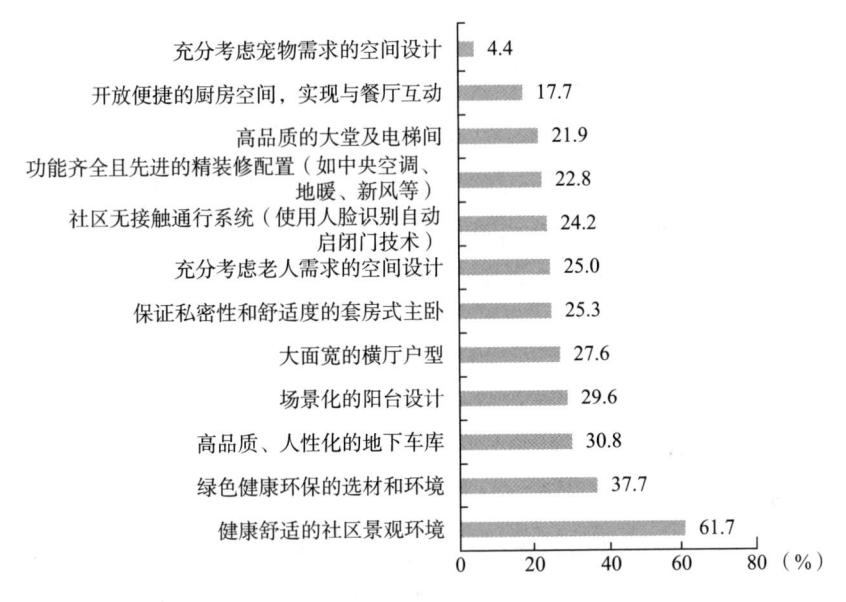

图7-2 受访者最需要的社区内部居住品质提升项目

4. 社区环境注重文化需求与生活便捷

在居住消费升级趋势下，居住品质已不仅限于房屋质量、装修设计和小区环境等小范围，开始向周边配套设施方向延伸。调查通过微观视角对各类构成居住空间场所的服务配套进行了分析，以调查租房者对购物、医疗、教育、休闲、健身、养老、文化和交通等配套设施的需求。受访者认为其最需要的服务配套包括生鲜超市（47.56%）、轨道交通（45.60%）、绿肺公园（35.50%）和商业中心（34.53%），表明人们越来越在意生活的便捷性和舒适性，其中购物、交通和休闲最受关注。

除了上述基础设施，休闲娱乐配套设施需求也在不断上涨，电影院、书店等满足群众精神文化需求的设施开始大受追捧。在受访者认为需要提升的休闲娱乐配套方面，52.44%的受访者选择了电影院，选择书店的受访者也超过半数（51.79%）。此外，选择体育馆的受访者约为40.07%，这体现出消费者对健康的追求。不同年龄段、不同收入水平群体偏爱的娱乐休闲活动不同，对配套设施的选择也不同。其中，"90后"更偏向电影院，而"70后""80后"则更想要书店和体育馆。对于收入偏低的人群来说，他们更偏向电影院和书店，而收入较高的群体则偏向体育馆和茶馆/咖啡馆。

社区作为群体生活的场所，生活服务类社区配套必然会成为住户的重要考量因素。最受欢迎的是生活服务类配套，分别包括理发店（56.06%）、药店（46.58%）、加油站/充电桩（35.83%）、蛋糕店（34.85%）。此外随着生活水平的提高，一些新兴的需求也值得人们关注，具体到生活服务设施配套方面，约有18.57%的受访者选择了鲜花店，约9.77%的受访者选择了宠物医院（见图7-3）。

综上，在社区周边配套方面，人们更加关注精神文化需求与生活便捷性。房企可以通过分析住户群体的特征，提供相应的硬件设施和营商环境，这也是房企轻资产化运营的盈利点之一。

三、住房品质的绿色、装配和智慧变革

绿色住宅、装配式住宅和智慧住宅的概念及实践已开始推广应用。住房品质远不止绿色、装配和智慧这三方面，但在"双碳"目标和数

字赋能时代，这些方面的住房品质还有很大的提升空间。

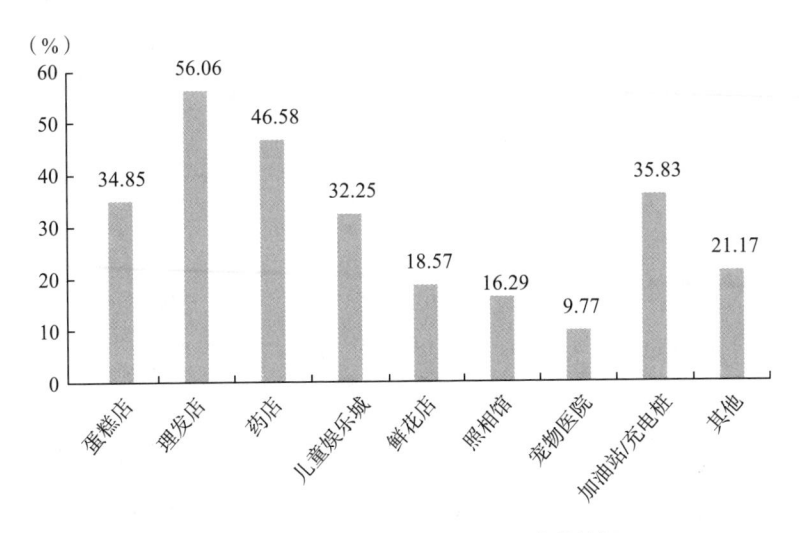

图7-3 受访者对生活服务类社区配套的偏好

类别	比例(%)
蛋糕店	34.85
理发店	56.06
药店	46.58
儿童娱乐城	32.25
鲜花店	18.57
照相馆	16.29
宠物医院	9.77
加油站/充电桩	35.83
其他	21.17

（一）绿色住宅：人与自然和谐共处新模式

1. 绿色住宅聚焦低碳和环保

绿色住宅是一种实现人与自然和谐共处的，对资源进行高效利用的，使住宅能源能够可持续利用的，打造循环的无废无污的新模式住宅系统。例如，20世纪90年代德国兴起的被动式住宅就属于绿色住宅的范畴。这类住宅使用超厚的绝热材料和复杂的门窗，主要通过住宅本身的构造做法达到高效的保温隔热性能，并利用太阳能和家电设备的散热为居室提供热源，减少或不使用主动供应的能源，即使需要提供其他能源，也尽量采用清洁的可再生能源。

随着"双碳"目标的提出，国家层面对绿色住宅越发重视，2021年10月《"十四五"全国清洁生产推行方案》提出，2025年城镇新建建筑全面达到绿色建筑标准。2022年初，国家发改委等部门印发《促进绿色消费实施方案》，提出推动绿色建筑、低碳建筑规模化发展，将节能环保要求纳入老旧小区改造。这是针对绿色建筑的又一份重要文件。

2022年7月，住建部和国家发改委印发《城乡建设领域碳达峰实施方案》，鼓励物业服务企业向业主提供多种生活服务，在步行范围内满足业主基本生活需求。同时明确要求建设绿色低碳住宅。提升住宅品质，积极发展中小户型普通住宅，限制发展超大户型住宅。依据当地气候条件，合理确定住宅朝向、窗墙比和体形系数，降低住宅能耗。合理布局居住生活空间，充分利用日照和自然通风。推行灵活可变的居住空间设计，减少改造或拆除造成的资源浪费。推动新建住宅全装修交付使用，减少资源消耗和环境污染。积极推广装配化装修，推行整体卫浴和厨房等模块化部品应用技术，实现部品部件可拆改、可循环使用。提高共用设施设备维修养护水平，提升智能化程度。加强对住宅共用部位的维护管理，延长住宅使用寿命。为落实国家政策和标准，各地住建部门已相继出台相关政策，推动绿色建筑高质量发展（见表7-5）。

表7-5 部分城市城镇新建建筑面积以及绿色建筑面积占比要求

发布时间	省市	具体内容
2022.01	重庆	力争城镇绿色建筑面积占新建建筑面积比重从2020年的57.24%提升到100%；全市新建筑中绿色建材应用比例将超过70%
2022.01	济南	推动绿色建筑的高质量发展
2022.01	深圳	新建公共住房全面实施装配式建筑100%按照绿色建筑标准设计、建设。全市装配式建筑占新建建筑面积比例达30%以上
2021.12	江苏	全省新建超低能耗建筑面积将达到500万平方米，装配式建筑占同期新开工建筑面积比例达到50%
2021.12	青岛	到2025年，城镇新建建筑现行节能设计标准执行率为100%；力争走在全国建筑节能领域前列，2030年前实现建筑领域碳达峰
2021.12	北京	到2025年，新建居住建筑力争达到绿色建筑二星级及以上标准

续表

发布时间	省市	具体内容
2021.12	安徽	到 2025 年，星级绿色建筑建设比例达到 30% 以上
2021.12	成都	2022 年城镇新建建筑中绿色建筑面积占比不低于 70%
2021.12	河北	到 2025 年，城镇绿色建筑占新建建筑面积比例达到 100%，装配式建筑占新建建筑面积比例达到 30% 以上

资料来源：各地住建部门。

2. 绿色住宅有着广阔的发展前景

（1）创新绿色住宅节能技术

中国住房的房屋热损失较大，与发达国家相比处于劣势。可以从以下三个方面改善：首先是在绿色住宅的节能供暖上，如果能够对暖气供应的情况进行精细的分配，那么不仅能够提高供暖效率，还可以节约能源；其次是新能源的利用，可以开发利用太阳能、风能和地热等可再生自然能源，并将光电产品融入绿色住宅当中，如光电屋面板等；最后是推进智能光伏产业发展，我国的光伏发电量一直稳居世界首位，推动将太阳能光伏产品与互联网、大数据、人工智能等融合在绿色住宅中，将科技用于日常，能够推动绿色住宅发展进程。

（2）推广使用绿色建材

绿色建材是指采用节能生产技术、少用化石能源、大量使用城市和工业固态废物生产的无毒害、无污染、无放射性、有利于环境保护和人体健康的建筑材料，其具有调温、隔热、防火、消磁、消声、调光、抗静电的性能，并具有调节人体机能的特种新型功能建筑材料，它是绿色住宅的重要基础。例如，我国的水泥制造已经通过不断的改革，大幅降低了对环境的污染，生产能源也已逐步被新能源所取代。近年来我国对家具板材的甲醛标准多次提升，ENF（我国制定的人造板甲醛释放分级标准）级板材的甲醛含量比目前最严格的 CARB-NAF（美国加州空气资源委员会针对加州的无醛豁免认证）甲醛规定值还低了一半。

（3）绿色改造存量建筑

住建部 2021 年 10 月 25 日发布的《关于推动城乡建设绿色发展的意见》指出，要推进既有建筑绿色化改造，提升建筑节能低碳水平。目前，中国已经进入了城镇化的中后期，新增建设用地日趋稀缺。对于地产行业来说，不仅要注重新增建筑的绿色节能水平，还要注重存量建筑的绿色改造。将绿色住宅建筑基本要求纳入工程建设强制规范，以此提高绿色环保水平。同时可以结合清洁取暖、老旧小区改造和海绵城市建设等工作成果，推动既有居住建筑节能节水改造。

（4）**推动绿色住宅建筑产业链可持续发展**

绿色住宅概念并不局限于单纯的房屋建造，而是融入了整个产业链，未来绿色住宅中的"绿色"将在各个环节得以体现。首先是从源头上实现减排，例如选用高性能、耐腐性强的材料以延长绿色住宅的使用寿命，降低住宅的维护与翻新成本。其次是在设计、生产、施工等各个建造阶段建立统筹机制、形成行业标准，通过标准化和模块化原则对住宅的空间、构件和部品进行深化设计。加强施工方与生产方的沟通交流，减少生产中的错误，提高房屋构建适配性，提高房屋的标准化，减少返工导致的材料浪费。同时创新施工方法，制定合理安全的施工安装工序，减少现场支模和脚手架搭建；加强施工设备的规范化管理，减少其使用过程中的资源消耗等。最后是在管理过程中，提高流程精度，重视装配式住宅建筑发展，充分发挥模块化的构建、工厂化的生产和标准化的装配等优势，有利于降低材料浪费，减少施工步骤和耗时。

3. 推动绿色品牌建设并提高普及率

截至 2020 年，我国累计绿色建筑面积达到了 66.45 亿平方米。但绿色建筑在发展过程中，存在技术要求落实不充分、地域发展不平衡、市场推动机制不完善等问题。影响绿色建筑发展的一个很重要的原因就是绿色建筑成本高昂。绿色住宅要使用全新的技术与材料，因而提高了建筑成本，使得开发商不能获得足够的利益，为了快速回款、缩短开发周期，许多开发商便不再涉足该领域。且由于研发费用短缺、领域专业人才缺失和高昂的建造材料费用，导致企业缺乏研发的动力。目前，我国绿色住宅的发展还在起步阶段，尚未形成统筹规划和有效的激励措施。同时由于没有对高污染住宅进行强有力的监管，导致市场的积极性不高，影响了绿色住宅在我国的发展。

房地产开发作为建筑全过程中的重要一环，房企的取向直接影响着上下游对"双碳"目标的践行程度。在建设前期，房企可通过比选绿色建筑方案降低建筑施工及运行阶段的碳排放；在建筑施工阶段和建筑材料生产阶段，可通过采用绿色装配式建筑及认证标识建材，引导上游进行绿色创新，从而减少建材生产阶段的碳排放；在建筑运行阶段，在建筑节能保温方面提高能源使用效率可以减少建筑运行阶段的碳排放（见图 7-4）。房企也可在碳中和道路上建立新的双循环价值链。此外，节省下来的碳排放增加了企业的品牌价值，从而使企业能够更方便地融资[1]，而融来的资金可以用来继续研发环保材料和绿色建筑工艺，从而进一步提升品牌价值，实现绿色的良性循环（见图 7-5）。

---

[1] 2021 年 10 月，中共中央、国务院印发的《关于完整准确全面贯彻新发展理念做好碳达峰碳中和工作的意见》提出为确保如期实现碳达峰、碳中和，政府将积极完善投资政策、积极发展绿色金融。落实到房企，目前的绿色融资渠道主要包括绿色贷款和绿色债券两类，上述政策为绿色住宅提供了良好的融资环境。

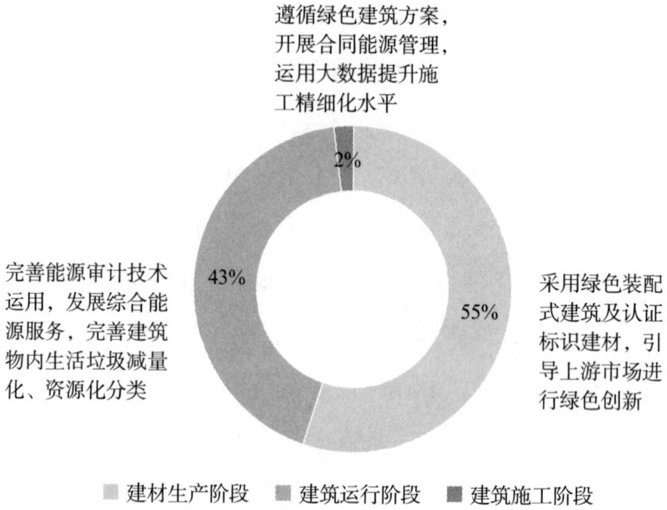

图 7-4　2018 年建筑各阶段碳排放比例及房企减排措施

资料来源:《中国建筑能耗研究报告(2020)》,平安证券研究所。

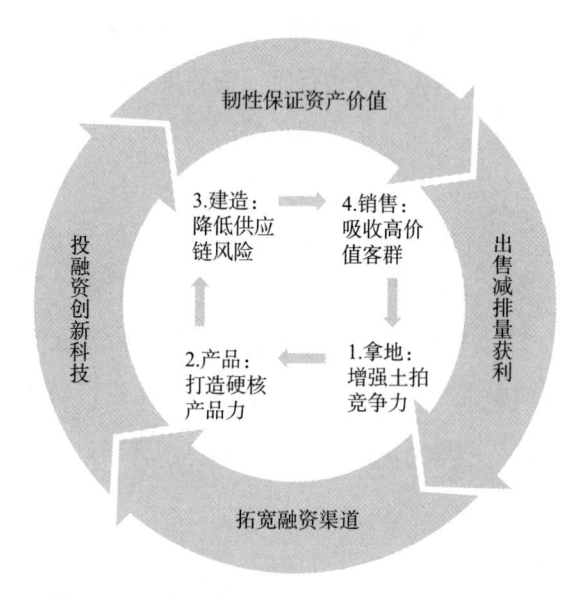

图 7-5　碳中和将助力房企建立新的双循环价值链

资料来源:2021 中国房地产行业碳达峰发展高峰论坛。

高增长之后:房地产行业变局与可持续发展 / 280

（二）装配式住宅：标准化生产更加高效与环保

1. 装配式住宅在我国逐渐普及

除了对绿色环保的关注，日渐成熟的新建造技术也引起了更多关注，装配式住宅是其中的典型代表。装配式住宅简单来说便是组装，房屋部件在工厂中已生产好，在施工现场只需完成组装即可。装配式住宅以标准化的设计、工厂化的生产、装配化的施工、一体化的装修和信息化的管理为特征，将房屋建造过程团块化，是实现建筑产品节能、环保、全周期价值最大化的可持续发展的新型建筑生产方式。

装配式技术在我国已经得到了广泛运用，2016—2021年，新开工的装配式建筑面积上涨了6.5倍。但和发达国家70%以上的装配式住宅占比相比，我国仍有较大差距，仅上海市新开工建筑中的装配式建筑占比较高，其余地区均滞后（见表7-6）。面对明显差距，我国政府积极推进装配式住宅建设，近两年来国家层面出台了不少对装配式建筑的支持文件（见表7-7）。2022年2月24日，住建部进一步表示，要大力发展装配式建筑，培育一批装配式建筑生产基地，力争到2025年新建装配式建筑占比达到三成以上。

表7-6 各国/地区装配式建筑渗透率

国家/地区	装配式建筑渗透率（%）	国家/地区	装配式建筑渗透率（%）
美国	90	中国	38.5
日本	90	上海	92
法国	85	北京	40
丹麦	80	天津	30
瑞典	80	江苏	30
新加坡	70	浙江	30

注：中国省级数据为2020年新开工建筑占比。

表7-7 支持装配式建筑的相关政策汇总

发布单位/时间	文件名称	相关内容
中共中央、国务院/2022年	《关于推进以县城为重要载体的城镇化建设的意见》	推进生产生活低碳化，大力发展绿色建筑，推广装配式建筑、节能门窗、绿色建材、绿色照明，全面推行绿色施工
国务院/2022年	《关于进一步释放消费潜力促进消费持续恢复的意见》	大力发展绿色消费，推动绿色建筑规模化发展，大力发展装配式建筑，积极推广绿色建材，加快建筑节能改造
中共中央、国务院/2021年	《关于完整准确全面贯彻新发展理念做好碳达峰碳中和工作的意见》	在城乡规划建设管理各环节全面落实绿色低碳要求。实施工程建设全过程绿色建造，健全建筑拆除管理制度，杜绝大拆大建
	《关于印发2030年前碳达峰行动方案的通知》	推广绿色低碳建材和绿色建造方式，加快推进新型建筑工业化，大力发展装配式建筑。推广钢结构住宅，推动建材循环利用，强化绿色设计和绿色施工管理。加强县城绿色低碳建设
中办、国办/2021年	《关于推动城乡建设绿色发展的意见》	大力发展装配式建筑，重点推动钢结构装配式住宅建设，不断提升构件标准化水平，推动形成完整产业链，推动智能建造和建筑工业化协同发展
住建部/2021年、2022年	《装配式内装修技术标准》	标准适用于新建建筑装配式内装修的设计、生产运输、施工安装、质量验收及使用维护，主要技术内容包括总则、术语、基本规定、设计、生产运输、施工安装、质量验收、使用维护
	《装配式住宅设计选型标准》	为国内首部装配式住宅部品部件标准化设计选型标准，主要从正向的系统集成设计角度出发，解决标准化部品部件与前端设计衔接的相关问题，通过阐述如何通过标准化的部品部件进行结构、外围护、内装、设备与管线四大系统的集成设计，有效地将建筑设计与部品部件选用相结合
国家发改委/2021年	《全国特色小镇规范健康发展导则》	大力发展绿色建筑，推广装配式建筑、节能门窗和绿色建材，推进绿色施工

资料来源：作者根据公开资料整理。

2.装配式住宅具有多方面优势

装配式住宅施工效率更高。因为在对装配式住宅进行现场施工前,房屋部件早已在工厂中生产好,在施工现场只需组装。极大地减少了施工步骤,降低了施工难度,加快了施工速度。

装配式住宅的建筑质量更具保障性。装配式住宅中采用的部件在工厂进行预制生产,生产过程中有着严格的质量监管和详细的行业标准。机械流水的生产方式也使得部件更具标准化,装配式部件在出现问题后可以及时更换补救,这是传统建造方式难以做到的。

装配式建筑施工更安全。传统的建筑施工通常只能在露天环境下作业,工地错杂的建材和设备使施工人员承担着巨大的安全风险。而装配式住宅建筑的构件经过生产厂家提前生产并预配好后,运往施工现场,施工人员只需根据操作要求进行施工即可完成安装。在水上和地下作业时,装配式构件组装速度更快,安全风险也最低。

装配式住宅更加环保且成本更低。装配式住宅部件由于在工厂流水线中进行生产,因此建筑材料利用率高,浪费少。同时,随着装配过程中流程的减少,极大地节约了人工费用。

装配式住宅建造更精准。装配式住宅生产采用 BIM(建筑信息模型)技术,提高了建造精度。在装配式建筑设计过程中,采用 BIM 的三维可视技术能够结合仿真技术以及可视化技术、反映不同构件的空间关系、分析不同格式的三维设计模型进而实现碰撞检查,从而尽可能地减少建造设计问题,提高了建造精确度和安全性。

3.装配式住宅应用场景不断拓展

(1)室内装修

装配式室内装修是将工厂生产的部品部件在现场进行组合安装的装修方式,具有标准化设计、工业化生产、装配化施工和信息化协调四大特征。目前主要应用于墙面、地面、管线等方面（见表7-8）。

表7-8 室内装修的装配式施工种类

施工种类	相关介绍
墙面装配式施工	通常情况下，装配式住宅的墙面施工采用的是玻璃隔板、成品门窗等一系列绿色环保、大气美观的建筑材料，经过装配式构件的重组，进行标准化的装配式施工，施工过程脱离恶劣的环境，从而有效缩短了房屋的施工时间，极大地节省了施工成本。例如：在施工时，即使遇到潮湿阴雨天气，也可以随时进行施工，只需拼装墙面构造，而且墙面还具有防潮、易擦洗、无惧涂鸦且寿命更长等特性，从而克服了传统墙面的弊端
地面装配式施工	地面装配式施工一般采用两种方法：一是地板铺贴式施工，它采用的是自流平方式进行地面的找平，最开始铺装防潮垫，再将地板正常铺贴就能完成施工；二是构件类铺贴式施工，主要使用地脚、龙骨、饰面等进行组装，注重整体的协调。干法施工是地面装配式施工的常用技术，与传统的湿法施工不同的是其环保性好、更加节能高效
管线装配式施工	管线埋设环节在住宅装修中极为重要，管线的埋设不仅需要综合考虑到其合理性、便捷性，更重要的是安全性。在进行管线装配式施工时，主要采用以下三种方式：第一，运用标准化预制构件生产技术，通过对电气配管进行标准化、模块化的设计，使得设计可以优化电气配管组成，将电气配管集成到预埋的预制混凝土墙体（PC构件）中，进而提升配管安装的科学性；第二，实施电气配管与建筑结构体系相分离的方法，通过建筑墙体与内装饰墙面之间的缝隙，在缝隙中铺设配管，从而节省了施工工序，提高了施工效率，同时降低了装饰的配合度要求；第三，运用双层楼板技术，主要受力体系是预制密肋板的楼板结构，利用上下板之间的空腔结构来安装电气配管，采用该种管线装配式施工方便管线后期的检修，避免了在维修过程中对墙体的破坏，同时也减少了装修垃圾

（2）保障性住房建设

在保障房项目中装配式技术也得到了有效运用，这主要是因为装配式技术符合保障性住房的建造特性。首先是建筑工期要求，保障性住房要求高速建造，装配式技术的重要优势就是工期短；其次是质量要求，传统建筑方式在追求建筑速度的同时，往往会面临开裂、渗漏等质量问题,而装配式技术使用的构件是多功能集成一体化制作,在施工现场只需组装,不会出现因工期短而造成的质量缺陷;再次是在成本方面,保障性住房一般以安置为目的,不会投入过多的资金,装配式技术在初期可能因为设备要求、设计支出导致费用较高,但考虑到保障性住房往往数量较多以及不断增长的设备周转率和未来设计费用的降低,装配式技术仍是保障性住房建造的首要选择;最后是在户型规划方面,保障性住房具有固定的户型和建筑面积,装配式住宅本身结构形式统一化,无疑契合了保障性住房的特点。

(3)乡村振兴

农村大力推广装配式保温与结构一体化建造技术,能够有效降低能耗并增加房屋抗灾性能,从而有利于提高农村居民的生活质量。此外,装配式技术在推进已有农房的加固与节能改造方面也有其优势;在农业生产方面,装配式日光温室同样能够助力绿色种植产业的发展。

(三)智慧住宅:让生活更加便捷舒适

绿色住宅和装配式住宅强调了对环境的保护和建房效率的提升,而智慧住宅则通过将现代信息技术融入居住生活,提升便捷、舒适的生活体验并提高人们的生活水平。

1. 互联网、数字化的驱动

5G、物联网和人工智能等技术的发展为智慧住宅的出现和升级不断提供技术和物质支撑,同时智慧住宅又是这些高科技与人们生活融合发展的载体和落脚点。无论是新房、二手房,还是租赁、旅居,抑或装修、家居，不同居住行业的用户需求在相当程度上都能通过大数据、VR（虚拟现实）、智能家居等数字化手段得到满足，消费者品质居住需求的提升以及行业与互联网的深度融合，使得住房的价值进一步得到凸显。在"智慧+"的产业融合趋势下，互联网大数据等新兴技术的发展为房地产赋能，成为房企打造居住产品差异化，增强自身竞争力的有效手段。

2. 生活更加舒适、便捷与安全

智慧住宅最重要的特征是智慧化。以控制智能化为例，智能开关开始取代传统开关，各种灯具和家中的灯光被智能开关连接控制，跟随指令创造出灯光气氛和进行灯光开关。同时，电动窗帘、电视等家具也能集中在手机上一键控制。温度与环境的智能改变，经过对室内的温湿度和空气质量的检测结果，可以对空调、地暖进行调控。智能系统会依据自身环境检测数据和住户调整给出的参数，智能化地将环境调整到最舒适的状态。智慧化不仅表现在家居的智能化上，还表现在以下几个方面。第一，可视化。它可以将控制选项和结果直观地展现给用户，如智能安防，用户通过可视对讲能够实时、清晰地观察来访者，与来访者进行交谈，远程开门，再也不用担心访客的到来。配备的报警系统可以在警报器响起时，第一时间自动向小区物业发送报警信息，进行警示，同时智能系统会将报警信息发送给业主，保障住宅安全。第二，人性化。智慧住宅从设计到使用，充分考虑了人的健康与感受，操作简单，适用于各年龄段用户。第三，集成化。将众多功能集中于一个系统，一次性满足用户各类需求。智慧住宅的功能都是为了提高住户的生活品质，其中的智慧家居可以接收住户的远程控制指令，实现自主运行。如在回家之前就启动空调，回家可以直接享受凉爽。住宅内的家居设备互联互通形成系统，实现绿色高效的生活。

3. 加大智慧功能的推广应用

智慧住宅在德国发展迅猛，这与德国政府的大力推广息息相关。德国政府帮助居民在住宅内安装房门电子锁、楼房可视对讲机，并且加装房屋、门窗防盗窃系统，还用网络连接起住户与住宅，实现对住宅的远程控制。如电磁炉自动熄火功能、电熨斗自动断电功能等实用的消防功能，政府要求居民家中的火灾报警器与消防部门连接，避免出现居家老年人因听觉障碍等而导致消防救灾延误，保障居民生命财产安全。

德国在智能家居行业走在了世界前列。如用房卡或手机感应来取代过去的用钥匙开门，更加方便；智能拐杖成为老年人外出的好助手；通过手机即可对家中的窗帘进行远程遥控；通过无线网，家中的所有电器被连接起来，通过主人的声音控制人工智能，智能化控制音乐播放器音量大小或电灯开关等。当前远程医疗也已经近在咫尺，与医生进行视频问诊便可轻松地实现居家看病。借鉴国外智能化推广经验，中国需要以多样化的需求为导向、技术为支撑，推动智能化走进千家万户。

四、物业管理服务构筑住房品质软实力

好房子离不开好服务。物业管理直接影响着居住者的生活品质，在房屋质量和周边社区配套之外，物业服务很大程度上决定了一个小区的居住体验、社群融入和房屋价值。

（一）物业管理模式分类及其特征

我国的物业管理由 1981 年发展至今，整个行业从无到有、从小到大、从弱到强在不断地探索和创新。由于地区经济发展差异导致我

国各地实施的物业管理模式存在一定差别，但从全国范围看，我国物业管理主要分为五大模式：开发商自管模式、物业公司管理模式、业主自管模式、包干制合作管理模式和薪酬制合作管理模式。其中，包干制合作管理模式和薪酬制合作管理模式又被称为合作管理模式。

1. 开发商自管模式

开发商自管模式是指开发商派出管理部门或申请成立物业管理公司作为小区物业管理中唯一的决策与实施主体，对小区物业进行管理。开发商自管模式是在政府推动房屋管理体制去行政化的过程中出现的。这个模式下，由于权责明晰程度低且业主无法参与社区事务的管理与决策，因此当各方产生矛盾冲突时，业主的权益难以得到保障。随着物业管理市场的发展及行业规章制度的完善，开发商自管模式基本只会在管理初期实行。

2. 物业公司管理模式

物业公司管理模式是在政府建管分离政策的推动下，开发商通过前期物业管理招标并选聘具有独立法人资格的物业管理企业为社区业主提供服务的模式。这个模式使房地产物业管理与决策的主体由开发商变为专业的物业公司。该模式明确了物业公司在物业管理中的主导地位，提高了社区物业管理中的权责明晰程度，但业主仍然没有真正参与到社区物业管理中，只能被动地接受物业公司的服务，往往会导致出现大量物业管理纠纷。

3. 业主自管模式

业主自管模式又叫业主自治模式，是一种业主作为物业的所有权人自主选择物业管理的方式。在这种模式下，业主既是决策主体也是实施主体，既可以聘请专业的物业管理机构，也可以自行承担具体的管理责任。但实际上由于我国小区规模普遍较大，且业主并非专业管理人员，所以在我国完全实施业主自管模式的小区很少。

4. 包干制合作管理模式

包干制合作管理模式是指成立业主委员会，由业主委员会聘请物业管理公司，业主向物业公司支付固定的费用，但不参与具体的物业管理活动。资金的使用、费用的盈亏都由公司自行承担。这种模式执行简单，且节省的开支会成为物业公司的利润，因此在一定程度上能够刺激物业公司进行管理方式的创新，以达到节约成本的目的。但由于业主无法真正监督公司的收支，为了获得利润，物业公司容易出现敷衍了事、拖延进度和成本导向等行为。

5. 薪酬制合作管理模式

薪酬制合作管理模式指的是业主缴纳的物业管理费除了支付给物业管理公司的酬金，其余的全部费用都用于物业管理支出，如果有剩余的物业管理费就归业主所有，如有不足的部分则由业主继续缴纳管理费来补足的模式。在这个模式下，业主委员会对物业管理资金拥有决策权和管理权，有力地保障了业主的合法权益。但由于薪酬制合作管理模式不仅需要一个可以有效运作的业主委员会，还需要业主委员会的成员具备一定的能力，目前我国的城市社区较难满足其实施要求，因此实际上在我国实施薪酬制的小区很少。

（二）物业变革方向：数字化、智能化、精细化、多元化

虽然当前物业管理水平已有了大幅提升，但仍有不少地方需要改

进，如专业化物业覆盖率不够（占比不到50%），老旧小区物业费收取困难、管理混乱、缺乏人文关怀，物业管理人员缺乏必要的培训和资格认证等。随着数字化经济与信息技术的发展，以及人们对物业服务要求的提升，目前正在以数字化、智能化、精细化和多元化推进物业服务管理变革。从物业管理的微创新案例看，这些方向在许多地区已经得到应用和推广（见表7-9）。

表7-9 物业管理微创新类型

类型	形式	案例	方向
服务微创新	从客户的角度出发，通过工作方法、服务流程、服务形式、服务呈现等实现改进和创新	与客户的沟通方式，服务细节和专业性的提升，小区环境的美化、景观小品的打造，服务的智慧化。较高成本的智能系统、社区App，较低成本的废物利用，利用树叶、轮胎、PVC（聚氯乙烯）管道制作一些便捷的工具，进行场景的布置	数字化、智能化、精细化
技术微创新	在日常的管理和服务过程中技术层面的小改良、小创新，或是已有技术在不同层面的应用，能够提升管理质效，增加服务产品的功能、便捷性等	分为"改良"和"替换"两种，"改良"是在原实物中操作，增加配件或者改造结构，从而达到性能的优化；"替换"是寻找一种新的替代品来解决问题，符合节能、增效、提质的性质，体现在设施设备管理的改良优化，如改造二次供水设备、电梯、空调、门禁设备，管控公区能耗，调整地下室照明系统，设备房管理标准化等	数字化、智能化
模式微创新	通过创新企业经营管理模式，或在原有模式的基础上进行优化和升级	管理模式、架构体系的升级。有社区治理模式，如红色党建文化建设、社区文化建设；物业管理人才培养模式，如物业管理专业应届生的打造和培养、社招人员的培训以及专项临时人员的培训等	精细化、多元化

资料来源：中国物业管理协会2022。

1. 数字化：物业变革的基础工程

数字化为物业管理企业带来了新的变革。政府对于数字经济和新基建的大力支持，也推动着物业管理技术的升级迭代，并驱动着行业龙头企业持续加大对物业数字化的投入力度。

首先，物业管理数字化推动物业管理公司业务管理变革，提升物业管理服务的品质。物业企业可以将客户需求作为标准，以客户满意度为导向，将数字化融入各个服务场景中。公司通过应用数字化技术可以提高服务的运转效率和服务品质，实现管理透明化、业务标准化和流程规范化，并且精准地控制经营风险。

其次，数字化推动企业内控管理变革，提升企业的运营效率。通过建立实时交流、信息透明和知识共享的协同工作模式，不仅可以满足业主的共同需求，也可以为管理层提供决策判断的参考，进一步帮助企业降低管理成本。企业通过应用数字化技术，可以实现管理运营数字化，降低各环节的成本，从而提升运营效率。

再次，数字化可以帮助企业拓展市场，构建企业核心竞争力。一方面，近年来地方政府逐渐明确了在商业写字楼物业服务标准、项目等级评定中物业企业需要建立数字化管理系统；另一方面，业主对物业的服务要求也在逐步提高。物业企业能否为业主社区提供信息化系统与服务，已成为招标的必要条件或者加分项。

最后，数字化可以促进物业管理企业经营管理创新，增加营收和利润。通过数字化，物业企业可以寻求更加多元化的企业盈利模式，并运用新技术打造社区平台，形成社区生态圈，提供多种服务资源，通过多种经营增加收益。

2.智能化：让社区管理更加高效

在实现数字化的基础上，物业管理服务行业加速向智能化转型，提升服务质量。为了实现物业管理服务的智能化变革，首先对物业企业内部的数字化进行改造。企业内部的数字化改造不仅可以提升物业管理服务的准确率和服务效率，也有利于提升业主对企业服务的满意度。其次将智能化、信息化设备应用到基础服务的各场景并在此基础上拓宽服务范围。最后建立产业链上企业间的合作。物业管理企业与产业链上的企业建立合作伙伴关系、进行技术合作，推动人工智能、虚拟现实等新技术在自己的物业服务上得到有效运用，提升自己物业管理服务的竞争力。此外，根据服务业态的变化，物业管理服务企业应当及时优化其服务流程，并随之更新与服务相关的标准技术文件和标准化服务体系。

3. 精细化：体现更多的人文关怀

物业服务应该围绕"以人为本"展开，如果说数字化和智能化是硬件基础，那么精细化的服务则更能体现物业管理的人文关怀。对于整个物业管理行业来说，精细化服务可以促进从业人员素质以及工作能力的提高，同时可以推动行业服务内容的丰富和质量的提高。

为实现物业的精细化管理与服务，物业管理企业要培养员工的精细化服务自觉性。同时还要拓展服务项目，尤其是要突出自己的特色化服务，建立属于自己的服务品牌。如在服务工作中可通过细化任务，制定标准，每日不定时对小区环境卫生、客户服务、设备设施维保、各项作业记录进行监督，查找问题，并即时线上发单整改，提升小区物业管理水平。进一步地，企业应该不断创新完善管理制度，切实保障住户的需求。

4. 多元化：为物业企业带来更多盈利点

多元化物业服务模式扎根在物业管理的核心业务之上，通过多元化的服务提高产品的附加值。物业行业要进行业务模式重构，从基础物业服务走向社区生活服务。物业的多元化服务也有助于同时解决物业收入低、支出高的问题。在物业小区内设立商店、社区餐厅或托幼看护、粮油及特色产品代买、公共活动等服务项目，可以使物业的服务功能更完善，提高服务质量，也可以吸引新的客户，从而带动物业整体服务质量的进步，提升物业的形象。

此外，各地区创新对物业服务企业的监督管理，也为提高物业服务水平提供支撑。如深入推进物业服务企业信用管理，构建以信用为核心的新型物业管理市场监管体制，和政府、社会共同参与的跨部门、跨领域的守信联合激励和失信联合惩戒机制，提升物业服务水平，维护业主权益。开展物业服务质量和示范项目评价，强化对物业管理项目的专项检查，规范物业服务企业履约行为，提高服务质量和居民满意度。推进物业服务管理标准化，扩大标准化服务覆盖范围，形成科学合理、层次分明、重点突出的标准化物业服务体系。加强物业矛盾调解中心队伍建设，定期研究解决物业管理中的痛点、难点问题，做到精准施策、及时预防和化解，促进小区业主与业主委员会、物业服务企业的"良性循环"。如山东省青岛市逐步改善物业服务，开发建设"青岛市智慧物业管理服务平台"，以科技赋能、数据赋能、共享协同提升物业管理服务水平，并同步上线业主电子投票、问题反映、意见建议等功能，让群众感受智慧服务。

第八章

房地产行业可持续发展之新型业态

推动房地产行业高质量发展，既要补齐短板解决行业发展不充分的问题，也要加快积极拓展业务满足社会需求。其中，面向住有所居，租赁住房开启了租赁政策和租赁住房建设的"黄金十年"；面向城市空间，伴随城镇建设由增量扩张向增量扩张和存量挖潜并重转型，注重功能提升和业态整合的城市更新成为开发和运营的新增长点；面向社会需求，如应对日益严峻的老龄化，具备医、康、护特色的养老地产和养老服务迎来新的发展机遇。

一、租赁住房政策"黄金十年"

大城市人口流入多、住房价格高，是住房租赁市场发展的主要区域。在过往的以售为主的开发模式下，住房租赁市场以个人房源为主，长期的、稳定的集中式租赁房源严重不足，租赁户型、服务也难以满足新市民多元化的需求，住房租赁市场发展的短板十分明显。我国 2016 年便提出加快培育和发展住房租赁市场，以集体经营性建设用地入市试点、中央财政奖补资金支持等方式对大城市发展住房租赁市场进行支持，并在2021年提出了保障性租赁住房，加快建设节奏，补齐住房租赁市场发展短板（见图8-1）。从存量住房结构来看，2020年我国城镇租赁住房占比仅为21.1%，低于英国、美国、日本、德国等成熟市场的35%以上。以每年一个百分点的城镇化率提升计算，未来十年我国每年仍将有约1400万人流入城市，租赁人口预计接近3亿人。可以预见，住房租赁行业进入全新发展阶段，开启了政策"黄金十年"。

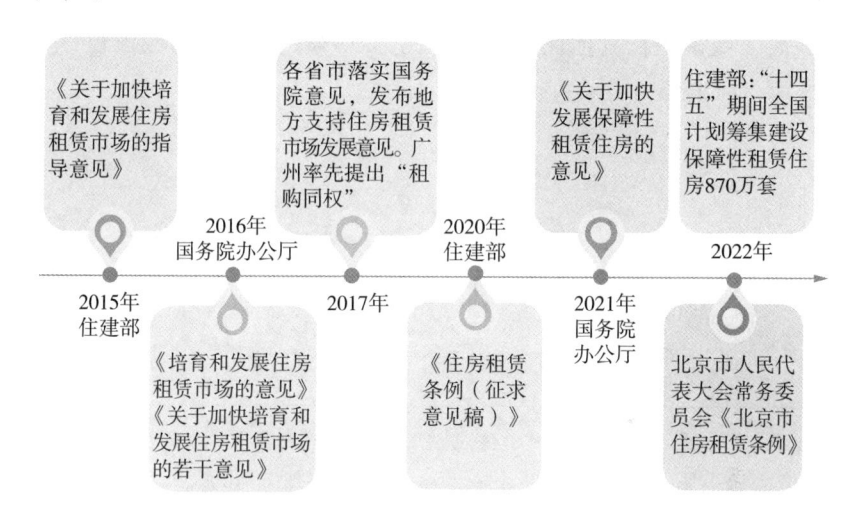

图8-1 我国住房租赁政策演变历程

资料来源：作者整理。

（一）住房租赁市场发展基本态势

1. 住房租赁成为重要的居住方式

2020年，城镇租赁其他住房的户数占比达到17.7%，仅次于城镇购买新建商品房和自建房两大住房来源。而在城市，租赁其他住房的户数占比达21.8%，仅次于购买新建商品房；在镇，租赁其他住房的户数占比为9.7%，仅次于自建房和购买新建商品房两大住房来源。另外，城镇中租赁廉租房/公租房（政策性住房）的住户比重为3.4%。

2. 住房租赁市场地区差异明显

东部地区经济发达，流入人口较多，住房租赁需求旺盛。2020年，东部地区城镇租赁其他住房户数占比相对最高，占比为25.1%。各省市住房租赁比重差异也较大。其中，北京、上海、浙江、广东分别为30.2%、32.8%、34.7%、44.3%，高于全国城市平均水平（见图8-2）。中部地区城镇租赁其他住房户数占比为9.7%，西部地区城镇租赁其他住房户数占比为14.9%（见表8-1）。

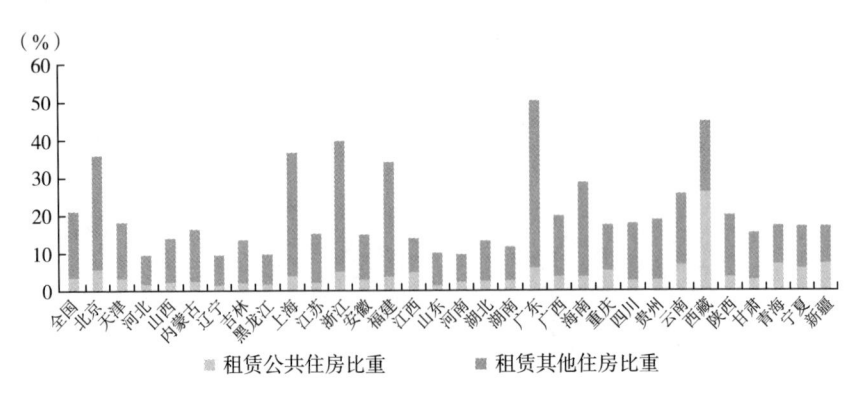

图8-2　2020年各省份及全国平均城镇租赁住房家庭户数占城市家庭户数比重

资料来源：第七次全国人口普查，作者整理。

表8-1　2020年我国城镇家庭户住房的主要来源以及地区分布

单位：%

地区	租赁廉租房/公租房	租赁其他住房	购买新建商品房	购买二手房	购买原公有住房	购买经济适用房/两限房	自建住房	继承或赠予	其他
全国	3.4	17.7	31.9	10.1	6.1	3.8	21.0	0.9	5.0
东部	3.7	25.1	27.5	10.0	5.0	3.5	20.1	0.8	4.2

续表

地区	租赁廉租房/公租房	租赁其他住房	购买新建商品房	购买二手房	购买原公有住房	购买经济适用房/两限房	自建住房	继承或赠予	其他
中部	2.8	9.7	33.8	6.8	7.3	3.0	29.9	0.8	5.7
西部	4.4	14.9	33.9	8.8	6.1	4.5	20.7	0.9	5.9
东北部	1.7	8.7	42.4	21.3	8.7	4.7	6.4	1.1	5.0

资料来源：第七次全国人口普查，作者整理。

从租金水平看，城镇居民的租赁住房价格与其收入水平密切相关，高收入家庭为了拥有更好的居住环境，通常会选择较高租金的租赁住房。东部地区及中心城市经济发达，其月租费用高于其他地区。2021年，北京、深圳、上海、杭州、广州、厦门、南京七个城市每平方米月租金超过50元，分别为每月每平方米108元、96元、95元、70元、60元、52元和51元，北京、深圳和上海水平最高。而大多数城市租金每月每平方米为15~40元，占到地级市单元的80%。总体上，东南沿海地区及各省省会城市住房租金较高，而中西部大多数地区租金水平较低。

3. 租房人群结构决定租赁消费水平

受教育程度不同的城镇居民的租赁住房来源差异较大。随着学历的提高，自建住房的比重越来越小，购买商品房的比重越来越大。由于廉租房针对的是低收入者，学历越低、收入越低，相对越容易获得廉租房，因此与其他学历相比，未上过学或小学、初中、高中的住户租赁廉租房的比重超过大学和研究生住户。在其他租赁住房方面，各个年龄段均有超过10%的人群通过租赁解决住房问题，其中，小学、初中、高中、大专四个阶段的比重较高，其中初中比重最大，达到

41.5%。这与大量进城务工群体有关，进城务工人员整体收入水平较低、受教育水平较低，主要通过租赁住房来解决住房需求。

月租房费用也与学历水平密切相关。初中及高中学历的住房租赁人群月租费2 000元以下的家庭户占比最高。大学专科学历月租费在2 000~2 999元的占比最高。月租费超过3 000元时，大学本科学历占比一直最高。随着房租水平升高，硕士研究生、博士研究生所占比重上升，反映出这部分人群较高的租金支付能力（见表8-2）。初中及以下学历人群的月租房费用要远低于其他学历水平人群，说明这部分群体在城镇中处于弱势地位，其中一些单位、企业、雇主会提供食宿。2022年，全国高校毕业生超过1 000万人，新就业大学生大多留在城市。未来，大学及研究生学历群体在城市人群比重的提升，对高品质租赁住房需求会持续增加，也会促使租金提高。

表8-2　2020年城镇户主教育程度与月租费情况

单位：%

受教育程度	租赁占比	200元以下	200~499元	500~999元	1 000~1 999元	2 000~2 999元	3 000~3 999元	4 000~5 999元	6 000~7 999元
未上过学	1.0	2.8	1.3	0.8	0.5	0.4	0.4	0.4	0.3
小学	12.3	21.3	17.4	11.5	6.9	4.8	4.5	3.8	3.7
初中	41.5	45.6	53.0	46.4	31.4	22.1	20.1	17.3	15.6
高中	21.0	18.5	18.9	23.1	23.4	21.1	19.0	16.8	14.5
大学专科	12.6	6.3	6.2	11.5	20.2	22.6	20.8	19.2	17.2
大学本科	9.9	4.8	3.0	6.2	15.7	24.5	28.2	32.1	34.2
硕士研究生	1.4	0.5	0.2	0.4	1.7	4.1	6.2	9.3	12.5
博士研究生	0.2	0.1	0.0	0.1	0.2	0.2	0.5	0.8	1.2	1.9

资料来源：第七次全国人口普查，作者整理。

（二）大城市住房租赁市场需求规模大

1. 人口集中流入增大租赁需求

第七次全国人口普查数据显示，人口向经济发达区域、城市群进一步集聚。2010—2020年，我国常住人口净流入的城市有191个，净流入人口靠前的城市集中在长三角、珠三角、长江中游、京津冀、成渝城市群，也就是说在未来很长一段时间，都市圈城市对于住房租赁的需求将会大大增加。东部地区是流动人口最集中的地方，占到流动人口流入地的49%，占到流动人口中跨省人口流入地的75%。

2020年，全国流动人口为37 582万人，城市流入占比达86%。其中，流入人口超过200万人的有15个城市，包括北京、广州、深圳、成都、西安、郑州、杭州、佛山、苏州、东莞等一、二线热门城市。根据智联招聘数据，2021年应届毕业生流入前十大城市分别是北京、成都、上海、广州、深圳、杭州、郑州、武汉、西安、南京等。这些地区商品房价格较高，而新毕业大学生、外来务工人员收入有限，难以直接进入购房市场，促使形成了规模庞大的住房租赁市场需求。

2. 高房价增大住房租赁需求

人口流入、收入增加、物价上涨、利率降低等均会通过住房供需关系的调整引起房价上涨。住房兼具投资属性，过度投资行为可诱发上涨预期和更多需求涌入，导致"买涨不买跌"现象，引起住房价格偏离其价值。基于70个大中城市房价同比变化数据，2015—2020年，20个大中城市新房房价平均涨幅达到54.7%。其中，西安、武汉、合肥、广州、成都、南宁等城市超过60%（实际上中心城区商品住房价格上涨幅度更大），房价涨幅高于同期城镇居民可支配收入增速，超出了城镇居民的支付能力,大城市首次购房年龄增大。

2020年,深圳、北京、上海二手房房价最高,超过5.9万元每平方米,广州、杭州、南京位于3万~5万元每平方米,其他城市在1万~3万元每平方米。北京、深圳、上海市场租金最高,超过80元每平方米,其他城市在10~50元每平方米。结合城镇居民家庭收入水平,按家庭购买90平方米住房计算,深圳、北京、上海城镇居民住房支付压力最大,房价收入比超过35,其他城市除长沙外都超过13,大城市居民面临较大的购房支付压力。按照家庭租赁60平方米住房计算,一线城市租金收入比接近或超过40%,其他城市在18%~30%,表明除一线城市外,其他大城市房租还处于可负担水平。

3.家庭结构变化增加租赁需求

城镇家庭户小型化。随着经济增长和城镇化推进,年轻人生育观念、独立居住意愿发生了很大变化,城市家庭户规模表现出小型化趋势。2010—2020年城市家庭户户均人数由2.72人变为2.49人,下降了8.45%。城市居民家庭户持续小型化,即使城镇人口不增加,住房需求也会增加。与2010年相比较,2020年一代户占比从38.32%上升到49.5%,是各类家庭户占比最高的。传统的家庭分裂为更小的细胞,需要更多的住房。

长期稳定租赁需求增长。2020年流动人口为37 582万人,其中,跨省流动人口为12 484万人。基于国家卫生计生委(现国家卫生健康委员会)发布的《中国流动人口发展报告》,流动人口超过一半的家庭有三人及以上同城居住。居住时间越长,家庭的人口数量越多。流动人口家庭规模增加、居住时间加长,对城市居住的稳定性需求提升,使得城镇住房需求逐渐由短期向长期转变。

（三）保障性租赁住房建设补齐供给短板

我国城镇住房租赁市场以个人房源散租为主，居住品质较低、稳定性较差，还面临中小套型房源供给不足、房源老旧等结构性问题，也面临虚假房源、克扣租金等市场秩序混乱问题（见表 8-3）。2016 年，国务院办公厅印发《关于加快培育和发展住房租赁市场的若干意见》（国办发〔2016〕39 号），支持供应主体多元、经营服务规范、租赁关系稳定的住房租赁市场体系建设。此后，针对城镇住房租赁市场发展面临的各类问题，有关部门及地方政府加快出台和落实住房租赁支持政策。

表 8-3 中国住房租赁市场突出问题及改进方向

序号	突出问题	改进方向
1	大城市供应不足，结构不合理	多渠道增加大城市租赁房源供应
2	租赁房源老旧，居住环境差	改造、提升租赁住房出租品质
3	以个人出租为主，租赁关系不稳定	发展专业化、机构化租赁
4	虚假房源，提租金，撵租客	制定法律法规，保障租赁双方权益，规范住房租赁市场
5	租购不同权	逐步加大租赁住房权益保障

资料来源：作者整理。

2020 年底，中央经济工作会议将"解决好大城市住房突出问题"和"解决好青年人的住房问题"作为重要议题进行讨论，正式提出加大保障性租赁住房建设力度，并要求土地供应向租赁住房建设倾斜。2021 年 7 月，国务院办公厅印发《关于加快发展保障性租赁住房的意见》，提出加快完善以公租房、保障性租赁住房和共有产权住房为主体的住房保障体系。在国家层面首次明确了我国住房保障体系的顶层设计，明确了保障性租赁住房基础制度及相关支持政策，正式形成"公租房—保障性租赁住房—共有产权房"的新时代住房保障体系，并对保障性租赁住房明确给予土地、财税、金融等方面的政策支持（见图 8-3）。

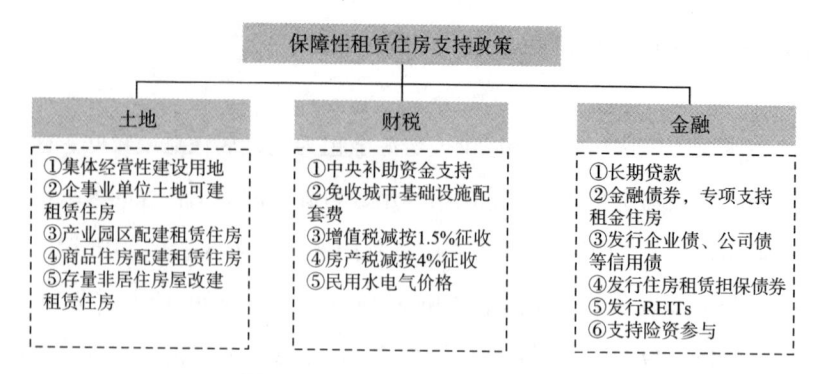

```
                    保障性租赁住房支持政策
        ┌──────────────────┼──────────────────┐
       土地                财税                金融
  ①集体经营性建设用地    ①中央补助资金支持    ①长期贷款
  ②企事业单位土地可建    ②免收城市基础设施配  ②金融债券，专项支持
   租赁住房              套费                  租金住房
  ③产业园区配建租赁住房  ③增值税减按1.5%征收  ③发行企业债、公司债
  ④商品住房配建租赁住房  ④房产税减按4%征收     等信用债
  ⑤存量非居住房屋改建    ⑤民用水电气价格      ④发行住房租赁担保债券
   租赁住房                                   ⑤发行REITs
                                              ⑥支持险资参与
```

图 8-3　保障性租赁住房支持政策

资料来源：作者整理。

1. 各地明确保障性租赁住房建设计划

保障性租赁住房已成为住房供应体系的重要组成部分，一些省市"十四五"规划中增加了保障性租赁住房建设指标。住建部数据显示，40个重点城市提出了"十四五"保障性租赁住房的发展目标，计划新增保障性租赁住房650万套（间），预计可解决1 300万人的住房困难。

广州、上海、深圳、重庆、杭州等人口净流入量大的一、二线城市设置了较高的保障性租赁住房供应目标。"十四五"期间，主要城市租赁住房供应占新增住房供应的三成以上。广州、上海、深圳确定"十四五"期间新增建设筹集保障性租赁住房分别为60万套（间）、47万套（间）、40万套（间），均达到新增住房供应总量的45%及以上；重庆、杭州、西安等重点城市制定了30万套以上的供应目标，力争达到占新增住房供应总量的30%以上。金华、嘉兴、佛山、海口等也被各省列为保障性租赁住房重点建设城市，明确具体供应目标。

2. 保障性租赁住房拓宽融资渠道

（1）保障性租赁住房建设贷款

2022年以来，央行、银保监会及证监会鼓励金融机构根据保障性租赁住房的融资需求特点，提供针对性金融产品和服务，支持银行业金融机构以市场化方式向保障性租赁住房自持主体提供金融支持，企业可以向商业银行申请保障性租赁住房开发贷款，缓解建设资金压力，调动市场主体和社会机构的参与积极性。保障性租赁住房有关贷款不纳入房地产贷款集中度管理。

据统计，截至 2021 年 8 月，中国建设银行已为保障性租赁住房授信 658 亿元，投放 282 亿元。国家开发银行在 17 个重点城市已为保障性租赁住房授信 334 亿元，发放 85 亿元。中国工商银行、中国农业银行、中国银行、招商银行等也均有保障性租赁住房项目落地。细分产品上，以保障性租赁住房开发贷款、保障性租赁住房并购贷款和保障性租赁住房运营贷款为主。

（2）住房租赁专项公司债

2021 年，住房租赁专项公司债累计发行 124.9 亿元，发行利率普遍在 3%~5%。2022 年伊始，龙湖 50 亿元住房租赁专项公司债就已获得上交所受理。可以预期的是，在一系列政策利好的加持下，2022 年住房租赁专项公司债的发行规模将明显增大。

（3）资产支持证券

目前，房地产支持证券主要有类 REITs、ABS、CMBS 和 ABN，其中类 REITs 为主流，发行规模约占 70%。2021 年租赁住房资产支持证券发行规模 70.9 亿元，保利、滨江、华发等房企有发行。2022 年 5 月，国内两单保障性租赁住房 REITs 项目分别在上海证券交易所和深圳证券交易所正式申报，成为首批正式申报的保障性租赁住房 REITs 项目。两单项目分别是中金厦门安居保障性租赁住房封闭式基础设施证券投资基金以及红土创新深圳人才安居保障性租赁住房封闭式基础设施证券投资基金。8月5日，以北京文龙家园项目和熙月上郡两处保障性租赁住房项目作为底层资产的基础设施公募REITs获批发行华夏北京保障房中心REITs，总估值为11.5亿元。此外，重庆地产基础设施公募REITs项目（底层资产空港乐园和民心佳园公租房）已完成招标工作，预计规模75亿~100亿元。广州开发区人才集团以"广州香雪国际公寓"为基础资产，正在准备发行。保障性租赁住房公募REITs的发行从2022年开始进入快车道。

（4）股权融资

这是轻资产租赁房企业融资的主渠道。据统计，2012—2021年三季度，共有31个住房租赁品牌公开股权融资84起，总金额约340亿元。头部企业优势明显，自如、魔方、V领地等前五大住房租赁企业获得了283亿元股权融资，占31家公寓股权融资总资金的83%。

另外，2022年交易商协会组织推出银行间市场资产担保债务融资工具（CB）、银行间市场类REITs、保障性租赁住房债务融资工具等（见表8-4）。首批三单试点项目已经完成注册，规模合计40亿元，将支持南京、成都等地区1 500多套保障性租赁住房建设、盘活资产，为银行间市场助力新市民和青年群体"住有所居"探索了新路径。

表8-4　银行间市场保障性租赁住房融资案例

金融工具	产品结构	试点案例
资产担保债券	资产担保债务融资工具	南京软件园科技发展有限公司2022年度第一期定向保障性住房租赁担保债务融资工具，主承销商为江苏银行、建设银行，注册金额10亿元，拟发行金额3.13亿元，期限三年，是首批试点的资产担保债务融资工具，担保方式为保障性租赁住房抵押，支持南京江北新区研创园700余套租赁住房盘活存量，有效惠及1 000余人

续表

金融工具	产品结构	试点案例
类REITs	银行间市场类REITs	融信通达（天津）商业保理有限公司2022年度飞驰—林语第一期类REITs，主承销商为建设银行，发行金额9亿元，期限15年，底层不动产为北京首都开发股份有限公司自持的租赁住房，募集资金穿透后用于购买项目公司股权，专项支持北京市租赁住房项目建设，促进住房租赁行业健康发展
债务融资	保障性租赁住房债务融资工具	成都兴城人居地产投资集团股份有限公司2022年度第一期定向债务融资工具（保障性租赁住房），主承销商为成都银行，于2022年5月10日发行，期限三年，募集资金2亿元，用于支持成都市成华区、天府新区两区保障性租赁住房建设，涉及809套保障性租赁住房的建设及项目资金安排，对应总建筑面积达5.85万平方米

资料来源：作者整理。

3.保障性租赁住房建设运营模式

保障性租赁住房的来源分为以集中建设、配建等方式新建的保障性租赁住房，既有国有企业主导建设的运营模式，也有市场开发企业参与建设的运营模式。

国有企业主导建设的运营模式。政府性住房专营公司主要以"自建+自持+运营"或"自建+自持+托管"两种模式参与建设运营。保障性租赁住房营业收入主要包括租金收入、租赁补贴等。如深圳人才安居集团已累计筹建公共住房（包括可售部分）14.46万套，供应5.11万套，"十四五"期间还将筹建15万套；上海地产已累计获取租赁用地超过100万平方米，规划项目近20个，未来五年将运营8万套租赁住房；北京、广州、厦门、杭州、南京等城市也都有相应的国有租赁管理运营企业。

市场开发企业参与建设的运营模式。市场开发企业以竞拍租赁贷款、商品房配建、参股集体用地开发、城市更新、收购存量物业改造等方式新建保障性租赁住房。截至2021年6月底，万科泊寓保持国内集中式公寓规模第一，布局33个城市，累计管理规模19.2万间，实现营收13.2亿元。截至2023年底，泊寓已经形成六种业务模式，分别为集体建设用地租赁社区、自持用地建设租赁住房、城中村联营改造运营、政府和国企租赁住房代建代管、与国企成立合资平台、轻资产"EPC+O"（产品＋建造＋运营）服务输出（见图8-4）。龙湖冠寓2021年上半年营收10.7亿元。旭辉瓴寓管理规模也达8.8万间，碧桂园、朗诗、华润等也在布局。

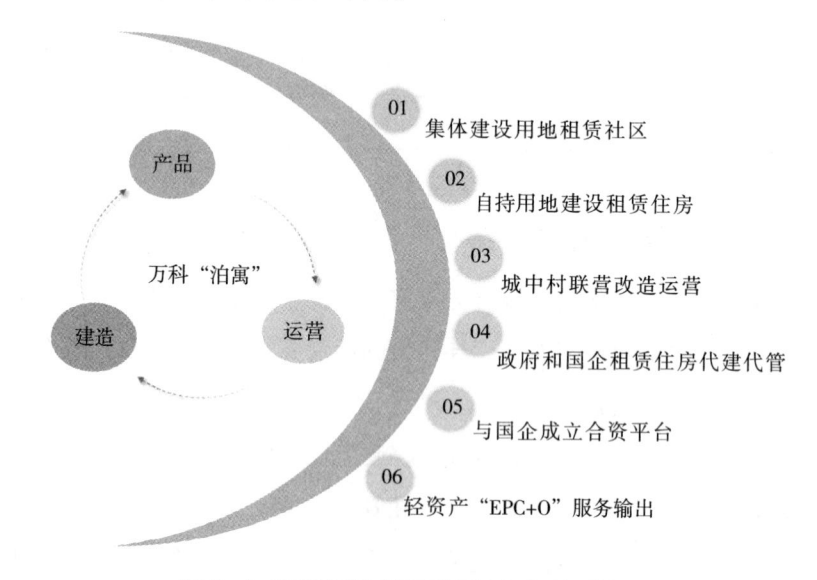

图8-4　万科泊寓保障性租赁住房建设运营模式

资料来源：作者整理。

此外，2021年以来部分城市探索保障性租赁住房渠道拓宽与商品住房调控政策的联动，以市场化方式盘活存量住房资产，弥补市场化租赁住房产品的不足。如长沙市以长房集团、长沙建发集团作为试点企业，尝试打通新房、二手房、租赁住房市场"通道"，也有城市如温州回购商品住房作为保障性租赁住房。

二、城市更新模式升级

进入城镇化中后期，城镇化建设由增量转向增量和存量并重，解决城市病、城市短板问题需要加快推动城市更新。城市更新行动是推动中国城市高质量发展、转型发展的必然选择。与过往不同，城市更新要转变单一的、追求经济增长的粗放式发展模式，要重视空间重塑过程中城市转型提质与服务功能增加，推动原有的"拆改留"模式向"留改拆"模式转变，核心是转变城市发展模式。

（一）城市更新的新发展阶段

1. 国外城市更新的实践

发达国家在进入城镇化中后期普遍面临各类"城市病"，随后开始大规模推行城市更新运动。英国在1870年前后城市化率达到60%，出现环境污染、住房短缺、公共卫生等问题；美国1949年暴露出交通环境和社会公平等一系列"城市病"；日本在1960年前后城市化率达到60%，面临东京等城市功能集聚、过度拥挤等问题。放眼全球，当城市化率达到60%，也就达到"城市病"集中暴发，需要结构性解决城市问题的重要阶段。

为解决各类城市问题，更新理论不断演进与发展。以西方国家或城市为研究对象，20世纪五六十年代到2000年前后，英文里出现了多种城市更新理论的概念：城市重建、城市复兴、城市改造、城市再开发、城市再生、衰退下的再生，为探讨城市更新提供了大量理论和实践借鉴（见表8-5）。

表 8-5　国际城市更新理论的演进与发展

阶段	20世纪50年代	20世纪60年代	20世纪70年代	20世纪80年代	20世纪90年代	2000年前后
政策类型	城市重建	城市复兴	城市改造	城市再开发	城市再生	衰退下的再生
主要方向	依据总体规划对旧区进行重建和拓展；郊区增长	对前十年的延续；郊区和城市周边增长；开始尝试恢复	集中推进就地改造和居住区类项目；延续对城市边缘地区的开发	许多大规模开发和再开发项目；示范项目；城外开发	政策和实践均注重综合性、强调整体及和谐的手段	整体收缩开发行为；在局部地区放松限制
关键参与者	国家、地方政府；私人开发商和承包商	公共与私人角色愈加平衡	私人作用增强，地方政府分权	以私人和政府专职机构为主；社会合伙人机制增加	合伙人机制成为主导方式；政府专职机构数量增加	更强调私人基金和公益角色
资金来源	公共部门投资；一定程度的私人参与	同前，但私人投资加大	公共资源被约束，私人投资继续加大	私人资金主导，部分公共资金	公共、私人和公益资金相对平衡	私人资金主导，部分政府资金
社会目标	改善住宅和居住标准	改善社会福利	社区的自发性和自主性不断提高	国家有限资助下的社区自助	社区规划、邻里自治，强调社区的角色和作用	强调地方自主，鼓励第三方参与
空间侧重	内城拆建，城周开发	同前，亦有对已建成地区的修复建设	老城区的大规模改造	大规模拆除重建，推广旗舰项目	较20世纪80年代更注重遗产保护和延续	更小尺度的开发，换取更大的回报（追求效率）
环境手段	打造景观，增加绿化	选择性地改善	有一定创新的环境改善	要求更多元的环保手段	在可持续发展的语境下解读环境	对可持续发展模式的普遍认可

资料来源：2022年中国城市规划学会国外城市规划学术委员会年会，中国城市规划设计研究院院长王凯关于《城市更新：新时期城市发展的战略选择》的报告。

2. 国内城市更新的转型

（1）从碎片化、应急式更新到有政策和规划引导的更新

过去，城市更新一般是没有统一规划与政策引导的碎片化、点状更新，主要是一些应急式的更新，例如棚改、老旧小区改造等一些涉及民生的更新。从中央层面对城市更新的提法来看，从最开始的棚户区和危房简屋改造，到以城中村改造、旧工业区改造、历史文化街区改造，再到老旧小区改造、低效工业用地盘活、历史地区保护活化、生态修复和城市修补等，城市更新的内涵逐渐丰富。2019年12月，中央经济工作会议首次强调了"城市更新"这一概念，提出要加大城市困难群众住房保障工作，加强城市更新和存量住房改造提升，做好城镇老旧小区改造，大力发展租赁住房。

未来，城市更新必定要进入有政策和规划引导的更新。2021年，中央在《"十四五"规划》中明确提出，要加快转变城市发展方式，统筹城市规划建设管理，实施城市更新行动，推动城市空间结构优化和品质提升。住建部牵头制定指导各地实施城市更新行动的政策文件，从国家战略高度来加强城市更新的顶层设计。中央从国家战略高度来加强城市更新的顶层设计，明确总体要求、重点任务和实施路径，设立分阶段的工作目标，建立适用于城市更新的体制机制、管理制度和政策措施，为各地因地制宜地制定城市更新政策和规划，提供前瞻性、全局性、系统性的指引。

（2）以拆除重建为主的更新到以保留为主的有机更新

过去，除了深圳市和广东省，许多城市都是一、二级土地分开进行土地招拍挂，地方政府基金大部分来源于房地产开发的拆除重建，因此更新是以拆建为主；政府的规划管理模式也都是重视新建建筑，所以关于建筑类的标准规范、验收等，基本上都是针对新建建筑。然

而，国家未来政策的大方向是要逐渐摆脱对土地财政的依赖，依靠发展产业，通过现金流来获取税收，支持地方财政。

2021年8月，住建部发布《关于在实施城市更新行动中防止大拆大建问题的通知》（以下简称《通知》），对城市更新中的"拆建"给出了明确的政策边界：原则上城市更新单元（片区）或项目内拆除建筑面积不应大于现状总建筑面积的20%；严格控制大规模增建，除增建必要的公共服务设施外，不大规模新增老城区建设、不突破原有密度强度、不增加资源环境承载压力；原则上更新单元（片区）或项目内拆建比不应大于2；严格控制大规模搬迁；鼓励以就地、就近安置为主，城市更新单元（片区）或项目居民就地、就近安置率不宜低于50%。这意味着未来城市更新更多是以保留为主更新，而不是对大规模拆除空间的更新。这对深圳、广州等地传统的城中村拆除重建模式形成较大冲击。

《通知》的发布为城市更新的发展指明了前进的道路和方向。第一，明确政策边界，将对以往各地拆除重建类的更新形成较为精准的制约。第二，《通知》强调城市更新不能够沿用过去的房地产开发模式，要探索政府引导、市场运作、公众参与的可持续的模式。例如，国务院办公厅出台的《关于大力发展保障性租赁住房的意见》中规定，关于保障租赁住房房源的推出，很大一部分是存量物业的转化，如将旧工业、旧商业、旧办公转化为租赁住房。第三，政策要支持更新项目策划、规划设计、建设运营一体化推进，鼓励功能混合和用途兼容，推行混合用地类型，采取疏解、腾挪、置换、租赁等方式，发展新业态、新场景、新功能，要求政府的管理模式和企业的经营模式都要发生改变，鼓励推动由"开发方式"向"经营模式"转变。

（3）从单维建筑更新到民生产业、文化多维更新

未来的城市更新将从存量建筑改造提升、高质量公共空间扩容、文化生态价值构建、产业生态系统完善、社区提升等多个方面发力，持续激活片区活力与生命力。

外在更新，包括对环境、基础设施、形象以及建筑的美化、修缮，以及城市空间品质的改善。未来的城市更新仅仅改造建筑是达不到国内经济循环、内需消费、提升城市活力的目标的，所以城市更新一定要内外兼修。内在更新包括：民生方面，完善老旧小区，兼顾保障养老育儿、医疗、文化体育等公共服务设施的补短板，以及城市基础设施、城市信息系统的更新；经济方面，产业更新承载着优化升级传统产业、增加新的优质供给、"破旧立新"的重要使命；文化方面，不仅是文化和历史保护，还要挖掘内在的文化价值，强调公众参与和治理水平提升，形成可持续的文化产业经营模式。地方政府要兼顾多重目标，而综合实力强、策划理念超前、运营能力突出的企业机遇更大。

（4）从点状和单业态更新到片区综合统筹更新

中国的城市更新将会从过去以点状更新、单业态更新为主，发展到未来的片区综合统筹更新。实际上，城市更新既有点状更新，也有片区的更新，最终完成城市不断轮回的整体更新。片区更新具有将微观尺度与城市宏观尺度衔接协调的作用，能够完善城市功能，兼顾经济效益，有效地避免更新中存在的碎片化和利益分配不均问题。片区更新的作用是巨大的，从点状更新，逐步到片区更新，最终实现大规模的城市全域更新，未来可能是一个路径。过去我们做了很多的点状更新，未来我们可以瞄准片区更新，解决更多的问题。

3. "十四五"城市更新任务

新时期城市更新以服务人民和提高城市发展质量为目标。国务院新闻办公室 2022 年 2 月 24 日举行新闻发布会，住建部办公厅主任李晓龙指出：下一个阶段，将从健全体制、优化布局、完善功能、底线管控、提升品质、提高效能、转变方式七大方面推动城市更新体系的建立，实现高质量发展、高品质生活、高水平治理（见表 8-6）。

表 8-6　城市更新行动七大方面

维度	内容
健全体制	加快构建国家城市体系
	明确不同城市战略定位和核心功能，促进区域协调发展
	推进以县城为重要载体的城市化建设
	推动县城绿色低碳建设，使返乡农民回得去，进城农民留得下
优化布局	协调山、水、城关系
	调整城市空间、用地、产业结构，推动城市组团式发展
	开展城市生态修复，促进城市与自然融合共生
完善功能	加快城市基础设施和公共服务设施更新改造
	完善城市交通系统，提升城市服务和安全韧性水平
底线管控	对城市规模、密度、强度、特色风貌、安全韧性等划定底线
	限制城市无限扩张，严格管控超高层建设，防止大拆大建
提升品质	加强城乡历史文化保护和城市风貌管理
	加强城镇老旧小区改造和完整居住社区建设
	推进城市适老化建设改造和既有建筑改造，满足人民高品质生活需要
提高效能	充分运用新一代信息技术，加快新型城市基础设施建设
	推进智能市政、智慧社区、智能建造、智慧城管，提升城市运行管理效能和服务水平
转变方式	落实城乡建设领域碳达峰碳中和目标任务
	转变由房地产主导的增量建设方式
	探索政府引导、市场运作、公众参与的城市更新可持续模式

资料来源：作者整理。

为了推动城市更新，地方政府也出台了相关的城市更新条例与实施意见管理办法和行动计划。据统计，2021年各个地方关于城市更新的相关政策出台了106项，是2020年47项的约2.26倍，各地从更新条例、操作规范、实施细则、管理办法、专项规划和实施意见等方面出发，提出了全方位、系统化政策。2022年"提升新型城镇化质量、有序推进城市更新""提升城市功能，防止大拆大建"等一系列关于城市更新的政策措施正在有序推进。

以北京市为例，2021年8月，《北京市城市更新行动计划（2021—2025年）》印发，提出了首都功能核心区平房（院落）申请式退租和保护性修缮、恢复性修建，老旧小区改造，危旧楼房改建和简易楼腾退改造，老旧楼宇与传统商圈改造升级，低效产业园区"腾笼换鸟"和老旧厂房更新改造，城镇棚户区改造等更新类型。并形成了《关于首都功能核心区平房（院落）保护性修缮和恢复性修建工作的意见》《关于老旧小区更新改造工作的意见》《关于开展老旧厂房更新改造工作的意见》《关于开展老旧楼宇更新改造工作的意见》《关于开展危旧楼房改建试点工作的意见》这五个配套文件，以城市更新为主题初步形成了专项政策体系。"十四五"时期很多重点城市出台了城市更新政策和规划任务。

2023年7月，住建部发布《关于扎实有序推进城市更新工作的通知》（以下简称《通知》）。《通知》提出，建立城市体检机制，将城市体检作为城市更新的前提。把城市体检发现的问题短板作为城市更新的重点，一体化推进城市体检和城市更新工作。依据城市体检结果，编制城市更新专项规划和年度实施计划。统筹推动既有建筑更新改造、城镇老旧小区改造、完整社区建设、活力街区打造、基础设施更新改造、城市数字化基础设施建设等城市更新工作。《通知》还提到，要创新城市更新可持续实施模式。加强存量资源统筹利用，鼓励土地用途兼容、建筑功能混合,探索更为灵活的"主导功能、混合用地、大类为主、负面清单"存量用地利用方式和支持政策。

4. 城市更新运作模式

城市更新内容的综合性、复杂性,意味着更新项目的开展离不开政府、市场、居民等多元主体的共同参与,强调共建、共治、共享。针对项目公益性和收益性差异,依据实施主体参与程度,可将城市更新方式分为政府主导、政企合作和市场主导三种基本模式。不同合作模式在实施主体、资金来源、适用项目类型上会有所区别(见表8-7)。

表8-7 城市更新运作模式对比

运作模式		实施主体	资金来源	适用项目类型
政府主导模式		政府职能部门;政府授权国有企业	财政资金、城市更新专项债、市场化融资	公益性强:综合整治类项目、政府收储方式实施的拆除重建类项目
政企合作模式	PPP模式	政府授权国有企业和社会资本合资成立的项目公司(国有企业参股)	财政拨款、市场化融资、城市更新基金	有一定收益性:一、二级联动模式实施的拆除重建类项目,具有一定收益性的城市更新项目
	投资人+EPC模式			
	地方政府+国企/房企+村集体等			
市场主导模式		物业权利人;社会资本;物业权利人+社会资本	自筹资金、市场化融资、财政补贴	收益性强:权利人自改项目;企业收购改造项目;拆除重建类项目

资料来源:作者基于克而瑞、睿立方等公开资料整理。

(1)政府主导模式

政府主导模式即"政府主导、市场运作、社区参与"模式,是指在城市更新项目开发过程中由政府直接组织，授权国有企业具体实施的模式。该模式下的项目一般具有较强的公益性，由政府部门负责规划、政策引导，并与承接更新项目任务的国有企业签订土地开发合同。政府主导的更新模式主要特点在于政府和国有企业主导拆迁，市场化企业参与的空间较小，基本上由政府征收土地、收购储备土地并完成拆迁平整后出让，再由国有企业开发建设。

（2）政企合作模式

政企合作模式即"政府、市场、社区（集体）多元协商治理"模式，城市更新项目开发由政府主导下的开发商参与。地方政府负责做好居民的搬迁安置工作，进行总体规划、土地开发和市政设施建设，然后实行土地招牌挂，由开发商组织进行设计、建造和运营。当前集体经营性建设用地建设保障性租赁住房，采取了土地出让或出租、入股、集体公司联营等多种合作方式。

政企合作模式的主要特点在于政府一般通过公开招标等方式征选合作方，既承担土地前期整理工作，又是土地使用权人。合作方承担具体的拆迁工作，垫付征地拆迁补偿款。完成拆迁后，政府将拟出让土地使用权供应给合作方，以合理利润抵减应缴地价款。如上海哥伦比亚公园改造项目，就采用了"投资人+EPC+O"模式推进项目更新改造。

（3）市场主导模式

市场主导模式即"政府引导、市场主体、社区参与"模式，是指在城市更新项目开发过程中政府出让用地，一种由开发企业按规划要求负责项目的拆迁、安置、建设的商业行为，是一种市场化运作方式。

在该模式的城市更新过程中，开发商可根据自身利益诉求，对项目进行规划设计、确定安置拆迁以及开展商业运营管理等城市更新建设活动。开发商以追求经济效益为首要目标，更新过程中可能会存在减少或拖延配套设施建设、增加容积率、避开拆迁难度大的区域等现象。

（二）片区统筹城市更新战略

1. 城市更新的多维思考

城市更新是一项系统性、全局性、战略性工作，是新时期的城市发展战略。人民群众对更好的居住条件、更优美的生活环境、更完善的公共服务等充满期待，评判标准从"有没有"变为"好不好"。因此，城市更新总体目标不仅要补短板，更要提品质，要建设宜居城市、绿色城市、韧性城市、智慧城市、人文城市，不断提升城市人居环境质量、人民生活质量和城市竞争力，走出一条中国特色城市发展道路。但城市更新在各地的实践中依然面临着一系列难题。

一是空间角度：空间资源配置效率提高问题。城市更新不是物质的更新，更新内容包括产业、文化、居住、商业、民生等方面。如果不在一个大的片区做更新统筹，容积率的转移、空间载体、业态用途将很难实施。要想把片区更新的效果做到最优，需要解决整个空间的资源配置、公共空间、居住空间及总体片区的容积率问题。

二是经济角度：更新资金投入与产出平衡问题。现实中有的项目经济产出与效益不成正比，如果实施片区统筹，可以做到"肥瘦搭配"，平衡投入与产出机制，引入更多的社会机制和市场化企业参与城市更新，就能减少政府与居民的投入负担。例如改造老旧小区，在它的内部空间很难再增加服务性的、产业化的营利性设施，如果把片区更新作为统一规划更新，可以给老旧小区单独划出一些公共的服务空间。

三是社会角度：城市功能补短板问题。中华人民共和国成立初期的计划经济是先生产再生活，造成了城市功能的缺失和短板，后来人们的生活需求大幅度增加，许多城市开始调整产业结构。例如，上海提出营造"15分钟社区生活圈"，让市民在以家庭为中心的15分钟步行可达范围内，享有较为完善的养老、医疗、教育、商业、交通、文体等基本公共服务设施。通过构建宜居、宜业、宜学、宜游的社区服务圈，提高居民生活品质。

四是文化角度：城市发展与风貌保护问题。我国城市的片区更新，过去主要有以下几个特点：一是以大规模拆除重建为主，推倒重来；二是以单业态更新为主，例如工改工、住改住、商改商，业态比较单一，商业配套只能满足本区的需要。而未来的城市更新不能大拆大建，不是推倒重来。老旧建筑的利益主体非常复杂，在更新中如何保护所有主体投资人、原业主、产权租用人、投资人的利益，需要各个方面的协调实施。

五是效益角度：城市更新"挑肥拣瘦"、碎片化问题有待解决。我国长期实行的规划—审批制度的好处之一是能够实现城市各要素间的统筹发展，最大限度地挖掘城市发展的动力。而过去城市更新存在着"挑肥拣瘦"、碎片化问题。城市内既有公益空间、公共空间、民生空间，也有经济空间，大家都愿意参与经济空间的更新。民生空间、公益空间全靠政府来投资显然是不现实的。过去的点状更新导致好改的大家抢着改，难改的没有人改，最后越难改的地方问题越多，积累的问题就越大，造成了城市发展的不均衡现状，很难创造整体效益。

六是管理角度：更新实施的多方工作协同问题有待解决。城市是一个复杂的体系，在其更新的过程中必然会涉及与之相关的，由政府及企事业单位提供的各类市政与公共服务的支持。城市更新离不开政府，政府的管理也是涉及各个部门。例如，要发展商业，需要商务部门关于促进商业发展的基金；要进行老旧小区改造，需要建设部门关于支持老旧小区的基金，及产业部门关于推动新兴产业发展的基金等。

2. 城市片区统筹更新的路径

（1）片区统筹更新的内涵

片区统筹更新是当下城市发展中面对区域产业升级和城市治理需求而进行的全要素统筹型的城市更新模式。片区统筹更新介于点状更新和全域更新之间，是一种以量变累积到质变，寻求城市高质量发展的更新方式。更高层次的片区统筹综合更新，是当下城市发展中面对区域产业升级和城市治理需求而进行的全要素统筹型的城市更新模式。

目前，聚焦在城市建成区内的存量更新最重要的是生产、公共、生活三大空间的调整、优化和完善。未来，我国要全面实施城市更新行动，各大城市都发布了城市更新条例，但仅是点状的、红线地块内的更新，远达不到整个城市高质量发展的要求。所以，未来的城市更新必定要从过去的点状更新走向片区统筹更新。片区统筹更新特指在较大的空间范围内，以"留改拆"模式推进，以城市风貌传承为特色，呈现空间多业态、多功能混合特征，提升片区品质、活力、效益的更新。片区更新不等于规模大，未来的城市更新（片区更新）关键在于统筹。

（2）片区更新六个"统筹"

第一，片区统筹更新在文化角度统筹"新"与"旧"，解决城市发展与风貌保护问题。城市片区统筹更新关注历史建筑本身及其背后的文脉传承，从物质环境更新向以人为本的空间与内容的协调更新发展，发挥城市历史风貌的时代价值，推动片区乃至城市的高质量发展。

第二，片区统筹更新在社会角度统筹"增"与"缺"，解决城市功能补短板问题。点状建筑和单业态更新无法满足城市发展对新业态的布局，而片区统筹更新能够将多个地块内的资源配置问题上升到片区尺度下进行思考，延续片区文脉，优化空间资源配置，实现多业态发展。

第三，片区统筹更新在空间角度统筹"密"与"疏"，解决空间资源配置效率问题。城市功能分区随着城市扩张、产业融合以及城市竞争的发展而不断混合。片区统筹更新立足解决空间资源配置的有效性问题，成为城市治理的有效路径。

第四，片区统筹更新在经济角度统筹"盈"与"亏"，解决更新资金投入与产出平衡问题。城市更新需要大量资金投入，财政负担重，企业投资难。而片区统筹更新把不同更新区域进行组合绑定，实现投资收益平衡。

第五，片区统筹更新在效益角度统筹"先"与"后"，解决城市更新"挑肥拣瘦"、碎片化问题。以往，以销售为导向的高回报率、高附加值地块受到青睐，而低附加值、关注城市公共利益的地块却无人问津。而片区统筹更新有助于理顺城市更新脉络，落实规划蓝图。

第六，片区统筹更新在管理角度统筹"管"与"放"，解决更新实施的多方工作协同问题。片区统筹更新有助于促进相关政府职能部门和单位机构的横向、纵向协同，提升多部门、多单位的服务效率与服务质量。

（3）片区统筹更新的实现途径

在片区统筹更新计划中，市民希望通过片区统筹更新升级消费质量，改善民生，满足人们对美好生活的向往；面对城市更新的紧迫性，政府在专业经验、人才编制、土地整备、吸引资本等方面仍然有困难；面对有转型升级需要的企业在参与片区统筹更新时，在资金平衡、融资和审批等方面存在痛点。针对以上难点与挑战，城市片区统筹更新需要有突破和创新，主要借助"两个工具"和"四个打通"。

两个工具：第一个是规划工具。城市更新要适应新时代城市发展需要，建立全新流程的工作体系。过去，所有的制度设计针对的都是城市扩大增量方面，新时期基于存量更新的规划工作、技术标准都要全面改革。规划工具通过行政治理落位空间和建筑图层，实现统筹平衡片区更新后的用地强度要求，统筹平衡各类产业生态与服务内容要求，统筹平衡各方参与主体的短期与长期投资要求，统筹平衡各类公共服务和人口结构优化要求。第二个是金融工具。要保障城市更新的可持续，需建立良好的资金渠道。在金融政策方面，应该建立一套区别于以往支持新城、新区开发的新制度，发挥好政府、市场、居民等各方力量，特别要发挥好市场的主体地位作用。金融工具通过经济调节落位经济和金融图层，实现从过去围绕着土地做房产，到未来紧跟城市做资产的转变。

四个打通：一是打通多元主体参与片区更新的策略路径。市级统筹更新，区级主导更新行动，明确具体的路径，统筹主体编制城市更新实施方案。从城市化到都市化，从产业招引到产业服务，从基础设施硬件到服务辐射软件，使片区产品有价值集约并发挥其带动效应。二是打通社会资本参与片区更新的金融路径。金融监管视角下的更新项目需要区别于房地产项目，掌握社会资本在片区统筹更新实施过程中的经济逻辑，鼓励社会资本参与片区的统筹更新。三是打通片区统筹规划的实施方案编制路径。四是通过构建多元参与平台，发挥组织积极作用，从而打通共建、共治、共享、共赢的民众参与路径。

三、养老地产发展前景

中国老年人口多，老龄化速度快，因此需要应对老年需求，为养老地产提供机遇。截至2021年底，全国60岁及以上老年人口达2.67亿人，占总人口的18.9%；65岁及以上老年人口达2亿人以上，占总人口的14.2%。据中国国家卫生健康委员会预计，2035年前后，中国60岁及以上老年人口将突破4亿人，进入重度老龄化阶段。在巨大的社会养老需求下，开发企业融合地产+"医""养""康"等业态，在养老地产和养老服务领域布局，推动养老地产行业的发展。

（一）养老地产市场机遇

1. 政策驱动：养老地产相关政策支持力度持续加大

国家对于养老产业政策支持力度持续加大，加快养老地产专业化、规范化发展（见表8-8）。养老政策从养老服务体系、养老金融机制、养老保险制度、养老地产、医疗养老等多方面指导养老产业的平稳有序发展。2021年10月14日，全国老龄工作会议召开，会议提出实施积极应对人口老龄化国家战略，聚焦广大老年人在社会保障、养老、医疗等民生问题上的"急难愁盼"，深化相关改革，健全老龄工作政策、制度和工作机制，推动老龄事业和产业高质量发展，积极发展社区养老，更好地发挥社会力量的作用，满足老年人多层次、多样化的需求。2022年《政府工作报告》提到，"要积极应对人口老龄化，加大社区养老、托幼等配套设施建设力度，在规划、用地、用房等方面给予更多支持"。2022年12月中央经济工作会议指出，着力扩大国内需求，要把恢复和扩大消费摆在优先位置，多渠道增加城乡居民收入，支持住房改善、新能源汽车、养老服务等消费。

表8-8 国家对养老行业的政策支持

项目	方式	具体做法
土地	多渠道保障养老用地供应	1. 年度供地计划中保障养老用地的供应 2. 住宅小区配备养老用地 3. 支持利用存量用地开展养老服务 4. 支持改造闲置社会资源发展养老服务 5. 允许集体建设用地用于养老服务
融资	拓宽投融资渠道	1. 鼓励银行业金融机构，创新产品，提供资产抵押贷款、应收账款质押贷款等信贷支持 2. 支持企业以未来收益权、土地使用权为担保发行债券 3. 鼓励商业保险、基金、信托等投资养老产业
税收	出台多项税收优惠政策	1. 减免部分行政事业性收费，如免征增值税、企业所得税、房产税、城镇土地使用税等 2. 对于养老服务设施用水、用电、用气、用热，参照居民生活类价格标准收费，减免有线电视、宽带等费用
财政补贴	鼓励发展品牌化和连锁经营的养老服务机构	1. 给予养老机构建设补贴和运营补贴 2. 政府给予贷款贴息、直接融资补贴、融资担保和风险补偿等支持 3. 地方政府提供资金奖励，将福利彩票公益金的50%以上用于养老服务

资料来源：平安地产金融事业部综合整理。

《"十四五"规划》中41次提到"养老"，并专门开辟章节阐述"完善养老服务体系"。各地方政府也纷纷出台相应养老规划，比如与居家养老、智慧养老、健康养老、创新土地利用模式等相关的政策法规，加快养老产业化、多元化发展步伐。如京津冀协同发展中提出，在北三县加强养老服务机构建设，发展"医养康相结合"的养老服务体系，北京市给予北三县养老服务床位补贴。另以北京为例，2022年第二批集中供地还首次提出建设"全龄友好社区"的要求，选取昌平区平西府、顺义区福环、顺义区薛大人庄三宗用地进行试点，竞得人须建设以适老性为主的全龄友好社区。《北京市"十四五"时期金融业发展规划》也指出，支持金融机构围绕养老地产、养老医疗、养老旅游等养老服务重点行业和智慧养老、社区养老、居家养老等场景，构建养老金融服务生态圈。

近年来，国家有关部委也持续出台支持养老产业和服务发展的政策。其中，2022年8月29日，国家发改委、民政部、国家卫生健康委等13部门联合印发了《养老托育服务业纾困扶持若干政策措施》，提出房租减免、税费减免、社会保险、金融、防疫等支持措施，涉及六方面、26条具体政策措施。2023年《政府工作报告》提及多项老龄领域工作内容，包括建立基本养老保险基金中央调剂制度，提高城乡基础养老金等保障的最低标准，在税费、用房、水电气价格等方面给予社区居家养老服务政策支持，完善养老服务保障政策体系等。

2. 需求驱动：我国养老需求规模不断扩大

中国老龄化加速，持续影响养老产业市场。截至2020年底，我国超过60岁的老年人口达到2.64亿人，占总人口的18.7%；超过65岁的老年人口突破1.9亿人，占总人口的13.5%。2021年，我国65岁及以上的老年人口为2亿人，占总人口的14.2%。据相关研究，随着人口老龄化和老年人口高龄化不断上升，我国失能半失能老人规模及其比例将由2020年的4 564万人和17.11%上升到2030年的6 953万人和17.44%，至2050年进一步上升到12 606万人和22%。考虑到家庭小型化趋势和"421"家庭普遍化趋势，未来由社区、家政、养老机构和医疗护理机构提供包括失能半失能老人照护的比例将会不断提高。2010—2020年，各省市的老龄化水平普遍提高，从"东部沿海高，中西部地区低"形态发展为"以东三省和上津为两个高点，东高西低，北高南低"的形态。其中，东部地区60岁及以上人口超过1亿人，占全国老年人总数的39.2%。未来十年，中国老年人口规模将持续增加。2020年全国及各省份60岁以上老年人口比重如图8-5所示。

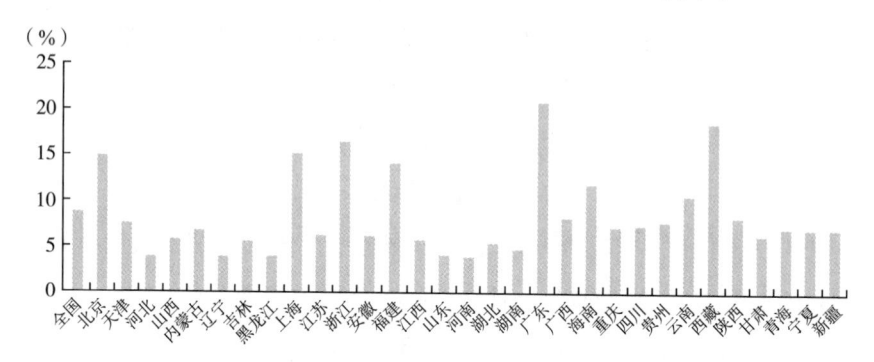

图8-5 2020年全国及各省份60岁以上老年人口比重

资料来源：第七次全国人口普查，作者整理。

养老产业市场规模大，发展前景广阔。养老产业涉及养老用品、养老金融、养老地产和养老服务等多个行业，随着养老群体规模增大，行业前景广阔。养老市场成为众多企业积极布局的新赛道。

养老产业具有中国特色，各地需求差异大。我国传统价值中居家养老、子女同住、紧邻子女等观念根深蒂固，大部分老人希望子女在身边，得到大家庭的温暖。国务院多次明确提出要发展以居家为基础、社区为依托、机构为补充的综合养老服务体系，即"9073"养老规划（90%的老年人口在家养老；7%的老年人口得到社区养老服务的支持；3%的老年人口在机构养老）。这一代老年人大多受教育水平较低、财富积累有限，且会将财富分配给子女使用，这使得大多数的养老服务以基本养老需求为主，带有公益色彩。另外，居家养老在中国北方地区尤为明显，加上各地老年人口和老龄化程度不同，地方需求差异很大。

3. 供给驱动：养老地产市场供给存在缺口

老年公寓的建设供不应求是我国养老地产的一大困境。在发达国家，住进老年公寓和养老机构的老年人占老年人总数的 5%~7%。根据民政部数据，2020 年末全国养老机构 3.8 万个，养老机构床位数为 823.8 万，而 65 岁及以上老年人口数为 1.9 亿人，床位总数除以 65 岁及以上老年人口数约为 4.34%，以 6% 的中间标准计算，仍有约 315 万张的床位缺口。随着人口老龄化的发展，若养老项目跟不上老龄化的速度，未来仍将处于供需不平衡的状态。

目前，我国养老项目产品层次较低、服务属性不足。养老地产是集餐饮、娱乐、养生、保健、医护于一体的，将住宅、服务、医疗、旅游、度假、教育等产品全方位结合起来，核心并非住宅产品，而是完善的配套设施和增值服务。但国内开发商在建设养老项目时更关注开发而非服务，使得养老项目最终成了针对老年人的普通住宅项目，丧失了老年住宅最本质的意义。在微观设计上，近年来强调在建筑中建设无障碍通道，给老人生活带来便利。但在产品设计上，还存在种种不足，住宅内缺少专门针对老年人的智能化硬件设备，比如紧急电子呼叫系统、电子门锁等。由于养老地产客户群体的特殊性，其核心必然在于地产之外的种种增值服务，比如管家式服务、医护服务、活动组织、日常课程以及饮食护理等，这些对于现在的养老项目而言都是亟待完善的。

（二）养老地产发展模式

在养老产业布局上，房地产开发商是第一大参与主体，其拥有的不动产所有权、强大的资金后盾、丰富的开发运营经验、客群资源是最大的优势，可以为养老地产发展奠定基础。从房企养老地产布局中可以看出，基本以机构养老和社区养老为主，结合不同的创新模式和产品概念贴近老年人的不同需求，强调地产与"医""养"的结合，打造复合型、生态型的综合养老服务项目。

1. 开发模式：房企多以合作开发、并购为主

房企以重资产模式为主，重资产资金投入大、回报周期长，需要具备较强的资金实力和融资能力、产品设计和医疗资源整合能力。房地产开发企业主要的养老地产开发模式有直接合作以及并购相关专业养老企业，不仅可以降低成本及风险、拓宽资金渠道，还能整合多方资源优势，促使养老项目朝专业化、系统化、创新多元化的方向发展。常见的有房企与险资合作开发、房企与其他企业合作开发、房企与养老机构合作开发、综合性企业与医院合作开发、险资与养老机构合作开发等类型（见表8-9）。此外，还有政企合作模式。如万科借助自身优质的养老运营经验，通过实践摸索出一套行之有效的政企合作养老模式。2016年，万科随园嘉树与深圳市福田区民政局签署福田区福利中心PPP试点项目协议，于2017年正式接管福利中心，接收原有运营服务团队，负责现有老人的日常照护服务，打造托养、日间照料、居家养老、医养结合"四位一体"的"没有围墙的养老院"。

表8-9 企转型养老地产的开发模式

合作开发类型	开发模式	养老项目	项目内容
房企与险资合作	合作成立基金用于产品运营	—	—
房企与其他企业合作	万科与北控合作开发	怡园光熙长者公寓	医养结合，以康复为主的持续照料型长者公寓
房企与养老机构合作	中国天地控股与澳大利亚退休社区开发运营企业AVEO Group合作开发	天地健康城	高端型退休生活式养老社区

续表

合作开发类型	开发模式	养老项目	项目内容
房企与养老机构合作	远洋与投资商CPM、美国最大的养老运营商之一Emeritus Corp.合作开发	椿萱茂	高端养老公寓
	绿地与上海和佑养老集团合作开发	和佑万家居家养老服务中心	养老服务中心
综合性企业与医院合作	燕达集团与太平人寿合作	燕达养护中心	医养康一体化，提供养老和医护服务
险资与养老机构合作	中国人寿与美国最大的非上市养老运营管理机构Merrill Gardens联手开发	苏州阳澄湖养老社区	跨代型中高端养生养老社区

资料来源：中国指数研究院，作者整理。

2. 产品特征：提供多元化优质服务

养老地产是集餐饮、娱乐、养生、保健于一体，将住宅、服务、医疗、旅游、度假、教育等产品全方位结合起来，核心并非住宅产品，而是完善的配套设施和增值服务。就服务对象而言，根据老年人的身体状况，可以分为活力老人（主要指健康状况良好、有自理能力的老人）、生活协助型老人（主要指需要生活照料的老人）及失能失智老人（主要指失能失智或需要康复治疗的老人）。由于养老地产客户群体的特殊性，其核心在于地产之外的种种具有针对性的增值服务。如远洋的椿萱茂引入源自美国的养老服务理念、运营体系、照料经验，面向全龄长者，提供全生命周期的各层级服务、护理，包括生活服务、生活照料、失智照护、康复服务、医疗护理、临终关怀、健康管理、养生保健以及日间照料和居家服务等全周期、链条化的养老服务。

围绕"9073"养老规划，房地产企业深度参与居家养老、社区养老、机构养老。社区养老是房企参与的重要业态选择，既可以在大的住宅区中配建养老社区，也可以建设独立的养老社区。原因有三：一是供地时，政府会要求配建一定规模的养老社区；二是养老用地的土地成本比较低；三是养老社区适合全年龄段老人，潜在客群规模大，容易提高入住率。

3. 盈利模式：有长期持有型、销售型和租售结合型三类

（1）长期持有型

长期持有型养老地产是指项目的产权仍在经营者手里，出售使用权给消费者。优势在于投资者能够保障项目的管理效果和服务水平，在长期持有中根据市场反应调整运营策略，积累项目口碑和知名度，投资者也能获得持续稳定的回报。但劣势在于养老地产的运营收益率在8%~12%，并不是太高，致使投资回报周期长，前期资金投入压力大，容易导致投资者资金缺乏，退出困难。

长期持有型养老地产目前常见的盈利模式有三种：押金制、会员制、保单捆绑制。押金制是指老年人先缴纳一笔押金，然后每月支付租金，押金最后返还。但这种模式会导致前期回笼的资金很少，容易面临资金链断裂的危险，因此需要保证前期有足够的现金。北京市首个"医养结合"试点养老机构——双井恭和苑正是采用这种模式。会员制一般是前期交纳高额会费（这部分收入可以回收一部分房屋建设成本），再根据所住房型每年交纳管理费（这部分则成为养老产业的主要收入）。其盈利是以房屋出租收益为主，配套产品经营收益为辅。上海亲和源正是典型的会员制高端养老社区，位于三河的河北燕达养护中心承接了大量北京外溢的养老群体，一期项目实行了租赁制、按年付费，到期可续租，面临很大的运营压力；二期项目实行会员制，并提供了差异化服务收费项目。保单捆绑制则是指入住的养老项目与寿险公司的保单挂钩，投保者在购买保险的同时

获得入住养老社区的权利，保险合同产生的利益可用来支付社区每月的房屋租金和居家费用。如泰康人寿的"泰康之家"养老社区就是与保险产品挂钩的养老社区。

（2）销售型

销售型的养老地产相对于普通住宅增加了一些适老化设计，或者在社区增加了嵌入式养老服务中心，然后通过销售物业来回笼资金，且没有后续的管理问题。国内初期发展阶段的养老地产大多采取销售型的运作模式，既能给房地产开发商一个试水养老产业的机会，又能降低因投资回报周期过长而带来的资金风险。如绿城乌镇雅园、平安和悦·江南、天地健康城等。

（3）租售结合型

租售结合型的项目通常包括住宅和老年公寓两部分，住宅包括普通公寓和别墅以用来销售，是回收资金的主力并对持有型物业形成支持，而老年公寓则嵌入普通社区用于出租。项目社区通常配备专门的养老设施，如护理中心、照料中心以及老年娱乐生活设施等。如万科幸福汇老年公寓。这种模式能够降低资金风险，并进行更为灵活的管理（见表8-10）。

表8-10 养老地产盈利模式

盈利模式	细分类型	收费方式	特点	代表案例
销售型	—	产权销售	一次性销售，快速回笼资金，后续提供持续服务，收取服务费	绿城乌镇雅园
长期持有型	会员制	会员费+月费	一次性收取大额会员费，实现部分资金回笼，月费用于维持日常运转	银城康养、上海亲和源

续表

盈利模式	细分类型	收费方式	特点	代表案例
长期持有型	押金制	押金+月费	押金可退还，月费包含租金、服务费、护理费等	双井恭和苑、远洋椿萱茂
	保单捆绑制	保费+月费	保险+养老服务，算大账，以养老带动保险销售	泰康之家
租售结合型	—	产权销售+押金/会员费+月费	销售部分：产权销售，快速回收成本 自持部分：只租不售，收取会员费和月费	万科幸福汇、北京太阳城

资料来源：作者基于公开资料整理。

（三）养老地产代表案例

养老地产是房地产转型升级热点。随着一系列政策的落地，老龄化社会催生的"银发经济"促使众多保险企业和房企纷纷进军养老地产项目，通过跨界合作、资源共享，创新养老地产运作模式。据统计，2019年国内上市房企中涉足养老地产的有82家，万科集团、远洋集团、复星集团是进入养老地产领域较早和发展较成熟的企业，三家企业所涉项目各有特色。

从城市布局来看，三家企业的策略基本一致。由于大城市的消费水平普遍较高，而人们的消费观也较为超前，故目前国内养老项目布局主要集中在一、二线城市。

从类型上看，万科涵盖了国内养老地产的三大类：社区养老、机构养老、医养结合型养老（养老机构+综合医院或互利机构），大部分项目实行租售并举的模式，销售部分能够有效快速回笼资金，但因前期投入资金巨大，故现金流转正需要很长时间。远洋主要开展机构养老业务，实行只租不售的模式，收取用户会员费和月服务费，现平均入住率已满60%，实现了收支平衡。复星则以社区养老为主，同时开设一部分养老护理机构，提供床位总数超过4 000张，旗下拥有近30个居家一体化照护中心等社区项目，一般实行只租不售的模式，按月收取服务费用。

1. 万科养老地产涵盖三大类型

万科从养老地产到养老产业，实现产品线与服务体系构建。万科集团2009年开始探索养老业务，主要布局持续照护社区、城市全托中心和社区嵌入中心三条产品线。多种养老业态并存，既可通过不同项目业态和目标客群探索养老产业盈利模式，又可通过多点布局建立统一的养老运营和服务标准，提升品牌影响力。由于万科养老业务在前期集团层面未进行统筹，各城市公司根据各地养老业务发展情况，在三条核心产品线基础上，推出对应品牌。2016年万科养老拓展市场化道路，深耕北京、上海、广州、深圳、杭州、成都等核心城市，重点布局约十个"三高"（老人基数高、人均可支配收入高、医疗水平高）城市，预将养老业务发展成独立业务板块。万科已明确机构型、CCRC（持续照料退休社区）型、社区嵌入型三大养老业务方向（见图8-6）。

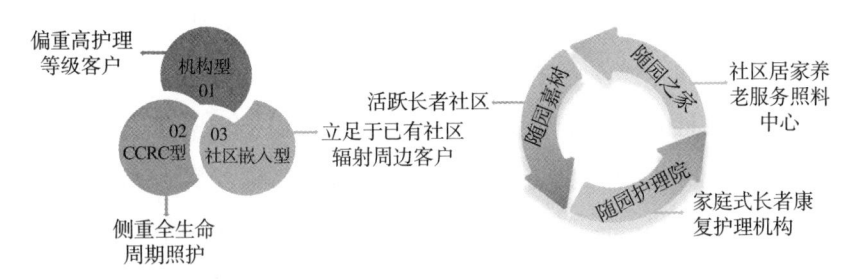

图8-6 万科养老三大业务方向与三大产品线

资料来源：中国指数研究院。

万科整合了随园嘉树、随园护理院、随园之家三大产品线，成立了浙江随园养老发展有限公司。随园嘉树、随园护理院、随园之家既作为各自独立的业务体系，又互为支撑，从而形成覆盖全龄、全域长者养老服务以及自身业务体系的产业链闭环。2015年，由上海地产集团、上海万科、上海中医药大学联合发起成立的上海申养投资管理股份有限公司，专注于养老运营服务行业。

2. 远洋创新服务模式，专注高端养老和社区养老

远洋与美国拥有30多年先进运营管理经验及服务体系的专业养老机构Meridian Senior Living（MSL）于2012年展开深度合作，成立了专业养老业务公司——远洋养老运营管理有限公司。2013年，远洋正式推出旗下高品质养老服务品牌"椿萱茂"。2016年，远洋·椿萱茂已成为国内高端养老行业的标杆品牌。远洋·椿萱茂陆续进入上海、广州、武汉、成都等城市，开启品牌连锁化的布局版图。

聚焦社区养老，远洋首创"公益养老"新模式，推出全国首个短期托老服务项目。2016年7月，远洋之帆公益基金会与远洋服务旗下椿萱茂、海医汇、远洋亿家三大服务品牌联合推出全国首个短期托老服务公益示范项目——颐和之家，首创"公益养老"新模式，聚焦社区养老服务。该项目依托远洋·椿萱茂老年公寓，为社区老年人提供最长7天6晚的高质量免费短期托老服务，为子女因短期出差或出游、老人无人照料的家庭提供一站式解决方案。2016年，可谓远洋养老标志年，按照"立足北京，全国布局"的思路，椿萱茂（远洋集团第四家老年公寓）已布局北京东西南北四个方位，且陆续进入上海、广州、武汉、成都等全国市场，形成了老年公寓、CLRC长者社区、嵌入式照护中心三大产品系。

目前，远洋养老规划有三条产品线：一是老年公寓；二是CLRC

长者社区，其中上海虹湾长者社区、北京顺义后沙峪项目率先推出，形成"轻重并举"的养老产品模式；三是嵌入式照护中心，主要嵌入城区的社区里，规模更小，可以提供长短租，离家很近的照护服务，也可以提供日间照料、托老，包括养老的输出服务和上门服务。

为满足多元化养老服务需求，2022年远洋推出远洋养老第二步发展战略，明确养老品牌"椿萱茂"从"专业养老"向"健康养老"升级转变，提升服务品质和健康养老体验。"互联网+"将作为健康养老的有效抓手，成为远洋·椿萱茂未来十年实施重心之一。具体而言，将智慧化技术引进社区。通过搭建健康养老信息化系统，利用社区内的智能健康设备，对体温、血压、心率等20多种健康指标进行动态追踪，并对异常指标及时预警。把线下养老服务进行线上、线下一体化运营。依托自主研发的Wecaring数字共享平台，可以通过"我的椿萱茂"App和社区信息共享平台，实时了解健康数据，进行护理记录和生活状态记录。

3. 复星成立养老子公司探索CCRC模式

复星首个养老项目——星堡中环养老社区，是中美合资的高端养老项目，采用的是国内尚处试水阶段的CCRC模式，为老年人提供自理、介护、介助一体化的居住设施和服务。为更好地推进养老产业发展，复星集团成立了全资子公司星健。作为复星地产旗下的大健康投资和运营平台——星健聚焦"医、康、养"整合式照护体系，全方位探索养老产业模式的创新和运营能力的提升。星健尝试提高机构型养老的效率，以及寻找社区、小微、居家型养老服务客户体验之间的平衡，其代表产品为宁波的星健兰庭项目。

复星康养专注"医、养、康、享"核心业务，通过"智慧系统+智能终端"，提供全龄段、全方位、连续的一站式家庭健康服务体系，深耕智造 FC2M 能力，为长者客户创造更多价值。截至 2022 年，复星康养拥有星堡、星健、蜂邻、星享四大核心产品，覆盖康养产业发展。复星康养打造"康养+"生态圈，拥有了真正能在全国范围触达不同城市，拥有不同人口体量的产业落地经验。未来，复星康养将从后台运营端向用户使用端延展，从共性运营向个性化运营延展，从传统运营向精益运营延展，以"智慧健康养老服务"为核心，提供一体化养老解决方案，打通线上、线下，为长者带来更好的养老服务体验，有效连接智慧养老，重新定义养老服务。

国内养老地产的项目数量不多，尚处于试水阶段。随着市场规模的壮大与规范，在项目定位方面会逐渐分为三个方向：一是以万科为代表的涵盖大中小型养老机构，针对不同的人群开发不同等级的项目，这将有利于长远的发展；二是以复星、远洋为代表的，主要开发高端养老机构，规模普遍较大，覆盖了不同年龄段的老年人需求；三是小型社区护理中心，这类型机构需要的投资相对较少，风险也较低。

（四）养老地产面临的挑战

1. 养老地产政策顶层设计尚待完善

由于养老地产作为给特殊人群提供的产品，带有一定的社会福利性质，政府政策扶持对其发展至关重要。虽然当前大国养老战略与养老相关的政策频频出台，但是要促进养老相关产业、企业快速发展，中央政策法规顶层设计仍待完善。土地方面，"医卫慈善用地"仍然存在不允许贷款抵押等融资限制，养老设施用地在地方仍未被纳入用地计划；政策优惠方面，营利性养老机构尚未被纳入政府支持，致使社会资本参与养老企业的信心受挫、动力不足；医养结合方面，医保门槛过高，医疗资源配置不合理，安全环节监管不力等问题仍然未能消除，导致医疗资源与养老资源无法真正实现互通。

2. 开发资金需求量大、资金回收期长、金融支持不足

养老地产初始开发资金投入量大。目前，大多数养老项目的土地都是居住、商业用地，土地成本高昂。养老地产还需要医疗、康复护理、交通等重要配套设施投入，且需要向医护人员培训、物业经营等领域延伸。养老地产不同于传统的住宅和商业项目，能够实现快周转，现金流能够及时得到补充。若计算土地及前期投入的建安成本，养老地产项目资金回收期可能长达30年。因此资金回收周期长导致房企面临着很大的资金压力。

就融资方面而言，我国养老地产面临的困境之一便是缺少足够的金融工具支持，特别是长期的、较低成本的资金支持。中国目前养老市场融资渠道虽然多，但路径依然狭窄。由于投资量大、周期长、盈利模式不清晰，从事养老地产项目开发的企业往往很难获得银行贷款。融资又受到整个股市环境影响，民间融资成本太高，信托基金尚不够成熟，保险等长期资金支持不够，基础设施REITs还未将养老地产纳入。近年来，国家对于养老地产的扶持力度加大，从土地、资金、税费等方面出台相关政策，预计养老地产在资金方面的阻碍将会越来越小。

未来，养老产业基金、养老保险基金、养老地产REITs或许将成为金融创新的重点方向。此外，企业还可通过拓展多种外源性融资手段来补充资金。一是公司合作。多家公司共同合作开发项目，能够更好地整合资源，有利于专业化分工。二是BOT模式（建设—经营—转让，是民营企业参与基础设施建设，向社会提供公共服务的一种方式）。该模式指政府通过契约授予企业有期限的专营权，准许企业融资建设公用设施并赚取利润，期限届满后，企业无偿将公用设施移交给政府。BOT项目的债务不记入企业的资产负债表，企业可借此筹集更多的资金。三是ABS模式。以项目的资产和未来收益为基础，通过发行证券募集资金。

3. 房地产企业参与盈利模式仍待创新

尽管房企早已拓展进入养老地产领域，但可持续的盈利模式仍待探索。目前养老地产的盈利模式主要有销售、持有和租售结合三种。销售模式虽然风险小，但是其放弃了居住之外的衍生价值，导致与普通住宅开发同质化，对"养老地产"长期运营服务理念的体现不明显。持有模式虽然可以通过增值服务带来额外价值，但是需要雄厚的资金支持，且通过增值服务获得高利润需要人才和完善的配套设施作为保障。租售结合模式是针对前期资本投入和后期盈利问题而产生的，虽然在一定程度上缓解了难题，但是仍然阻碍了大部分房企涉足养老地产领域。

养老地产行业投资回报周期较长，存在较大的经营风险，投资回报率也并不太高（约10%）。近年来，万科等上市房企年报中提及养老地产的次数明显减少。未来，养老地产发展还需要土地、金融、税收等政策（区分公益性、有一定营利性、营利性养老地产项目的针对性政策）的进一步支持，降低开发建设成本。同时，养老地产更需要企业提升专业化运营和服务能力，提高管理效能。在细分领域，专业化拓展将是发展趋势，要提供多元化、高品质的涉老服务产品和服务内容，构建养老品牌，提升盈利能力。

第九章

房地产行业可持续发展之精细管理

随着"房住不炒、租购并举"写入党的十九大报告，我国的房地产行业逐步进入发展模式的转换期。2020年新冠疫情蔓延、全球经济深度衰退、"三条红线"深度调控，多重因素影响下，出现规模型房企"爆雷"。2021年下半年，房地产市场成交及预期急转而下，行业加速调整，正式宣告房地产行业过去的发展模式已经失灵。2021年底，中央经济工作会议基于房地产行业形势的判断和考量，提出要"促进房地产行业良性循环和健康发展"，为房地产行业的发展指明了目标和方向。

"良性循环和健康发展"即要求房地产行业可持续发展，但可持续发展并不意味着走过去金融化、高周转、无节制扩张的老路。当前，我国房地产市场供求关系发生重大变化，房地产行业进入向新模式探索和转变的关键时期。外部环境变迁与政策牵引改变了行业的发展逻辑，行业真正进入了"低增长、低利润、低杠杆、低容错、高风险"的"四低一高"时代，房企必须从粗放式扩张向精细化运营转变，适应行业赚慢钱、赚小钱这一新趋势，学会通过精细管理提升竞争优势来获取红利。

一、进入管理红利时代

我国房地产市场自1998年城镇住房制度改革后真正开启,到2021年,全国商品房销售面积增长了13.7倍,销售额增长了71.4倍。在"补欠账"和"快增长"双重需求叠加之下,商品房量价飞涨。追求规模成为房地产企业发展的主赛道,这一阶段的政策利好让房企的拿地与融资变得轻而易举,只要周转速度够快,就可以支撑企业的高杠杆,是"勇者胜"的时代,同时呈现出劣币驱逐良币的特点,房企高周转就是这一时期的产物。

但在2016年底我国提出"房住不炒"政策之后,房地产企业到位资金增速和商品房销售面积增速开始持续个位数增长,区域分化加剧,房企躺赢越来越难,必须通过对节奏和结构的把握找到发展的机会,必须从单纯依赖外部机会转向依靠自身能力来找到发展的机会。市场的机遇和风险并存,房企不仅要有勇气还要有智慧,房企的战略与经营决策必须越来越理性,"智勇兼备"者方能取胜,呈现出良币逐渐驱逐劣币的特点。

"良币"就是依靠内功取胜。要成为一枚"良币"房企,就要提升战略能力、运营效率、客研能力,确保产品溢价、服务溢价,并不断推动团队进步,善于修炼内功,持续注重精细管理。在强大的内功支撑下,"良币"房企懂得以理想先行者的姿态正确应对管理红利时代,获得可持续的高质量发展。反之就是"劣币"房企,一旦行业发生波动,就有可能进入发展低谷。

从具体房企的应对举措上,万科、龙湖、江西东投等不同规模的房企,在如何成为一枚"良币"房企、穿越行业周期下行的内功修炼方面，给更多房企带来了一些启发。

（一）挖掘内部管理红利

"聚焦、专业、管理"一直是万科发展历程中的关键词。万科起步于多元化，但是1994—2001年用了约七年时间持续做减法，聚焦房地产做专业化住宅，并在2002年提出要做"规范化、标准化、制度化"建设。2008年，万科领先全行业首先使用ROE来分解战略和经营策略，以及用IRR（内部收益率）来衡量公司的盈利能力和竞争力，更是在2018年，早于行业提出"活下来、要收缩、要聚焦"的战略对策。在行业深度调整的2022年上半年，万科逆市取得了营收同比增长23.82%、权益利润率同比增长5.06%，经营性净现金流同比增长22.21%的好成绩，这也是万科历史上第三次穿越行业波动周期。

1. 投资更加收敛与聚焦

房地产行业发展与城镇化速度和格局紧密相关。从速度看，我国城镇化进程已基本走过高速发展阶段，未来五年年均增速约为0.7个百分点；从格局看，我国城镇化已进入以都市圈和城市群为主体空间的时代；从第七次全国人口普查数据看，过去十年我国流动人口中79%流向五大城市群，33%流入30个大中城市。因此，有实力的房企投资优选高能级城市，向主城区及核心板块聚焦；中小房企可向主城区和核心板块的周边地区聚焦，深耕区域、精耕城镇、细耕板块。选地拿地注重可研质量，严格控制投资风险，加大设计咨询和产品研发投入。

2. 销售更加精准与高效

快周转仍是主题，能盈利应是目标。销售业绩的高低，除了大形势，还取决于产品的定位是否清晰。在销售端，需以现金流管控为主线，优化销售策略，加强政策、市场、城市、客户研究，以始为终、以销定交付，精准定位产品，精准控制产品性价比，强化项目销售时点预判，做好价格、流速、利润测算，提前制定营销策略和调价机制，高效传递产品亮点和价值，抓好销售费用管控，强化销售激励。

3. 设计更加人性与降本

在行业进入下行调整期时，"提质、降本、增效"成为必修课。在设计端，产品的研发要以客户为导向，要聚焦客户战略的选择和细分，根据客户的需求匹配产品，真正实现产品价值的提升。设计降本是最有效的降本。设计定位决定产品成本的70%~80%，决定项目成本的50%，对项目成本影响更大。通过项目设计降成本的关键在于准确把握客户的敏感点进行配套设置，需要根据刚需、刚改、高端客户在高线、中线、低线不同城市，进行六要素组合分析，做好限额设计，即限指标、限总额、限标准，全方位追求高性价比，并深入研究"绿色、智慧、低碳、健康"等新型产品。穿越房地产周期的一个重要手段是企业发展要回归一个常识，即产品价值的回归。

4. 工程更加可控与优良

一是重视工程前期策划，优化不同分包之间、不同工种之间的穿插组织，落实分级管理，确保项目进度可控、按期优质交付。二是强化品质管控，管好速度红线与质量底线，严把观感质量关、功能质量关。三是加强总分包管理，落实总包集约化管理，减少总包单位数量。建立完善总包单位和项目经理信用评价季度通报机制，倒逼总包单位高质量履约。按照"选、用、育、留"思路，遵循优胜劣汰市场法则，建立优质分包商库。

5. 物业管理更加智能与多元

物业管理智能化、多元化是提高服务效率的必然趋势。高品质的物业服务是房企强大的竞争力之一，客户对品牌的认可很大比例来自物业端。物业和客研、产品在前期的打通，有助于品牌的塑造。产品端的很多研发点和创新点也基于物业反馈的客户意见。产品亮点通过真正的物业后期运营才能够得以实现。物业服务的多元包括在基本物管之外，提供多功能空间的运营使用、多方位的增值服务、多类型的维修养护等。

（二）坚守长期主义，赢得稳健发展

坚守长期主义、坚定经营本质、坚持管理提效，是房企在行业沉浮之中追求高质量发展的必然选择。"管理红利"是一场全行业的洗礼和考验，努力打造经营能力提升精细管理水平，锻造自己成为竞争市场上的"良币"，将是摆在所有房企面前的一道题，唯有坚持初心、决心、耐心、恒心方能行稳致远。

例如，龙湖长期坚持以原则和纪律为基础的长期主义，成为行业名副其实的"优等生"。龙湖的自律可以追溯到十年前，在2011—2021的房地产黄金十年里，龙湖始终没有大幅加杠杆而是把经营安全放在第一位，净负债率始终未超60%，并且持续投入资金做强龙湖商业，持续用心做优龙湖物业服务，培育出平衡单一地产风险的多条曲线。2020年，"三条红线"政策发布后，龙湖进入绿档水平。在行业深度调整的2022年上半年，龙湖营收同比增长56.4%，营收总额达到过去五年的历史最高值，核心权益利润率为6.9%，既增收又增利。

二、重视战略引领

整个行业发展的外部环境和规则已变，房企最大的危险就是过分依赖固有路径。在新的行业形势下，房企需更新换代固有的思想、观念、方法论，包括对产品、客户满意度、营销、物业等概念的理解，需要持续、敏锐地判断外部环境所发生的变化，时刻做好应变准备，并迅速调整内部经营对策，比如产业环境变化、竞争对手变化、技术环境变化是否剧烈，比如投资能力对城市战略、经营能力，对深耕战略、科研能力，对产品战略是否足以支撑。房企要及时审视战略，判断战略选择与战略能力是否发生了重大脱节，什么时候是战略调整的关键时机，对于哪些战略举措必须做出取舍和创新，只有在意识到并适应多变的环境，且能从容地进行战略动态调整，才能最大限度地防控战略级风险，这也是房企战略韧性的体现。以上这些都需要更加精细化的战略管理来做牵引。所以，战略管理越来越重要，是房企活命的招数、发展的基础和出发点，是房企未来发展的清晰设想，是判断公司内部所有事务正确与否的唯一标准，是穿越行业周期波动、增强风险防范的能力。

（一）制定"新战略"

在从高速增长向高质量发展转变的过程中，房企要从"合理增速、利润导向、风险控制"出发制定"新战略"。

1. 确定合理增速

高质量发展时代，房企必须保持增长，只是增长的速度没有过去那么快，要设计合理的增速，至于合理的增速到底是多少，不能一概而论，要看房企所在的区域以及房企自身的资源和内功。也许对于一些房企而言10%是合理的年增速，而有的房企内功深、产品好、服务优、运营强，有可能20%甚至30%是合理的年增速。房企需要自己对增速去定义、研讨，结合内功、资源、所在城市能级是否能支撑增速，将合理增速作为房企的战略执行。

2. 以利润为导向

合理增速是从战略出发的，而利润导向则是从经营出发的，两者合在一起就是"战略+经营"。房企要重新制定战略和经营策略，不能再延续过去的思维习惯。假设制定今年总体的平均利润率要维持在8%，那么可以一部分项目利润率为5%，另一部分项目利润率达到11%。多项目布局时，要注重不同城市、不同板块、不同类型项目之间的平衡，追求公司经营利润最大化，并以利润为导向，从公司经营出发调配、制定项目经营策略。同时又要避免过度追求"利润率最大化"，要在市场份额和营业收入之间寻找平衡点，防止产品定价过高、客户流失、流速放缓带来的经营风险。因此，房企一定要结合城市布局、产品和服务质量、管理基础制定合理的利润率。

3. 注重风险控制

做好内外部风险控制才能确保房企安全稳定地高质量发展。除了上面提到的战略及经营风险，内部风险重点关注资金情况，跟踪项目动态利润及现金流，做好货值管理，以达成"投、产、销"的平衡。外部风险重点关注产品与客户端的风险因素，做好品牌及信用建设，关注复工率以及交付率。比如在行业发生严重信用危机的2022年，如果购房者对房子按期交付没有信心，再便宜也不会买，这就是最大的风险。房企信用一旦出现问题也会导致巨大的经营风险，在2022

年"断供潮"背后，房企自救举步维艰、"烂尾楼"房企销售难见起色，主要原因就是房企的信用危机。

（二）"新战略"落地

房企要将"新战略"转变落地，在具体业务的执行上要抛弃过往的旧思维，从房企的营销、产品、服务、内功修炼、客户研究以及利润提升等方面做更加深入细致的思考，要从"以融定投"转向"以销定投"，"外部驱动"转向"内部驱动"，"竞争导向"转向"客户导向"，"增本提质"转向"降本提质"。

1."以融定投"转向"以销定投"

行业单边上扬的时代渐行渐远，房企的销售能力、销售节奏决定了"以销定投"的能力。房企能不能拿地和什么时候拿地是由自身销售情况决定的，同时要通过营销端倒逼提升投资质量，如果房企拿错地，拿地的时机错了、进入的城市错了、土地质量也不高，后面去化将非常艰难。很多房企的产品去化难，就是因这些问题纠结在一起，到最后依赖"促销"手段也于事无补。因此房企要对业务流程整体优化，按照"以销定投"去改变投资标准、建造标准以及团队工作习惯，同时投资和生产还要将促进销售作为业务出发点之一，根据地产项目"4321法则"，70%的利润取决于投资和设计环节。

2."外部驱动"转向"内部驱动"

过去很多房企的快速发展主要是靠外部因素驱动，比如拿到优质地块，有融资渠道，有政府资源，这都是外部资源。但是一家房企的发展本身不能完全依赖于外部资源，不然早晚是"水能载舟亦能覆舟"。随着行业回归高质量发展模式、外部营商环境越来越透明，单一外部因素驱动的作用会越来越小，未来房企成为"良币"还是要靠内部驱动，靠体系、机制、团队、资源转化能力等驱动。这是在行业逻辑发生变化的过程中倒逼房企逻辑发生的必然变化。

3. "竞争导向"转向"客户导向"

在行业发展处于"卖方市场"时期，不少房企的产品不是从客户需求出发提供的，最终产品卖不出去或折价销售的现象大有所在。现在行业进入了"买方市场"，客户的消费需求不断升级，年轻刚需客户的消费不断多元化，购房需求更加多样化。尤其是疫情后，居民的生活方式和需求发生了较大的变化，比如对户内空间规划、精装配置等要求较多，对物业防疫也提出了更高的要求，更加关注产品力及房子带来的健康。因此，房企要以客户为中心，不能再抱有"竞品思维"，要重新认识客户，即使在深耕多年的城市，也要真正做好客户研究工作，在客户敏感点方面下功夫，做好产品的成本适配，提升产品的溢价能力，更新产品的价值认同。

4. "增本提质"转向"降本提质"

在行业高速发展阶段，较宽的利润空间可以支持企业增本提质。现在行业进入"低利润时代"，回归经营本质、追求利润最大化是房企生存与增长的核心动力，动态的"提质、降本、减费、增效"将是各类房企长期而艰难的标配任务。在这个过程中，房企内部必然会有各种各样的反对声音，但要保持战略及经营的定力。通过"提质、降本、减费、增效"，房企只要在产品溢价、服务溢价、成本优化控价、成本溢价四个方面拥有领先同行至少 5% 的竞争优势，就有可能成为一枚真正意义上的"良币"。

从战略选择到战略动态调整，再到关键的战术动作，体现着高质量发展时代的战略管理价值，无论是大型房企还是中小型房企，都应该具备战略意识，并时刻评估战略选择，动态调整适配战略能力，建立起系统全面抵御战略风险的能力，增强房企的战略韧性。应能懂取舍、知进退、坚忍执着，在房地产行业的新时代，对战略管理的态度更重视、更严谨，从容面对行业的变化和波动。

三、强化组织和标准化保障

"新的战略选择"对应着"新的战略能力"，否则会出现战略选择和战略能力脱节或者错配现象。战略能力需要组织能力的强大支撑，战略能力一旦发生变化，组织能力必须同步更新。这就意味着组织进化与战略动态适配一样，必须敏锐地根据外部环境时刻保持弹性应对。当行业潮水退去，过去的成功使很多房企无法调整已经形成的组织惯性，一旦战略发生动态纠偏，许多房企的组织就会缺少应变能力，短板逐渐暴露。有经验不等于有能力，有能力不等于有潜力，有潜力不等于有效力，过去的成功经验反而会导致现在的失败。由于缺少激活组织、促进房企发展的方法和机制，许多房企无法通过调整或变革组织构建新的组织能力，适应已经改变的外部环境和新的发展机遇，无法及时调整组织航道，建立起与战略动态调整相匹配的新的组织能力。

组织能力建设并非一朝一夕就能完成。房企要持续发展，不管是从短期应对角度还是中长期发展角度都应该时刻激发自身活力，让组织体系处于持续进化的状态，通过"架构、机制、运营、团队、老板"等层面的精细管理去源源不断地激发组织的"荷尔蒙"。

1. 组织架构运转高效

组织的"裂变"及"聚变"往往并行。"聚变"一般伴随着房企战略收缩，通常指的是业绩优秀的公司吞并业绩差的公司等类似组织单元合并的方式；"裂变"一般伴随着房企战略扩张，通常指的是增加组织单元的数量分担总部的管理压力，比如房企原来很多项目由总部直管，头部很重、腰部力量不足，此时需要组织"裂变"，强化城市公司的独立运作能力，增强城市公司之间的竞争，有利于形成赛马机制，做实组织的腰部力量。"裂变"及"聚变"的过程不是组织架构的简单整合，而是要根据房企的项目情况、团队能力、城市布局、管理半径、产品业态、运营模式等具体内容考虑，但无论是"裂变"还是"聚变"，其核心都是为了打造高效运转的组织结构。

组织设计的改变最终是要创造组织的高绩效，促进团队更高效地完成绩效目标。比如在 2020 年初，碧桂园在组织架构调整时提出的"工作级群＋敏捷分配"，通过去中心化、压缩组织层级和扁平化发展，让决策重心离市场更近，让组织更贴近客户、更加敏捷运作。

围绕高效组织的建设，组织职能的变化要从控制转向支持、从监督转向激励、从命令转向赋能。平台职能体系要整合，职能部门要大部制、平台化；业务价值流程要优化，决策与审批程序要简化；平台业务服务部门能力要升级，要越来越与战略、与业务的需求结合在一起。

要进行组织权责体系优化，通过有效的信任、授权、责任体系，激发组织中每一个成员的使命感和责任感，从而激发个体价值，创造潜能，使个体能力统一于公司整体目标，聚合成组织整体力量。

2. 组织机制聚焦目标

在"管理红利时代"随着行业利润空间进一步被压缩，保障组织朝着既定目标高效运转的薪酬、绩效、激励配套体系建设亟待优化。

一是薪酬方面，建立合理有效、具有激励机制的薪酬结构。房企要稳健发展，还要合理增速，就要审视如何使薪酬结构更加有效。可以调整固浮比，增加浮动部分比例，以及将全员收入与公司效益挂钩，也可以控制薪酬总额，但是要根据价值创造重新调整不同岗位的薪酬水平。

二是绩效方面，房企需要改变对绩效的认知，变绩效考核为绩效管理。其中，绩效指标要强化过程管理，偏向经营价值和客户导向，更加注重过程管理。比如，中小房企可结合实际情况引入OKR（目标与关键成果管理），其理论基础是"人性本善"，释放绩效考核中对于成果要求的上限标准，激发员工的自我能动性。

三是激励方面，要坚持目标导向，向增量业绩要激励。房企要关注利润、回款及现金流等经营质量，建立鼓励价值创造的激励机制。同时强化精神激励和长期激励，可以采用内部公告、公开表扬、文化墙宣传等方式，为过程鼓掌；将与项目经营结果挂钩的激励（如投资专项奖）变为长期激励，为结果买单。

3. 运营管理从"老三化"转向"新三化"

在过去的高增长、高周转时代，房企关注的效率强调"快"，但在高质量发展时代，对"效率"有了进一步要求，不只是要"快"，而且要"灵"。对运营效率的要求，也从"规范化、制度化、标准化"的"老三化"转变为"弹性化、敏捷化、精益化"的"新三化"。

弹性化：城市分化、市场分化、客户分化，要求房企区别对待不同的城市、不同的市场、不同的客户群体，对应要求业务体系和管理体系更有弹性，以适应不同的环境和需求。

敏捷化：在市场窄幅高频波动的背景下，房企的业务和管理体系也要足够敏捷，以应对市场变化，抓住短暂的机会窗口。

精益化：在应对分化、波动的过程中还要守住利润和收益，要求管理的精益化，持续改善内部流程及产品品质，争取"一次成优"，提升品质、降低成本，只有产生可持续的竞争力才能可持续发展。

4. 团队建设实现"高温聚变"

组织能力与团队能力密切相关，组织能力的更新最重要的就是团队能力的更新。通过学习让团队不断接触新事物、新观点，向高手学习，激发团队的活力和战斗力。建立操盘手和后备操盘手两个人才库，强化员工总量控制，优化增量，盘活存量。很多房企看似是管理体系有问题，实则问题可能出在团队身上，特别是中小型房企体现得尤为明显。团队问题的出现并不只是因为团队成员能力低，还可能因为团队激活效果不足。房企要通过战略及品牌的牵引、文化及体系的规范、目标及机制的激励来为团队创造"高温"环境，使团队成员"高温聚变"，组合产生"1+1>2"的效应。

"问题出在前三排，根子就在主席台。"房企老板的战略决策能力与落地能力对房企的生存与发展有着深远影响，甚至决定着房企的命运，尤其是从几十亿元向两三百亿元发展的过程中，老板的功力深浅、"进化"效率几乎决定了房企的做大做强。

老板需要对自我进行精细化管理，不断"进化"，才能带领房企实现可持续发展。行业各个阶段都有不同的机会，只要房企能够与时俱进、修炼内功、提升能力，总能抓住机遇，应对各种变化。

作为引领组织发展的"火车头"，房企老板要有正向的发展观、发展定力和信心。要对认知进行拓展和更新，不能依赖过去的经验和行业认知判断来规划房企的未来，否则得出的结论不是不可实施的，就是背道而驰的，甚至会为房企带来巨大的风险。

老板要提升思维的深度和创新意识。现在行业环境多变、竞争激烈，常常会冒出很多意想不到的问题，老板解决问题的能力、解决问题过程中思维的深度和创新意识都需要努力提升。过去只要胆子大都能赢，现在需要用头脑去经营，用智慧去解决问题。

老板的格局要提升和拓宽。很多老板的成功得益于自身格局的提升，进而能够带领房企做大做强，而房企的发展又进一步推动老板自身格局的提升，彼此之间形成了良性循环。但当房企发展到更大规模的时候，如果老板的格局成长没有跟上，房企的发展往往会陷入停滞。

总体来看，房企老板应具备四方面能力：高格局、算大账、点面结合；算远账、兼顾当下与未来；合作共赢；拥有历史观、全局观。

四、实施数字化赋能

随着人工智能时代的到来，数字化转型逐渐成为关乎房企生存和长远发展的"必答题"。大中型房企早已将数字化转型提升到了战略层面加以分析与研究，并全面落实到了日常经营管理工作之中。随着数字化转型建设的不断深入，未来会出现更多数字化、智能化的应用帮助房企优化组织管理和业务流程管理，提升客户服务品质、实现产业升级和价值链重构，最终推动房地产行业由房企数字化向产业数字化不断提升，数字化将会成为房企可持续发展的重要赋能手段。

1. 数字化是组织机制体系高效运行的基础

对于房企内部管理而言，数字化的价值在于优化业务流程，促进业务流程的标准化、数据化。数字化工具通过灵活、可视的流程疏通各项业务线的管理，使各环节的人责权划分更为清晰、合理，打破传统房企部门人员冗余、互相踢皮球、责任不清的状态，使得企业管理流程简捷化、实用化、高效化。

同时数字化可以实现信息共享，将多项业务的信息流打通，促进资源的合理调配和平衡，及时传递设计、招采、施工及销售相关数据信息，针对存在的问题及时协同调整和反馈，打造高效协同的组织环境。

2. 数字化为提升业务精细化赋能

房企早已建立了围绕投资决策的动态经营跟踪管理、营销管理的数字经营决策系统来辅助业务精细化落地。近年来，在设计、工程、成本、采购方面的数字化应用也进一步普及。数字化经营决策系统本身也在不断进化和完善中。

投资开发阶段，房企借助数字化工具量化分析区域内的人口情况、周边配套设施、市场购买力水平和交通便利性等吸引力指标，辅助房企对项目地块的经济性、便利性和竞争性等因素进行决策分析，同时数字化的测算模型能帮助房企快速、及时判断未来区域市场的库存及价格的变化趋势，帮助房企更精确地进行投资测算以及在更加合适的时间点、合适的位置拿地。

规划设计阶段，BIM 技术三维呈现方式能大幅度提升图纸质量，其三维检测功能可帮助在施工过程中有效减少"碰撞"，降低返工成本并贯穿设计建造全过程。同时基于模型设计及 BIM 测算程序的三维算量模式，能更加精准地计算钢筋土建工程量，帮助房企实现降本增效。

营销管理阶段，借助数字化技术能深入挖掘并分析客户的敏感点需求，及时追踪客户需求的变化，让营销的每一场"战役"都能够更加精准地将客户需求与产品价值进行匹配，同时数字化工具还能优化交易流程，打造客户全生命周期闭环跟踪管理，提升客户满意度。

3. 数字化是房企高质量决策的关键保障

数字化工具能通过准确及时地获取房企内外部数据，比如动态利润、现金流、货值、费用情况等，让管理者更清楚地掌控房企的经营状况，提升决策的质量。

数字化工具能够自动实时生成自定义数据报表，相比人工统计更加准确快速，不仅能做到项目过程留痕，还能使管理者的决策更加敏捷，以应对市场环境的变化。

从近几年房企数据化决策应用情况来看，房企老板及经营管理层对于数字化的重视程度、数据的解读能力还呈现参差不齐的水平，房企内部数据治理依然任重道远。

4. 数字化"三步走"建设路径

首先是信息化阶段，将传统记录方式变更为在线记录（如OA、财务管理系统等），借助人力、财务等管理系统将线下业务流程迁移至线上，但此阶段的信息化主要目的是解决单一条线业务流程的效率问题，容易导致数据孤岛。

其次是数字化阶段，其核心特征为业务板块间的网络化协同（如ERP、CRM等），与此同时，数字化阶段能够让数据在部门间共享，并初步开始为业务赋能。

最后是智能化阶段，以数据为基础，加上机器学习，帮助业务实现部分甚至全部自动化，并开始为决策提供依据。

房企数字化建设应匹配房企发展阶段和能力，循序渐进，不能贪大求全。中小型房企应从基础的数据收集沉淀开始，逐步积累，让数字化更智能地为经营决策服务。

五、新型绩效文化

精益管理最直接的落脚点就是员工的绩效管理。绩效管理的本质是实现价值，要将房企可持续发展的目标分解转化为员工绩效管理的目标，通过绩效文化的引导激发员工能力及动力来实现价值创造。过去，房地产行业是"规模论"，而现在属于"管理红利"时代，房企靠精细化、组织进化、内功修炼来驱动，要用新的绩效管理方式帮助房企实现高质量发展。

1. 绩效管理导向转变

高周转时代房企增长速度快，增长目标的制定也很高，比如"三年翻一番、五年翻两倍"这样的口号在过去的行业内司空见惯。极高的目标要由"疯狂"的团队来支撑实现，所以过去房企热衷为员工画大饼、打鸡血，靠"狼性文化"驱动员工的热情。而当房地产行业利润回归常态的时候，地产人的收入也很难重回行业巅峰阶段，现在只提"狼性"恐怕很难激发员工的热情，也不符合房企可持续发展诉求，因此要提倡"价值创造"的绩效文化，在经营上关注利润、在业务上以客户为中心，引导员工与企业共同实现高质量发展。

过去，房企靠整合资源驱动，在绩效管理方面关注投资和融资的数量，看重销量及规模，现在要鼓励价值创造，关注经营质量。一是关注投资和融资的质量，如投资测算的精度如何、投后管理是否到位、融资的成本能否与房企资金状况匹配等；二是关注产品及服务的质量，以客户为中心，在深度客研的基础上提升产品和服务的价值，关注定位的精准度、成本适配度、产品溢价率及客户满意度，在为客户创造价值的基础上为公司带来业绩增长；三是关注经营结果的质量，在合理增速的基础上还要关注利润，建立无效成本管控机制，通过招采效率提升、新工艺引入、目标成本动态管控来严控建安成本，通过标准制定和过程监督来控制三类费用（管理费用、财务费用及营销费用）。

2. 绩效管理过程强化

加密绩效过程管理，坚持活力曲线，形成常态化运行。年度、半年度开展绩效评价，月度及时做好绩效结果的反馈与改进建议。在日常管理中，管理层要及时关注绩效任务执行的难点、卡点，并提出协调解决措施。

将绩效文化内化于心。仅仅靠制定考核指标难以让绩效管理深入员工内心，要强有力地灌输价值创造导向、客户导向的绩效文化，发挥其在房企经营管理中的指导作用，同时系统性理念宣贯培训、日常行为规范要求等对于新型绩效文化的推行也至关重要。

发挥榜样牵引在绩效管理中的作用。各级领导都是下属的榜样，要首先践行新型的绩效文化并落实到具体的工作中，提升大家对于绩效管理的正向情绪感知。

在不同的发展阶段，房企的管理机制和文化内涵不是一成不变的，行业在变，绩效文化也要变，管理的精细化提升也要伴随着绩效文化的革新，其面临的挑战仍然是老板和高管的决心，坚守经营本心，坚持价值创造，最后定能将精细管理落到实处。

总之，在增量递减的形势下，重视战略引领，强化组织和标准化保障，完善经营、决策、过程、评价等管控体系，建立经营、风险、采购管理机制以及人才考核和绩效激励机制，实施数字化赋能，是房地产企业完成预期目标、实现可持续发展不可或缺的精细管理之道。

参考文献

［1］中金固收.2021年地产债信用事件回顾[R].2022-01-14.

［2］中指研究院.棚改货币化对上轮市场带动有多大,还能再次提振市场吗?[R].2022-08-12.

［3］曲咏海.从中外房地产发展历程看中国房地产轻资产运营开发模式[D].上海:上海交通大学,2018.

［4］平安证券.他山之石:楼市危机下日本房企破局之道[R].2021-12-04.

［5］平安证券.新发展模式探索之美日房企经营启示[R].2022-01-04.

［6］任泽平.中国住房市值报告:2021[R].2021-10-29.

［7］王瑞民,邓郁松,牛三元.我国住房租赁群体规模、特征与变化趋势[J].住区,2021(6):7-11.

［8］谢海生,王艳飞,李怡晴.我国房地产产品升级路径研究[J].建筑经济,2019,40(4):5-10.

［9］克而瑞研究中心.2021—2022年中国文旅地产发展报告[R].

［10］克而瑞研究中心.行业透视 | 投资持续分化,下半年房企拿

地策略有何不同？[R]. 2021-9-19.

[11] 赢商网研中心. 商业地产格局与谋变 [M]. 北京：中国经济出版社，2016.

[12] 孙淑芬. 日本、韩国住房保障制度及对我国的启示 [J]. 财经问题研究，2011（4）：103-107.

[13] 林述斌. 日本不动产证券化市场对中国 REITs 发展的借鉴 [J]. 中国资产评估，2018（6）：39-49.

[14] 徐晓明. 我国保障性租赁住房的政策演进、价值内涵及实现路径 [R]. 2022-05-02.

[15] 王艳飞，闫志宇，杨晨，等. 供需视角下国内大城市住房困境及政策建议 [J]. 建筑经济，2021，42（8）：96-100.

[16] 秦虹，等. 城市更新的新趋势：片区统筹更新 [N]. 社会科学报，2022-07-28.

[17] 李建伟，吉文桥，钱诚. 我国人口深度老龄化与老年照护服务需求发展趋势 [J]. 改革，2022（2）：1-21.